大学生のための

日本外交史講義

浜口裕子 ［著］

一藝社

大学生のための日本外交史講義
前編

前編目次

はじめに

装幀──アトリエ・タビト

はじめに

　本書は大学の「日本外交史」の講義で使う教科書として執筆しました。実際に私が拓殖大学政経学部で行っていた「日本外交史A」（前期）と「日本外交史B」（後期）の講義をベースとして作成しています。

　2020年より一時期、コロナによりオンラインでの授業を強いられたため、普段は教室で受講者を前にして板書やパワーポイントのレジュメを用いながら説明するものを、オンライン上で説明しなければならなくなりました。そこで普段の講義を文章化したものを作りました。文章化にあたりオンラインの授業でも普段の教室における対面授業に匹敵する理解をしてほしいと、できる限りわかりやすく、それでいて内容が劣るわけではないものをめざしたつもりです。大学の授業は1回の授業時間の長さにもよりますが、半期で13回〜15回ありますので、半期15回を想定して作ってあります。

　さて、前期のこの授業では、明治維新から1940年代までの日本をめぐる国際関係の歴史を学びます。明治維新以降日本は近代国家として新たな対外関係を構築していかねばなりませんでした。そんな中で、当時の日本人はどのように判断してどのような外交を行ったのでしょうか。

　日本は1945年8月以降、つまり戦後は今日にいたるまで1度も戦争をしていません。しかし、今期の授業で扱う「時代」には、日本は様々な戦争を経験しています。日清戦争、日露戦争、第一次世界大戦、第二次世界大戦（日中戦争、太平洋戦争）——とても厳しい時代でした。講義の目的はいろいろありますが、まずはこのような厳しい時代があり、そこで日本はどういう対応をとったか、を事実をおさえた上で考えて欲しいと思っています。それは読者（受講者）のおじいさんやおばあさん、あるいはもっと上の世代の日本人が通ってきた時代であるからです。

　ふりかえると日本は数々の戦争をくぐって、世界的に認められる国家と

なっていきました。しかし日本は経験した最後の戦争－第二次世界大戦で
敗戦を喫しました。戦後の日本はそこから出発し、現在の日本はその上に
あるのです。戦争をすれば多くの尊い命が失われます。あげくは負けるよ
うな戦争をなぜやったのか、戦争を避ける道はなかったのか、このような
ことは現在そして未来を生きる学生さんに是非、考えて欲しいと思いま
す。悪い人がいて戦争に導いたのでしょうか？そのような善玉悪玉で物事
をとらえられれば、簡単かもしれません。しかし実際はそう簡単ではあり
ませんでした。今期のこの授業では、当時の首相や外務大臣等の責任ある
立場にあった人物に注目し、彼等がその時代にどういう判断をし、どうい
う目的で政策を選択したか、結果として日本の外交政策はどういうものに
なったのか、その軌跡を追って受講者に考える材料を提供していきたいと
思います。

　授業の内容は、ある程度専門的なものになります。何かひとつでも、自
分の問題意識や興味を持って学んで欲しいと思います。

　講義の最後に＜設問＞がありますが、復習に活用してください。この講
義資料に書いてあることを読んでまとめて解答を作る程度のことで十分で
すが、足りないと考えたところを自分で調べて付け加えてもいいです。イ
ンターネットで調べてもかまいませんが、コピペはやめた方がいい。自分
で解答をまとめることで、知識が整理され、定着につながります。講義は
一回ごとに中心テーマを定め、読み切りの形にしていきたいと考えていま
す。

　ここで前期の授業全体の参考文献を挙げます。
　池井優『三訂・日本外交史概説』慶応義塾大学出版会、1992
　入江昭『日本の外交』中央公論社、1996
　加藤陽子『戦争の日本近現代史』講談社（現代新書）、2002
　服部龍二他編『人物で読む近代日本外交史』吉川弘文館、2009
　服部龍二他編『人物で読む現代日本外交史』吉川弘文館、2008
　池井優『決断と誤断―国際交渉における人と名言』慶応義塾大学出版
　　会、1997
　外務省外交史料館日本外交史編纂委員会編『日本外交史辞典（新版)』
　　山川出版社、1992

　増田弘・佐藤晋編著『日本外交史ハンドブック―解説と資料（新版・第
　二版）』有信堂高文社、2016

　このうち入江『日本の外交』、加藤『戦争の日本近現代史』は新書版で
すから、値段も安くて読みやすく、大学のテキストとしても適当なものか
と思います。また、増田編『日本外交史ハンドブック』は大学生が日本外
交史で学ぶために必要と思われる資料が選ばれ解説が付されています。池
井『決断と誤断―国際交渉における人と名言』は日本外交史上の様々なエ
ピソードを紹介していて、読み物として面白い。池井『三訂・日本外交史
概説』はテキストとして大変すぐれたものですが、他のものと比べて値段
が高い。とはいえ、興味がある人、公務員等の試験を受験する人、留学生
で日本の近現代史を全く学んだことがない人、等は是非そろえていただき
たい。外務省編の『日本外交史辞典』と共に、辞書的にも調べられ、非常
に便利です。また、これらには項目ごとに詳細な参考文献が示されてい
て、さらに勉強したい方にはとてもよいものであると思います。

　実際の授業ではこの他に授業の内容に関連する画像を利用したり、外交
関係者を呼んでお話をうかがったりすることもありました。それも含め
て、これらのテキストや参考文献を適宜活用して、近現代の日本がたどっ
てきた道を想起し、少しでも興味を持ち、理解を深めてくれることを望ん
でいます。

　2022年3月

　　　　　　　　　　　　　　　　　　　　著者　浜口裕子

第1講

日本外交史研究の前提

これから日本外交史を学ぶにあたり、ここで「日本外交史研究の前提」として、外交史を学ぶ際のいくつかの問題点をまとめておきます。

I　日本外交史の不毛性

かつて「日本外交史」という学問分野は「不毛の学問」とされていたといわれます。およそすべての近代的学問に通ずることでしょうが、何かの主張をする場合、「その根拠をあげる」「証明する」ことが重要です。それには根拠となる「資料」が必要となります。その点、日本外交史という学問は「資料の制約」があり、その上それを分析する際に時代によっては「言論の制約」を受けたという事実がありました。

1）資料の制約

外交史の資料としてまずあげるべきものに各国が保管している「外交史料」「外交文書」があります。外交文書は外交交渉における公文書を指します。他国と結んだ条約、またそれを結ぶまでにやりとりされた文書、大使館や領事館などの出先機関と本省とのやりとり、電報、調査報告書等の一切が含まれます。これを見ると、外交交渉の経緯がわかり、またその時の国家の意図を分析することも可能です。外交史研究においては最も基本的な資料であるといえます。各国にはこうした外交文書が必ず保管されています。国家と国家の関係に何か懸案が起きた際に、過去に遡って関連す

る事項を調査・確認することが絶対に必要になるからです。

　この外交文書ですが、時に国家の安全保障にかかわる情報が含まれていることがあります。当然、それを公開することは制限されます。そうした制限を前提として、各国で公文書としての外交文書公開の基本的な原則があります。一般にthirty years rule（30年後公開）とか、fifty yeras rule（50年後公開）等とされているものです。たとえば米国は、F.R.U.S.（Foreign Relations of United States）、英国はD.B.F.P.（Documents on British Foreign Policy）という名称で、一定の時間を経過した外交文書を公刊しています。ある程度の規模の図書館では、これらをそろえてありますので、手続きさえすれば手にとってこれを読むことができます。

　日本外交史が「不毛の学問」とされたことの１つの要因は、この外交文書の公開がなかなか進まなかったことにあります。日本でも外務省に編纂室が設けられ、『大日本外交文書』として明治元年以降１年分を１冊にするということで、昭和11年（1936年）から外交文書の印刷に着手しています。ところがこの時期、日本は戦争に突き進んで行き、物資も人員も戦争にとられ、1940年代の終戦前に第９巻が出たところで刊行は中断してしまったのです。そうした制約の中で、２国間の条約の解説や年表の解説等の研究がなされていました。

　戦後はこうした状況が改善しつつあります。資料も新たに編纂されたり、集められました。たとえば、第二次世界大戦で敗れた日本の戦争犯罪を問う裁判「極東国際軍事裁判」が終戦後の1946年に開始されますが、その際に膨大な資料が集められました。戦犯の判決は1948年にくだされますが、ここで集められた資料は日本が戦争に至るまでの過程を知る情報として重要であり、また裁判における証人の発言も貴重なもので、その後歴史資料として編集の上、一部が刊行されています。学生でも図書館で閲覧可能です。また私は現物の多くを、東京大学の研究所図書室で見たことがあります。それから外務省に保管されていた幕末以降の外交史料を集めた外交史料館が1971年に開館しました。きちんとした手続きをすれば、一般の方でも閲覧可能です。

　さらに、外交に係わった各人の手記や回想録の出版が進みました。たとえば東郷茂徳（しげのり）『時代の一面』、重光葵（まもる）『外交回想録』『昭和の動乱』等が出版されました。東郷は太平洋戦争の開戦時と終戦時に外務大臣を務めてい

た外交官です。重光も外交官・政治家で、戦前の東條英機内閣や戦後も鳩山一郎内閣の外務大臣を務めています。

　また、軍関係の記録については、防衛省防衛研究所史料閲覧室（戦史資料室）に集められ、中でも重要と思われる資料については『現代史資料』（みすず書房刊）のシリーズで公刊されました。

　このように改善は見られるものの、日本は諸外国に比べると資料の公開に消極的であることは否めません。特に戦後の外交関係の資料公開には、国会答弁に差し障りがあるといった理由で敬遠される傾向にありました。近年、公文書公開の必要性が叫ばれ、日本でも作成後30年を経た公文書に関しては原則公開といったことが根付いてきていて、外交文書も作成後30年経過した文書を公開することが、1976年から開始されました。ただし、「国の安全保障に支障を与えない限り」において公開可能という条件がついています。また、2003年に制定された「個人情報保護法」をどう解釈するか等の問題もあって、その公開基準をどこにおくかに関しては曖昧さを残し、その場の判断に委ねられているのが実情です。

　アメリカには、ケネディ・ライブラリーとか、トルーマン・ライブラリーとか大統領の個人名を冠したライブラリーがあります。ここでは専門のアーキビスト（記録保管係）がいて、資料の案内をしてくれますし、必要な場合には質問にも答えてくれます。また、新たな資料収集も日々行っているのです。私はトルーマン・ライブラリーに行って調査したことがありますが、この時にも関係者の聞き取り調査を行って整理ができ次第公開していました。このトルーマン・ライブラリーに近い場所に、アイゼンハワー・ライブラリーがあるのですが、ここでは文書が非常によく整備されています。何でもアイゼンハワー大統領の在任中から、秘書が公開を意識して収集・整理していたと聞きました。アメリカでは公的立場にある者は政策に関する情報を公開するのが義務だと考えられているのかもしれません。「資料」や「公文書公開」に関する考え方が基本的に日本とは違うように思います。

2）言論の制約

　上のように、政策決定当事者の回顧録や日記がさかんに公刊されるよう

になったのは、日本ではようやく戦後になってからです。それまでは実際の為政者の記録や回顧録はなかなか公開されず、公開されてもそれまでの時間が長くかかりました。例えば日清戦争時に外務大臣として対外政策を司った陸奥宗光は、近代日本初の戦争にあたりその指揮をとり、戦争が終わると病の床につき亡くなってしまうのですが、病床で『蹇蹇録』という日清戦争から三国干渉にかけての回想録を執筆しています。日清戦争の指導者の回想録として、極めて大きな資料的価値を持つものでした。1895年（明治28年）に執筆されたものの、公表が許可されず、当時「秘密出版」としてごく少部数が出版されたようです。ようやく日の目を見たのは1929年（昭和4年）で、長男が陸奥の遺稿集を集めて出版したものの中に入りました。

　さらに1930年代、日本は満洲事変を契機として中国大陸へ侵攻し、日中戦争や太平洋戦争へと突き進んで行きます。以降の日本社会には、日本の対外進出政策を肯定しなければならない空気が濃厚になっていきます。メディアでは大陸進出の意義が宣伝され、刊行物に対して一種の「言論統制」がなされ、政府や軍に批判的なものや共産主義・社会主義思想に係わるもの、係わりそうなもの等は発禁処分となりました。

　発禁にまでならずとも、図書館に行って1940年前後の『中央公論』や『改造』といった雑誌を見ると、いわゆる「伏せ字」があるものが多くあることがわかります。

　戦後はこうした時代の反省もあり、「言論の自由」が保障されることになりました。しかし戦争に対する「反省」もあり、またその反動から一方的に戦争を断罪するといった風潮が広がったきらいがあります。学問の世界ではたとえばマルクス・レーニン主義の立場から、「日本帝国主義」を断罪する、という論調が流行りました。

　こんな調子であるから、日本外交史を研究しようと思っても、なかなか調べにくい分野であると思われてしまったのかもしれません。

Ⅱ　史観

　このようなことと関連しますが、時代によって価値観が変遷し、それに

ともなって史観も変わっていくということがあります。戦前・戦中の日本
を席巻していたのは「皇国史観」－すなわち現人神である天皇を中心とし
た神国の歴史として日本の歴史を描き、天皇の価値を絶対化してその下に
始めた戦争であるとして日本の他国への進出を正当化していく考えです。
1930年代半ば以降の日中戦争や太平洋戦争の時代には、こうした歴史観が
正統なものとされ、国民の戦争動員に大きな役割を果たして行くことにな
りました。1930年代から40年代にさかんに鼓舞された「東亜協同体論」
「大東亜共栄圏」といった議論や宣伝文句はこうした史観に則って、日本
のアジア侵攻は、欧米支配からの「アジアの解放」であると謳ったので
す。

　戦後はこのような史観から解放され、「民主主義」や「自由」が標榜さ
れる世の中になりました。そうした時代においてかつてたどってきた歴史
をどうとらえるか？戦後の学問の世界で流行ったものの１つがマルクス・
レーニン主義が掲げる「唯物史観」によって「日本帝国主義批判」をくり
広げることです。こうした考えや分析枠組みは戦前よりあったのですが、
戦後は戦争への反省や戦時中の言論統制の反動もあって、知識層の間で一
種の免罪符的に流行ったのかもしれません。

　こうした史観により論じられたものは日本の戦争の歴史を断罪するもの
ばかりではなく、たとえば中国や北朝鮮の建国の歴史を「人民のための革
命」「人民の勝利」であると描くいわば「人民史観」といったとらえ方も
出て来ました。これに対し第二次世界大戦において日独伊の枢軸国に勝利
した米英ソ中の連合国をすべて肯定的にとらえる「連合国史観」といった
考え方もまたあったのです。一概にこのような見方を否定することはでき
ません。ただ、いずれにしても一方的にすぎる分析で安易に歴史が語られ
たり、結論が先にあってそれに事実をあわせていくといった分析や視点は
避けたいものです。そうした分析からは、現状や将来を見通す視点が生み
出せないと思うのです。

　「史観」のところでもう一つ紹介したいのが「昭和史論争」です。1955
年に岩波書店から『昭和史』（岩波新書）が出版され、これをめぐって論
争が巻き起こりました。執筆者は遠山茂樹・今井清一・藤原彰といったマ
ル系の歴史学者と目されていた先生方でした。この『昭和史』に対して
ジャーナリストの亀井勝一郎が「人間が描かれていない」「死者の声はど

こにいったのか？」といった批判を行い、これを発端として言論人や文化人が声をあげ、論戦がくり広げられました。この論争自体、日本の戦後の歴史認識問題や歴史教科書の問題の出発点となったものとしてその社会的意義は大きいといってよいでしょう。『昭和史』はその後著者達により全面的に改訂がなされ、現在出ている『昭和史』はその改訂版です。

Ⅲ　対外関係史分析の方法

　価値観が変遷する社会で日本外交史を社会科学の分析対象とする場合、どういった観点から学び、どういう視点（方法）で分析していけばよいのでしょうか？ここで対外関係史分析の方法をいくつか紹介してみたいと思います。

1）対外接触についての政策過程を分析

　外交史や国際関係の分析をする際に、その政策の形成過程に注目するのは、最も正統的（オーソドックス）なやり方の一つでしょう。理論的枠組みにそった政策決定論（D.M.）に関して、ここでは二つの代表的な業績を紹介してみたいと思います。

　一つ目は、政策を形成するアクター（actor）に注目して分析するやり方です。たとえば政策形成時の、首相、外相、財界、言論界、といったアクターを想定して、それらの動きを追って分析するのです。これは分析枠組みとして比較的わかりやすく、学生さんでも卒業論文等に使いやすい手法であると思います。たとえばD.C.ヘルマン『日本の政治と外交―日ソ平和交渉の分析』（中公新書）は1956年の日ソ国交正常化をとりあげ、その動きを追ったものですが、政党（与党、野党）、公的政策決定機構（首相、内閣、外務省、国会）、世論（意識的世論、世論の風潮）といったアクターに注目して分析しています。

　二つ目は、モデルを作り、その見方で分析するやり方です。政治学の分野では政策決定を解明する理論的研究はさかんで、非常に多くの成果があるのですが、その中でも最高峰の一つとして高い評価を受けているもの

が、G.アリソン『決定の本質』（中央公論社）です。アリソンはこの中で合理的行為者モデル、組織過程モデル、官僚政治モデル、の三つの政策形成過程を出して、1962年のキューバ危機に関してこの三つのモデルをそれぞれ使って分析してみせました。

　合理的行為者モデルは、選択としての政策決定であり、政府や政策決定者が自国の国家目標を最大限に実現するためにいくつかの政策選択肢の中から外交政策を選択する、と見るもので、いわば古典的アプローチです。組織過程モデルは、組織の出力としての政策決定とみる見方で、政府がそれぞれ半ば自律的な行為様式を持った組織がいくつも集まって作られる複合体である点に着眼し、政策をそれらの組織が自動的に定められたプログラムにしたがってくり広げる行動としてとらえるのです。

　官僚政治モデルは、政治的派生結果としての政策決定と見なします。政策決定者とて、ある公的に定められた権限体系の中で行動しています。

　最高の権威者といえどもいわば一個の機関にすぎず、このような多数の機関が相互に連動してはじめて全体としての行動になる、それぞれの機関は大小・強弱の差はあってもいずれも一定の取引能力（バーゲニングパワー）を持っているが、政策はこうした様々な強さの発言力を持った機関や政策決定者の間でくり広げられる政治活動の結果として説明されるのです。

2）財物の移動や経済面からの分析

　対外関係を物（財物）や経済的な側面から見る見方です。これも多くの研究成果が出されています。たとえば、貿易は貿易統計がある場合にはその流れを数値で追うことができて、比較的やりやすいものの一つでしょう。ある一定期間の貿易量を追うことは、経済面のやりとりのみを追うにとどまりません。貿易はその国家にとって重要な営みであり、貿易に携わっている人たちにとっては、その増減は死活問題になりかねません。いくつか例を見ましょう。

　戦前の日本にとって、アメリカは重要な貿易相手国でした。全輸出入の30〜40％がアメリカが相手でした。アメリカにとっても日本は重要な貿易相手でした。やはり30％くらいのシェアを対日貿易が占めていました。1930年代にアメリカの国務省で極東部長をやっていたホーンベック（S.

Hornbeck）という人が、満洲事変以降の日本のことを「troublemaker」（困りもの）と手記で書いていますが、日本の行動に悩まされながらも、日本に制裁を行う等の強い牽制はなかなかかけられませんでした。貿易額の大きい日本は、アメリカにとっても大切な存在でしたので、国内的な反対があるであろう政策は避けたかったのです。アメリカは中国には一貫して同情的でしたが、中国に進出する日本を力で止めることには積極的とは言えませんでした。アメリカの対日貿易と対中貿易の額は、ずっと対日貿易が上回っているのですが、それが逆転するのが1937〜38年です。これ以降日米関係は悪化の一途をたどり、1939年にアメリカは日米通商条約破棄を通告し、1941年末に太平洋戦争勃発となります。

　もうひとつ戦後の日中関係の例を見ます。1945年8月に戦争が終わり、中華人民共和国ができたのが1949年10月です。日本は占領下にありましたが、1951年9月に講和条約を締結し占領から脱します。この時日本は冷戦下の二つの中国－中華人民共和国と中華民国の選択を迫られます。ちなみに中国はサンフランシスコ講和会議に招かれなかったため、サンフランシスコ講和条約とは別個に講和条約（平和条約）を結ばざるをえませんでした。当時の首相の吉田茂は心中大陸中国（中華人民共和国）との国交を望んでいたようですが、冷戦下でアメリカの圧力もあり、台湾（中華民国）との間で日華平和条約を結びました。結果として、中華人民共和国との間に正式な外交関係を結ぶのは1972年まで待たねばなりませんでした。つまり1949年から1972年までの日中関係は、正式な外交的関係がなく、経済関係のみが細々と続く、といった期間になりました。この間の貿易関係を追うと、貿易額はきれいに日中間の関係の指標になっていることがわかります。日中関係が良好な時には貿易額が伸び、悪化した時には貿易が途絶えたり低迷したりしているのです。

　それから物に注目してそこから国際関係を見る、といった取り組みが種々なされています。よくあるのが鉄道に注目した研究です。例えばかつて日本が中国東北に足場を築く中核とした鉄道—南満洲鉄道株式会社に関する研究は数多くあります。同様にシベリア鉄道の歴史を追って、ソ連との関係を考察する、といった研究もできます。

　中には、「エビ」を取り上げて国際的な物流を描いたり、人形に注目して外交関係に果たした役割を研究したり、面白そうな研究テーマがたくさ

んあります。そういえば最近は「マスク外交」やら「ワクチン外交」と
いったことが話題になっています。

3）文化接触論

　国際関係論の中でも国家と国家、文化と文化の接触とその広がり方に注
目する「文化接触論」の手法で分析を試みるものがあります。例えば、明
治維新の前後に新たに欧米の文化に触れた日本社会は、それをどのように
受容し、あるいは摩擦を起こし、どのようにそれを変容させて社会に定着
させていったのか、さまざまな具体的分析が可能となるでしょう。また、
植民地となった地域において、植民する側が持って来た文化が被植民社会
において、どういう入り方をして、どう変容し、定着あるいは拒否された
のか？植民地の現地社会に及ぼす影響などといった研究も可能でしょう。
　同様の視点で、国家間における技術移転問題も分析可能です。

4）対外意識の側面を研究

　もう一つ、人の対外意識の側面を分析対象とすることもできます。これ
には、①指導者の対外意識・世界観を追う―すなわち、首相、外相等の対
外政策形成に当たって重要な地位にあった人物が、どう考え、判断した
か？などといった側面を調べるもの、②それを伝えるメディアの研究等が
あります。メディアは新聞、雑誌、テレビ等を想定していますが、近年は
インターネットの影響が大きく、これを分析にどう反映させるか、難しい
ところです。

　以上のような分析枠組みを紹介しましたが、この授業では、前期に４）
の対外意識の側面の分析手法で１）の政策過程を見るということをやり、
後期には１）の対外政策形成過程の分析を行っていきます。

第2講

大久保利通と征韓論

I　大久保利通

　最初にとりあげるのは大久保利通です。明治維新の頃に活躍した政治家で、「維新の三傑」とされた一人でもあります。あと二人は西郷隆盛と木戸孝允です。西郷隆盛はご存じの方が多いのではないでしょうか。人気のある西郷に比べ、大久保の功績はあまり知られていません。しかし近年、評価が高まってきている政治家の一人でもありますし、間違いなく明治日本の礎を築いた重要人物の一人であるといえます。ここでは、特に一時期明治新政府を席巻した「征韓論」に対する大久保の考えを中心にとりあげ、明治初期の日本外交を考えていきたいと思います。まず、簡単に大久保が明治政府の中核に入っていくまでの人物像とその背景を見ます。

　大久保利通は幕末の1830年に薩摩藩（現鹿児島県）の藩士の長男として生まれました。1846年に藩の記録所書役助となり、藩の下っ端役人となったのですが、1850年に父が藩内政争に連坐して遠島（島流し）になってしまいます。これにより利通も免職謹慎処分となります。満年齢で20歳くらいの時です。まもなく島津斉彬が藩主に就任し、これにより1853年に復職しました。その後藩の実力者である島津久光に接近し、藩政の中心に立つようになっていきます。1862年には久光の公武合体、幕政改革の企てに参画し、京へおもむきました。その後、同郷の西郷隆盛、岩

倉具視等と組んで倒幕運動を展開し、ついに1868年1月に王政復古のクーデターを敢行したのです。まさに明治維新を推し進めた原動力となった人物でした。自分たちの手で成し遂げた明治維新です。大久保は新しく誕生した政府－明治新政府に入り、その中枢として新国家の礎を築くことに尽力しました。

　余談ですが元総理で安倍晋三政権や菅義偉政権の副総理兼財務大臣であった麻生太郎は、祖父が戦後総理大臣となる吉田茂で、吉田夫人つまり麻生さんのおばあちゃんは戦前に外務大臣等を歴任した牧野伸顕の娘です。実は牧野伸顕はこの大久保の次男ですから、麻生さんは大久保の玄孫にあたります。

Ⅱ　明治新政府と朝鮮外交

　ところで明治日本でなぜ、「征韓論」（韓国を征服する）などという勇ましくも物騒な議論がでたのでしょうか？ここで明治初期の日本の対外関係を見ておきます。そもそも江戸時代までは日本の対朝鮮外交は実に良好な関係を保っていた、とされています。当時の東アジアは大国中国を中心とした華夷秩序にもとづいた国際関係を保っていました。華夷秩序体系においては、中国が絶対的な「宗主国」でその周りの国の国王はいわば中国の「属国」の王として中国につかえ朝貢し、中国はその見返りとして周辺の属国の王に、「国王として認める」といったお墨付きを与える形式的任命＝冊封、といった国際関係がなりたっていました。日本は中国と海を隔てて間があったこともあり、朝貢もしませんでしたし、中国から王権のお墨付きをもらう、ということもやっていません。こういった華夷秩序体系の国際関係にあって、朝鮮とどうやって対等で友好な関係を保っていたのかというと、間に対馬藩が入って関係を調整したのです。徳川将軍の臣下である対馬藩が朝鮮国王に礼をつくし、結果として朝鮮国王と徳川将軍が対等になる、という形をとりました（次頁上図）。

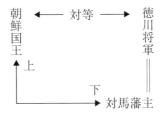

　つまり、日本と朝鮮は対馬藩主（宗氏）を媒介として、対等外交を行っていたのです。

　このような微妙な対等外交を行っていた日朝関係ですが、明治維新が実現し、それまでの外交の担い手であった将軍職が消滅してしまいました。つまり理論的には、明治新政府はそれまでの外交関係を存続させる理由はないことになりました。そんな状況下で朝鮮側は華夷秩序体系に固執していて、これにもとづいたそれまでの対等な外交関係の維持を望んでいました。日本は朝鮮に新たな国交案を示すのですが、これは日本の天皇の下に朝鮮を「臣隷化」させようといった内容でした。朝鮮側はこれを拒否します。朝鮮としては華夷の考えで「野蛮」なる西欧列強といち早く国交を結んでしまった日本に対して、大きな不信と背後に西欧列強が控えているとする警戒心がありました。

　対韓積極論は幕末からくすぶっていたのですが、新政府になり日本外務省の官僚が朝鮮を視察し、帰国した彼等が外務卿（外務大臣）に出兵を建議しています。その根拠は、征韓は①維新で職を失った不平士族の不満を外にそらすことができる、②新日本の富国の道につながる、というものだったようです。こうした意見に対し政府のメンバーの中で積極的に賛同したのが、板垣退助です。また、木戸孝允（たかよし）もこの頃の政府要人の中では征韓派であったようです。大久保はあまり乗り気ではありませんでした。

　征韓論にまつわる諸氏の動きを見ていると、征韓論の主張は、内政と密接にからんで出て来たことがみてとれます。いわば「征韓論」を利用して、国内的な自身の立場を上げよう、とか、自身の信条を成就させよう、とか、本当に「韓国の征服」をめざしたのか、疑問に思ってしまうのです。

　たとえば先に征韓派として挙げた木戸孝允の場合です。木戸は長州藩士でしたが、明治新政府において岩倉具視（ともみ）や大久保らの「主流派」からはずれがちだったようです。そこで薩摩に対する批判もあり、内には版籍（はんせき）

奉還、外には征韓といった派手な政策をぶち上げて政局の主権奪回をねらった、とされています。木戸は後に「参議」という政権の重要ポストに就くのですが、その就任後は征韓の主張を変化させ、むしろ「内治派」という国内を重視しようという方の主張に回るのです。木戸の征韓論は、それゆえ「不純」などといわれてしまうのです。

　一般に征韓論者として最も有名なのは西郷隆盛でしょうが、西郷の征韓論も、国内の状況を憂えてという面が大きいという印象です。西郷は徴兵制には反対でした。現在の感覚からすると理解しづらいかもしれませんが、江戸時代まで「戦う」という行為は武士の特権でした。武士は藩主に雇われ、藩の防衛や治安を担うことで俸禄（給金）をもらういわばサラリーマンでした。しかし明治維新により幕藩体制は解体し、1872年に徴兵告諭が出され、男子は全て満20歳に達すれば兵籍編入、ということになりました。これは旧来の兵権すなわち武士の特権であった戦う権利を奪う、ということで、反対運動が各地で起きました。西郷としては維新で職を奪われ苦労している旧士族階級のことを考えざるをえなかったのかもしれません。

　西郷は征韓を必ずしも目的としてはいませんでした。行き詰まっている日韓交渉をなんとかしようと平和的交渉を主張していました。しかし一方で海外遠征すれば、旧士族階級は失った職場を得ることができる、日韓交渉が決裂し戦争になれば、鹿児島士族の優秀さを立証できるし、徴兵制も撤回できるかもしれない。旧士族階級からの突き上げや旧藩主に対する不信感もあり、西郷としては場合により征韓やむなし、とも考えていたように思うのです。

Ⅲ　征韓論と国政

　朝鮮問題が閣議にのぼったのは、明治6年（1873年）6月12日のことでした。当時太政大臣（総理大臣）の地位にあったのは、三条実美でした。公家出身の三条ははっきり自身の見解を述べるタイプではなかったようです。征韓論に積極的なのは、西郷隆盛と板垣退助でした。反対したのは大隈重信です。大隈はこの時維新政府の中枢となっていた岩倉や木戸、大久

保、伊藤博文らが遣欧使節団で外遊中であったため、彼等が帰るまでこの
問題の結論は待つべき、としたのです。外務卿の副島種臣は日清条約交渉
で出張中で不在でした。このような顔ぶれでは、征韓派が主導権を持つこ
とになります。

　7 月23日に木戸が帰国、7 月26日に副島が帰国、します。そんな時、8
月17日の第 2 回閣議で、ついに西郷を大使として出すことが決定されまし
た。実は大久保はすでに 5 月に帰国していました。状況を危惧していたも
のの、自分一人で同郷で親友でもある西郷と対決することは避けたかった
のかもしれません。岩倉等の帰国を待つことにしたのです。

　大久保はなぜ征韓論に反対だったのでしょうか。第一に、維新後間もな
い日本は、内政を優先させるべきである、と考えていました。欧米視察で
財政改革の必要性を痛感し、大蔵卿（大蔵大臣）をやっていたこともあ
り、財政改革が急務である、と考えていたのです。第二に、大陸政策は慎
重にすべきである、と考えていました。朝鮮の勢力はわかっているのか、
たとえ朝鮮をおさえたとしても、その背後にあるロシアや清国はどう出る
だろうか、このようなことを計算せずに動くことは無謀ではないか、とい
うことです。第三に、親友である西郷への配慮がありました。大久保には
西郷が「死」を覚悟しているように見えました。そんな死に方はさせたく
ない、また、もしも日韓交渉がうまくいって戦争せずに西郷が生きて帰国
したら、士族階級からの突き上げでどうなるか、いずれにしても西郷は浮
かばれない、という思いがあったのではないでしょうか。

　9 月13日に岩倉が帰国します。この段階で、政権内はすっかり征韓論に
傾いていました。こんな状況では、大久保は閣議に出たくはありません。
閣議に出れば西郷と激突することは明らかです。ちなみに大久保は木戸孝
允と仲が悪くて、顔を合わせたくなかったようです。しかももしも自分が
意見して征韓がつぶれたら、不平士族の不満が自分のところに来てしま
う。この後の収拾は自分の肩にかかるであろう。大久保の憂鬱は理解でき
るでしょう。ここで動いたのがまだ31〜 2 歳だった若き伊藤博文です。伊
藤は木戸を欠席させ、大久保に閣議出席を促し、西郷の孤立化をはかりま
す。次頁図で征韓派、非征韓派それぞれ中心的主張者に◎、○を付けまし
た。

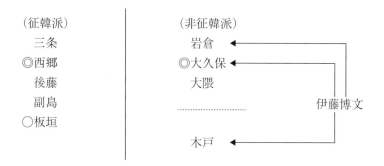

　10月14日の閣議で、大久保は西郷と激突することになったのです。この時、岩倉が樺太問題を持ち出し、ロシアとの関係はどうするのか提起しました。西郷は、自分がロシアへ大使として行ってなんとか話をつけよう、と発言しました。大久保は内地優先を主張し、50日待て、と西郷を諭しましたが、西郷は待てぬ、として結論はなかなか出ませんでした。

　翌10月15日の閣議には西郷は欠席しました。しかし西郷を大使として朝鮮に派遣することが決定します。これを不満として大久保、木戸、大隈が辞表を提出しました。太政大臣の三条はこの混乱で神経をすり減らし、太政大臣は岩倉具視に変わっていました。岩倉は再度閣議を開く決意をし、大久保らの辞表を撤回させます。一方で天皇に上奏し、その威光を借りて、征韓派の主張をくつがえしたのです。結局、西郷や板垣等征韓派とされていた者は政府を去り、西郷は故郷に帰り、西南戦争を起こします。これが後に「明治六年の政争」とされた事件の顛末です。

　大久保のその後はどうなったのでしょうか。大久保が予想したように、国内の問題は大久保の肩にのしかかってきました。彼は内務省を設置して自ら内務卿となり、政務に没頭しました。大久保の政策の眼目は「殖産興業」政策です。様々な政策を実行して、日本の経済の基盤を強化しようとしました。たとえば、海外市場で日本製品を宣伝し、試売を行って貿易を活発化させようとしました。また、民間商人の直接輸出も奨励しました。その一方で、国内産業の保護奨励にも熱心だったようです。しかし旧士族の反乱が頻発した時期にあり、恨みもかっていた大久保は、1878年5月に紀尾井町で暗殺され、その生涯を閉じました。

　大久保利通は、西郷のように人気がある人物とはいえません。彼はいうなれば冷徹なリアリストであったと感じます。明治初期の日本の政治の中

枢にありながら、亡くなった時には、今のお金でいえば何億円もの借金が
あった、とも聞きます。それは日本の国庫の補填のためだった、というこ
とです。大久保は広い視野で日本の長期的な国家建設に何が必要かを考え
ることができた−そして実行した希有の政治家であったとも思います。し
かしその冷徹さは、一般受けするものではなく、明治の風土にはあわな
かったのかもしれません。

　余談ですが、同時代に活躍した大物経済人に近年話題の渋沢栄一がいま
す。渋沢と大久保は近代日本の黎明期に富国による建国という同じ目標に
向かって努力するのですが、どうも反りが合わなかったようです。官吏と
しても有能であった渋沢が官吏をやめたのも、上司が大久保のような組織
ではたまらん、といった感情があったのかもしれません。実行力に富む若
き改革者の渋沢は、官僚組織よりも民間で大活躍するようになるのです
が、儒教的な考えを尊び人間くさい面も持っていました。冷徹さが際だつ
大久保は苦手だったのかもしれません。

＜設問＞

１，次の用語についてそれぞれ200字から300字の間で説明しなさい。
　①征韓論
　②内治派

２，大久保の征韓論反対理由をまとめて説明しなさい（800字以内）。

第3講

井上馨と条約改正

I　井上馨

　前講では大久保利通を学びました。同じ時代に活躍した人に井上馨_{かおる}がいます。今回はこの井上をとりあげます。まず、井上の経歴を見てみましょう。

　井上は1836年幕末の長州藩（現山口県）に生まれました。幼名を勇吉といいましたが、後に聞多（もんた）と称するようになります。明治維新は下級武士層が中心的原動力となった、とされますが、井上の出身は比較的良い家柄だったようです。藩校であった明倫館に学び、その後江戸に行って蘭学や砲術を学んでいます。若さ故か幕末の尊皇攘夷_{そんのうじょうい}運動に参加し、高杉晋作らと英国公使館焼き討ち事件を起こしたりしていましたが、その過程で海外知識習得の必要性を感じ、1863年6月に藩の後押しで伊藤博文等と5人でイギリスに渡っています。しかし半年後に帰国、四国連合艦隊下関砲撃に対応しました。井上はこの頃には開国論者に変わっていたと思われ、倒幕運動に参加していくのです。

　維新後明治新政府では参与職外国事務掛（1868年）、大蔵大輔（1871年）などを歴任しましたが、地租改正を実施するも保守派と対立し辞任（1873年5月）することになりました。しかし明治初期にあって洋行という貴重な経験を持つ人材です。1875年12月には元老院議官として政府

に復帰、同時に特命副全権弁理大臣になり「日朝修好条規」の調印にあたっています。やはり外交関係を行うことの出来る人材として期待されていたのでしょう。そして1885年12月第一次伊藤博文内閣の外務大臣に就任します。

　余談ですが、大久保とは対照的に井上は多くの財産を残します。建築が好きだったようで、本邸２つの他に多くの別邸がありました。その一つが湯河原の清光園という旅館になっています。ちなみに一時本邸とした鳥居坂の邸宅の後は国際文化会館になり、もう一つの本邸も数千坪あったというので、驚きですね。もっとも井上は、汚職で責められたりしていて、「井上馨　汚職」で検索用語が出てくるのですから、なんだか明治の政治家の一面が見て取れる気がします。

Ⅱ　条約改正とは

　ここで明治日本の条約改正について、まとめておきます。幕末の開国は結果的に評価されるものであったと思いますが、日本はここで近代国家として初めての国際的な交渉を経験しました。下田の資料館に行って当時の様々な資料を見ると、その時の日本人の様子や江戸幕府の交渉が堂々としたものだったことがわかります。しかし近代的な法体系はもとより、国家と国家の間の「条約」とはどういうものかもよくわからず探りながらの状態で、通訳も主として米国側に頼るしかなかった日本は、国際関係の面では圧倒的に不利な－欧米にとっては有利な－条約を結んでしまいました。いわゆる不平等条約を調印してしまい、これが長く日本を苦しめることになるのです。その問題は次のようにまとめられます。

①法権の喪失：日本は外国の治外法権、領事裁判権を認めることになりました。これでは外国人が日本で罪を犯しても、日本の法で裁けないことになります。

②関税自主権の喪失：外国から貿易等により物が入って来る場合、国内の同業者の保護のため関税をかけますが、日本が任意にこれを決める権利を失ってしまいました。明治初期は急速な貿易赤字となり日本の金や銀が国外に流出、税権獲得が急務とされました。

③片務的最恵国条款：最恵国とは英語でmost-favored nation です。一番
　気に入られている国、大切な国、でしょうか。最恵国待遇とは通商条約
　に設けられる条項で、締約国ＡにＢがこれを認められると、Ａが別のＣ
　と、Ｃが有利になるような条約を結んだ際には、Ａにとって最恵国で
　あったＢはＣと同等の条件を付与されます。こういうものは互いに与え
　あうのが普通なのですが、それを知らなかった日本は一方的に相手に与
　え、自分ではその待遇を得なかった（片務的）ため、これを双務的にす
　ることが望まれました。

④無期限有効：条約は通常期限をつけるものです。期限が来た時国内外の
　状況が変わっていれば、見直して再度締結しなおしたり、廃棄したりし
　ます。しかし幕末に結ばれた条約には期限も、破棄条項もついていませ
　んでした。当然、有効期限や廃棄条項をつける必要がありました。

　これらの改正を望むことは、日本としては当然でした。しかし欧米列強
にしてみれば、せっかく手に入れていた「特権」を簡単に手放すことは望
まないでしょう。これらを改正するには、日本がある程度、国力を持ち、
近代国家としての形を整えたと認められる必要がありました。また、列強
が競う当時の国際環境の中で、日本が一定の位置にあることが認められる
必要がありました。

Ⅲ　条約改正交渉

　不平等条約の是正は明治新国家にとって早くからの外交目標でありまし
た。いくつもの涙ぐましい程の努力が試みられました。その軌跡を簡単に
振り返ります。

１）岩倉遣欧使節団（1871年４月〜）

　最初の試みは、岩倉具視を全権大使とする欧米視察団をアメリカやヨー
ロッパに派遣したことです。日本としては条約改正の予備交渉をすること
が目的でした。使節団には岩倉の他、大久保利通、木戸孝允、伊藤博文等
が参加、若き日の福澤諭吉や、後に津田塾大学の創始者となる津田梅子

（当時8歳）も同行していました。

　一行はまず米国へ行きました。ここで一応、大統領や国務長官に会うのですが、全権委任状をもたずに来たため、公的な交渉はかないませんでした。この時の様子は、福澤諭吉の『福翁自伝』に面白く描かれています。

　なにしろちょんまげに袴のいでたちでアメリカの西河岸に降りたのです。ずいぶん奇妙だったでしょう。歓迎パーティーに出席したのはいいが、どうしていいかわからず、シガーなるものを勧められ見よう見まねで思いっきり吸ったら目がくらみ、火を消すことも知らず扱いに困って袖に入れたら、そのうち袖から黒い煙が立ち上り慌てた、などといった具合だったようです。

　この交渉失敗は痛手ではありましたが、一行は目的を欧米の政治・経済のしくみを調査・視察することに切りかえて、ヨーロッパも回って後の日本の制度改革に役立つものを探したのでした。

2）寺島宗則外務卿

　次に寺島宗則外務卿の改正努力を見ます。寺島の時代は日本はまだまだ法整備が不十分であったこともあり、まず税権獲得を狙います。寺島は不換紙幣発行や貿易赤字にあえぐ日本経済の混乱を憂い、産業の発展のためにも税権獲得が必要であると、これを優先的に考えたのです。交渉の相手は、比較的日本に友好的であったアメリカに定め、米国駐日公使ビンガム（J.A. Bingham）に接近し説得しました。日本の産業の発展を阻碍することは、ひいてはアメリカにとっても不利益である、との説得は、ある程度米本国にも届き、1878年に吉田清成駐米公使とエバーツ（W.M.Evarts）国務長官の間で吉田・エバーツ条約が締結をみて、日米の関税撤廃が合意されました。しかしイギリスやドイツからの反対が強く、これには日本が他の国と同様の条約を結んだ時、初めて有効になるという一項が付され、実施にはいたりませんでした。

3）井上馨

　さていよいよこの講の主役である井上馨の条約改正の試みをみます。井

第 3 講

上はこれまでの交渉を鑑みて、法権も税権も一部ずつ回復しようとしました。そして交渉相手をしぼるのではなく、多国間の交渉を選んだのです。寺島が改正に腐心した時期（1879~1887年）は、日本は富国強兵政策を進め、松方財政による財政の立て直しや、外国人顧問を招いて刑法、治罪法が公布される等法典編纂がなされました。そんな中で条約改正の列国会議が計画されます。

　1882年 1 月より条約改正予議会が開催されます。議長は井上で20数回にわたり討議されました。そこでは、列国が日本の法律にしたがうことを条件に内地を外国人に開放し、動産・不動産売買も認め、日本の裁判所に外国人判事を入れ、外国人の裁判は外国人判事多数で審議する、という項目がありました。井上としては法権を一部でも回復させるための譲歩が必要と考えたのかもしれません。しかしこれには、政府内部からも反対が出て、列強も裁判の公平性を疑問視し、会議は結論が出ず閉会になりました。

　一方で井上は、欧米文化の吸収が必要であるとも考えます。欧米に対抗し、改正を認めさせるためには「ヨーロッパ的な一新帝国を東洋に作り出す」方針が有効である、と考えたのです。そのために東京日比谷に鹿鳴館と称する洋館を建て、そこで夜な夜な舞踏会を催すなどの「欧化政策」を遂行しました。しかし一般の人にとって縁のない表面的な欧化政策は国民の反発を招き、自由民権派の格好の攻撃の的になりました。

　1886年 5 月から条約改正本会議が開催されました。ここで関税を 5 ％から11％に引き上げるという井上案でまとまるかと思われました。しかし外国人法官を登用し、しかもそれが多数を占めることや立法権が外国の制約を受けるのか、等の疑問が出されます。その上民間に案が漏れ、抗議が殺到してついに井上は外相を辞し、交渉は無期延期となったのでした。

4 ）大隈重信内閣

　騒然とする政府批判の中で外相に起用されたのは、民間に人気のあった大隈重信でした。大隈は各国別交渉で、法権改正を中心に交渉を進めました。大隈の方式は国際法を用いて理詰めで談判を行おう、というものでした。また井上のように妥協的に懇願方式でいくのではなく、強硬な態度で

交渉に臨むというもので、国民はこれを支持したのです。この方針はある
程度成功をおさめ、1888年にはメキシコとの間で対等条約が結ばれまし
た。そして独、米、ロシアとの新条約の締結間近と伝えられ、国民の期待
は高まって行きます。

　しかし大隈は交渉過程を国民に全く伝えず、「順調に有利に進行中」と
いった情報を流して世論の操作を行っていたのです。

　ところが対米新条約案が政府発表より前に、ロンドンのタイムズ紙にス
クープされてしまいます。それによれば、外国人法官を大審院に採用す
る、最恵国待遇は条件付き、となっており、井上案よりましだったもの
の、内容に失望した国民の反対運動が起きてしまいます。大隈外相は国権
論者の一人に爆弾を投げつけられ、片足を失い、辞職に追い込まれたので
した。

5）青木周蔵外相（山県有朋内閣、松方正義内閣）

　大隈の後、山県有朋内閣で外相に就いたのは、外交官出身である青木周
蔵です。この時期、第一回総選挙と国会開設が翌年に迫っていました。国
会が開設すれば、野党は合法的に政府批判を展開することができます。青
木はますます民間の動向に気を配らねばなりませんでした。青木の方式
は、法税両権を重視するもので、従来最も強硬な態度をとっていたイギリ
スとまず個別に交渉を進めました。しかも青木は国会開設がなされれば、
従来のような交渉は継続できないかもしれないといった中で、この状況を
むしろ利用しています。

　国際関係に明るい青木は英露の関係が悪化しつつあることを巧みに利用
しました。イギリスは清国をロシアの南下に備える前衛と考えていたもの
の、ロシアの勢力拡大を危惧し、日本にもその役割を期待するようになっ
ていました。イギリスはようやく日本との条約改正に応ずる姿勢を見せ始
めたのです。こうして1891年3月には英国との条約調印にこぎつけること
になりました。ところがこの5月に来日中のロシア皇太子が大津で突然日
本の警察官に切りつけられるという大事件＝大津事件が発生します。これ
により青木外相は辞職、この後は榎本武揚外相が引き継ぎました。しかし
議会における与野党の隔たりは大きく、ついに内閣総辞職となってしま

い、条約改正はまたもお預けとなりました。

6）陸奥宗光外相（第二次伊藤内閣）

　ようやく条約改正が成功したのは、第二次伊藤博文内閣の陸奥宗光外相の時でした。陸奥は条約改正の困難は対内折衝にあるとして、国内世論はかえりみず議会で強硬論者と戦います。法権の回復に重点をおき、国権論者の懐柔を図りますが、激しい反対論に次第に強硬になっていき、断固たる決意を表明しています。

　一方、陸奥は青木の方針を尊重し、青木を駐英大使に起用してイギリスとの交渉を進めました。結果、1894年 7 月日英改正通商航海条約が締結をみました。ここで、治外法権完全撤廃や最恵国待遇の双務化がなされました。しかし、英、仏、独に一部関税優遇は残りました。ともあれ、なかなか成功しなかった不平等条約改正は、大いなる労苦の末、ようやくここに実現したのです。

　しかし1894年 7 月の条約締結から 1 ヵ月もたたないうちに、日本は日清戦争に突入します。日清戦争勃発という危機的な状況の高まりの中で、条約改正は冷静に受け止められました。見方によれば、近代日本にとって初めての戦争の前で、日本国民の意識が一つになって、日本の国際的向上にも結びつく条約改正の必然性が認識され、ようやく結実したといえるかもしれません。

＜設問＞

次の用語についてそれぞれ200字程度で説明しなさい。
　①治外法権
　②最恵国待遇
　③岩倉遣欧使節団
　④鹿鳴館

第4講

陸奥宗光と日清戦争

　この講では陸奥宗光（むつむねみつ）の日清戦争に対する対応を検討します。陸奥は明治期の外務大臣ですが、日本外交史上最も高い評価を受ける外務大臣の一人であるとされ、現在の日本外務省に銅像が建っています。この前の講義でとりあげたように、日本が長く苦しめられた不平等条約の改正がようやく成就したのも陸奥外相の時でした。今回は明治日本が初めて経験した戦争である日清戦争に対する対応を中心に考えます。

Ⅰ　陸奥宗光

　はじめに陸奥の経歴と人物像を確認します。陸奥は1844年に紀州和歌山藩士伊達宗広（だてむねひろ）の第6子として生まれました。父は同藩の大番頭等の要職を歴任する有力者でしたが、宗光が9歳の時、藩の政争に巻き込まれ失脚、家名断絶にあいます。宗光は窮乏生活約10年の後に、江戸へ出るのです。

陸奥陽之助と称し、貧しい中で学ぶうちに、桂小五郎（木戸孝允（たかよし））、伊藤博文、坂本龍馬、板垣退助、山県有朋等と出会い、倒幕運動に参加するようになりました。

　1868年（明治維新の年）大阪でパークス英公使と面接をし、これを岩倉具視（ともみ）に報告しました。これにより新政府の外国事務局御用掛に採用され（24歳）、以来、行政官として頭角を現していくのです。大阪府権判事、兵庫県知事、

神奈川県知事などを20代半ばから後半で経験するのですが、大阪はもとより、兵庫も神奈川も港があって、開国間もない日本としては非常に重要な場所です。「係争地」つまり争いが予想される地で行政に携わることは、難しいですが、能力を発揮する機会が与えられた、ということでもあります。

　その後、大隈重信や井上馨らの推薦で租税頭として地租改正にあたり、大隈が大蔵省事務総裁になると大蔵少輔心得待遇になります。順調に出世していたようですが、1874年征韓論により政府内が分裂、多くが政府を去った時に宗光も辞任します（30歳）。西南戦争がおきると土佐立志社系の人と共に政府転覆計画に加担し、逮捕されてしまいます。陸奥というと俊敏な能吏としてエリート街道を邁進したイメージですが、若い頃はなかなか血気盛んなところもあったのですね。４年に及ぶ獄中生活は、それでも無駄ではなく、ここで彼は語学力を磨き、英国の憲法や政治史、政治学などの本を読みあさり、要点をついた翻訳もしています。

　1883年に出所しますが、待っていたように伊藤博文や井上馨から声がかかり、この年から留学（オーストリア、イギリス）に行きます。ちなみに反体制側からもお声がかかったといいますから、陸奥の優秀さは広く認められていたのでしょう。

　1886年に帰国し、井上馨外相の下で無任所外交官として弁理公使に就き、1887年より政務課事務担当（準次官的立場）となり、1888年、大隈外相の時に駐米公使に転出しました。1890年５月に第一次山県有朋内閣の農商務大臣を任ぜられ、この７月には第１回衆議院議員総選挙に出馬して当選、1891年５月松方正義内閣でも農商務大臣を留任しました。ところが９月には 議員を辞職して、新聞を発刊し薩摩閥や松方内閣を批判する側にまわります。1892年３月農商務相を辞任し、枢密顧問官に就き、同年８月第二次伊藤博文内閣の外務大臣に就任しました。

II　条約改正

　陸奥の外相時代に条約改正が成立したことはすでに説明しましたが、ここではなぜ成功したかに関して、簡単に振り返ります。

１）条件の改善

　最大の要因は陸奥時代にようやく改正成立の条件がそろってきたことでしょう。すなわち、以下のような条件でした。
①国会が開設し、立憲政治の形が整ってきます。
②国内市場が発展し、ナショナリズムの目覚めが見られるなど、日本の国力が増強していることは、列国も認めるところとなります。
③欧州における英露の対立が顕在化し、それゆえ日本の位置付けが重視されだしたと考えられます。

第４講

２）方法

　交渉の方法は前任者の方法を基本的には引き継ぎ、イギリスとの交渉を進め、法権回復を優先させました。英露対立を利用し、イギリスに、ロシア勢力の南下に歯止めをかけるため、と説得しました。そして1894年７月に日英改正通商航海条約調印に至ります。ところがそれから１カ月もたたないうちに日清戦争勃発となるのです。

Ⅲ　日清戦争

１）国際的背景

　まず、日清戦争に関して、国際政治上の背景を見ていきます。この当時から朝鮮半島は「火薬庫」といわれていました。少しでも何かがあると、大事件を引き起こす可能性がある危険な場所、という意味です。ちなみに現在の世界でも、中東や朝鮮半島は「火薬庫」とされます。朝鮮半島は昔から周りの国が影響力を及ぼしたくてしかたない、という場所でした。大国中国と陸続きで日本海に突き出た朝鮮半島は、否応無しに周りの国家にとって「戦略的価値」が高い場所だったわけです。
　当時清国は朝鮮を自身の隣にある衛星国（属国）と考えていましたし、日本としても戦略的に考えロシアや中国（清）と対峙するにあたって、お

さえたい場所でありました。また、この頃東方進出が著しかったロシアは東の方に港（不凍港）を求め、南下政策をとっていました。朝鮮は是非ともおさえたい場所だったはずです。ロシアという国はとても寒くて、多くの港は1年の半分くらい凍って使い物にならなかったとか。昔は飛行機などありませんので、鉄道と船が輸送の手段で、戦争にしても貿易にしても船が必要でしたのに、港が凍ってしまったらどうにもなりません。

　ところで、ロシアの南下の動きに眉をひそめていたのがイギリスです。イギリスはヨーロッパ方面でロシアと対抗していて、英露関係は緊張していました。イギリスはインドを植民地にしていて、インド経営をつつがなく行うためにも、清国と朝鮮は緩衝地帯（中立地帯）にしておきたかったのです。また、香港など清国の南の方に利権を持っていたイギリスにとって、いたずらにロシアに南下されては困るというもの。このように、朝鮮半島をめぐる情勢は、その戦略的価値ゆえにまさに国際的な火だねとなりそうだったのです。

２）朝鮮国内

　日清戦争は朝鮮をめぐる日本と中国（清国）との戦争です。朝鮮は昔から大国中国と陸続きで、その隣で生きていかねばならなかったため、中国中心の華夷秩序体系の国際関係を行ってきました。そこにおいて中国は宗主国で朝鮮はその属国という立場にありました。明治維新後、日本は新たな国交関係を求めたものの朝鮮に拒否され、征韓論が出ますが、結局それはなされませんでした。その顛末は第２講ですでに説明しました。いち早く開国して欧米列強と和親条約を結んだ日本は、朝鮮に開港をせまり、1876年には日鮮修好条規（江華島条約）を締結、朝鮮の開港に成功します。

　朝鮮が江華島条約を結んだ背景には、朝鮮自体の政情不安定がありました。朝鮮国内の勢力争いの背後で、日本と清国が影響力を行使しようと干渉を行っていたため、政争が複雑化していました。非常に単純化していうと、清に頼って政権を維持させようという「守旧派」対、日本の援助によって内政・外交の革新を図ろうという「開化派」、の争いとなっていました。そんな政治的葛藤の中で日本は次第に清を「仮想敵国」として軍備拡張を行っていきます。

3）日清間のいざこざ

そうした時に日本と清国の間で朝鮮をめぐっていざこざがありました。1882年京城（ソウル）で軍が民衆と日本公使館を襲撃するという事件が起きました（壬午事変）。この事件の背後には朝鮮内の権力争いがありましたが、この事件は日本が追求するところとなり、朝鮮が清国に軍の出動を要請したことから、日清間の争議となりました。しかし清は戦争に発展させる気はなく、日鮮間で済物浦条約が結ばれ、日本は損害賠償や公使館護衛の駐兵を承認させました。

しかし清はこれを契機に朝鮮に対する干渉を強化します。韓国宮廷内には親清派の事大党と親日派の独立党が勢力争いを続け、ついに1884年12月に独立党がクーデターを起こしたのです。これが甲申事変です。この背後には日本の竹添進一郎公使がいたとされますが、結局、清国が出兵したことにより、開化派政権は3日で倒れます。このような危うい状態を憂いた日清両国は会談を行い、1885年に天津条約が結ばれました。日清間で朝鮮半島をめぐり一応の妥協が成立したのです。

4）日清戦争

当時の日本外交は朝鮮半島問題に対していかなる課題を抱えていたのでしょうか。第一に、清国の影響力をどう排除していくか、裏を返せばこれは朝鮮に対する影響力をいかに大きくしていくか、ということでもあります。第二に、不安定な李朝政権にどう対処するか、第三に、欧米諸国の朝鮮への関心をどういう形で排除していくか、です。特にロシアは朝鮮に対して下心が見え、朝鮮が密約を交わしているという噂までありました。天津条約によりなんとか表面上の平穏が続いていましたが、内実はきわめて厳しい状態にあったのです。

日清戦争勃発の引き金となったのが1894年に朝鮮国内で起こった東学党の乱です。東学は西学（キリスト教）に対抗して、儒教・仏教・道教を融合した新興宗教のようなものでした。これが「西学排斥」をかかげ朝鮮全土に波及していくのです。ウェスタン・インパクトに直面した朝鮮社会において、キリスト教は西洋文化の象徴でした。これを排斥するという排他

的ナショナリズムは当時の朝鮮の人々の心に響いて、農民層を吸収して波及したのです。この混乱にどう対応するか、ということから、日清間の戦争が勃発します。

　まず清国が朝鮮政府の要請に応じて東学党鎮圧のため朝鮮に軍をおくりました。このままでは朝鮮は清国の完全な支配下に入ります。これに対し日本は、外相・陸奥宗光が閣議で「権力の平均を維持せざるべからず」（力の均衡を維持することが必要だ）と述べたと、陸奥の回想録である『蹇蹇録』（P.45参照）にあります。つまり中国が朝鮮半島に兵を送った以上、力のバランスを考えて、日本も朝鮮に出兵すべきである、として兵を送るのです。

　まもなく清から日清両軍同時撤兵の提案がありました。この清の提案に対し、日本は、それより日清共同で朝鮮の内政改革をしましょう、と返すのです。この提案、朝鮮を自身の属国とみなしている清が受け入れるはずはありません。陸奥はその間に列国と交渉をし、彼らの出方を見ていました。特にイギリスとロシアの出方を警戒していたのですが、結局、日本単独で朝鮮の内政改革を行わざるをえないことをまずイギリスに了解させました。英露の対立関係を巧みに利用し条約改正が成立していたという有利な条件が後押ししました。ヨーロッパ列強には、朝鮮の内政改革が必要で、日本は朝鮮の独立を侵害する意図はないことを強調しました。

　その上で朝鮮に圧力をかけたのです。第一に、清との宗属関係を断ち切るように、第二に、朝鮮に駐留している清国軍を駆逐することを日本に依頼しなさい、としたのです。日本としては戦争は清からしかけられ、朝鮮にも頼まれ、仕方なくやったのだ、という形にしたかったのです。陸奥の『蹇蹇録』に「我はなるたけ被動者たるの位置をとり…清国をして主導者たらしむべし」という方針をとったとあります。

　ここに至ってついに日清間で戦争勃発（1894年7月25日豊島沖海戦）となりました。

5）講和

　当時の国際的評価は、清国は国力の面で新参者の日本がかなう相手ではあるまい、というものであったでしょう。しかし大方の予想に反して、戦

局は日本軍に有利に進展しました。日本としては英露対立を利用して、列強の干渉を避けつつ、清国に対して有利な立場を確立すれば、適当な時点で講和に持ち込むことでよい、と考えていました。

　1895年 3 月末より日清講和会議が開始されました。日本側全権は伊藤博文と陸奥宗光、清国側全権は李鴻章でした。 4 月17日に下関講和条約が結ばれました。その主たる内容は次のようなものでした。

①朝鮮の独立（を清に認めさせた）
②遼東半島・台湾・澎湖島の清から日本への割譲
③賠償金 2 億両（日本円で約 3 億円）
④重慶、沙市、蘇州、杭州の開港
⑤揚子江の航行権の日本への供与
⑥最恵国待遇の確立

　以上のように、近代日本の初めての戦争により、日本は朝鮮半島からの清国勢力排除に加え、多額の賠償金や遼東半島、台湾を得ることになりました。当時の日本としては、大きな成果を得たのです。

Ⅳ　三国干渉

　ところが、戦勝に浮かれてはいられない事態が発生します。それが三国干渉です。主役はロシアです。ロシアはかねてから獲得を望んでいた遼東半島が日本に割譲されることに大いなる不満を抱き、ドイツとフランスを誘って、これに異議を申し立ててきたのです。遼東半島は旅順、大連がある中国の東北地方南端の小さな半島で、その重要性は朝鮮半島と同様の戦略的価値をもつところにありました。現在、旅順や大連は日本人でも観光することができます。旅順は特に面白く、かつて日本人が住んでいた場所や、ロシア人が住んでいた場所を見ることができます。今もロシア人のリゾート地の一つになっていて、旅順、大連のホテルではロシア人観光客を多く見かけました。

　そんな場所が、日本の手中に入ることを危惧したロシアの公使が、独仏

の公使とともに、日本外務省を訪問して、遼東半島の返還を求めたのです。列国の協同干渉に日本はどう対応したのでしょう。実は陸奥はこの時病床にあり、それを決める重要な御前会議に出ることができませんでした。ここで伊藤博文が対応策として三つの案を出しました。第一は、三国の勧告を拒否する、第二は、列国会議を招請し、この問題を処理する、第三は、勧告を全面的に容認する、というものでした。第一案はヨーロッパ列強と戦いを交えなければならなくなるかもしれず、この時の日本にそれだけの抗戦力があるとは思えず、不可能なのは明らかでした。さりとて簡単に全面容認することは、あまりにもふがいないと国民の納得が得られないであろう、ということで、ここでは第二案に落ち着きました。

　伊藤はこの案をもって、病床の陸奥を訪ね、見解を問うたのです。陸奥は列国会議の招集には反対でした。その理由は、第一に、列国会議には三国以外の国が参加することになり、列国の対日要求がエスカレートする可能性があること、また、第二に、列国会議招集には時間がかかり、清は条約批准をのばし内容引き下げをねらう可能性がある、としたのです。そこで日本は三国への回答を延期して列国に探りを入れましたが、イギリスは三国を牽制する意図はなく、ロシアは干渉拒否の場合には危険と判断され、結局、日本は三国干渉を受諾したのでした。国民からは「外交の失敗」と非難されましたが、政府は天皇の詔勅で干渉受諾を伝え、「臥薪嘗胆」（将来を期して辛苦艱難に耐える）をスローガンとして国民の不満をそらす方法に出たのでした。

　陸奥は外務大臣を日清戦争終結の翌年1896年に辞任し、その翌年に死去しました。まさに近代日本最初の戦争指導を命がけで行ったのです。回想録の『蹇蹇録』の主眼は国民に対する弁明です。「蹇蹇」とは悩み苦しむことです。陸奥の外交もまた、日本が新参の近代国家として国際社会で生き抜くための現実的政策であったといえます。

＜設問＞

１，次の用語について200字程度で説明しなさい。
　　①東学党の乱
　　②三国干渉

２，陸奥宗光の日清戦争時の外交指導の特徴をまとめなさい（800字以内）。

資料Ⅰ-4-1

陸奥宗光「蹇蹇録」（抜粋）

…翌二日、内閣総理大臣の官邸において内閣会議を開くこととなりたるに、会〻杉村より電信ありて朝鮮政府は援兵を清国に乞いしことを報じ来れり。これ実に容易ならざる事件にして、もしこれを黙視するときは既に偏傾なる日清両国の朝鮮における権力の干繋をしてなお一層甚だしからしめ、我が邦は後来朝鮮に対しただ清国のなすがままに任するの外なく、日韓条約の精神もためにあるいは蹂躙せらるるのなきに非ざれば、余は同日の会議に赴くや、開会の初めにおいて先ず閣僚に示すに杉村の電信を以てし、なお余が意見として、もし清国にして何らの名義を問わず朝鮮に軍隊を派出するの事実あるときは、我が国においてもまた相当の軍隊を同国に派遣し、以て不虞の変に備え、日清両国が朝鮮に対する権力の平均を維持せざるべからずと述べたり。閣僚皆この議に賛同したるを以て、伊藤内閣総理大臣は直ちに人を派して参謀総長熾仁親王殿下および参謀本部次長川上陸軍中将の臨席を求め、その来会するや乃ち今後朝鮮へ軍隊を派出するの内議を協え、内閣総理大臣は本件および議会解散の閣議を携え直ちに参内して、式に依り　聖裁を請い、制可の上これを執行せり。

　かく朝鮮国へ軍隊を派遣するの議、決したれば、余は直ちに大鳥特命全権公使をして何時たりとも赴任するに差支えなき準備をなさしめ、また海軍大臣と内議して同公使を軍艦八重山に搭じ、同艦には特に海兵若干を増載し、

かつ同艦および海兵は総て同公使の指揮に従うべき訓令を発せしむることと
なし、また参謀本部よりは第五師団長に内訓し同師団中より若干の軍隊を朝
鮮に派するために、至急出師の準備をなすべき旨を命じ、また密かに郵船会
社等に運輸および軍需の徴発を内命し、急遽の間において諸事最も敏捷に取
り扱いたり。かかる廟算は外交および軍事の機密に属するを以て、世間いま
だ何人もこれを揣測する能わず。而して政府の反対者は廟議既にかく進行せ
しを悟らず、頻りにその機関新聞において、もしくは遊説委員を以て朝鮮に
軍隊を派遣するの急務なるを痛論し、劇しく政府の怠慢を責め、以て暗に議
会解散の余憤を洩らさんとせり。

　廟議既に此の如く決定したり。しかれどもこれを実地に執行するに及びて
は、時に臨み機に投じ国家の大計を誤るなきを期せざるべからず。故に政府
は慎重の議を尽し、更にその方針を確定せり。即ち日清両国が各々その軍隊
を派出する以上は何時衝突交争の端を開くやも計りがたく、もしかる事変
に際会せば我が国は全力を尽して当初の目的を貫くべきは論を待たずといえ
ども、なるべく平和を破らずして国家の栄誉を保全し日清両国の権力平均を
維持すべし、また我はなるたけ被動者たるの位置を執り、毎に清国をして主
動者たらしむべし、またかかる一大事件を発生するや外交の常習として必ず
第三者たる欧米各国のうち互いに向背を生ずることあるべきも、事情万やむ
をえざる場合の外は厳に事局を日清両国の間のみに限り、努めて第三国の関
係を生ずるを避くべし、とはその要領なりき。この廟算は初め伊藤総理と余
との熟議に成り、特に多くは伊藤総理の意見に出で当時の閣僚は皆これを
賛襄し　聖裁を仰ぎたるものなれば、日清交戦中我が政府は始終以上の主義
を以て一貫せんことを努めたり。（以下略）

（出所）陸奥宗光『新訂　蹇蹇録』岩波文庫、1983年、24-26頁

第5講

小村寿太郎と日露戦争

この講では日露戦争時の外務大臣であった小村寿太郎を取り上げます。

I　小村外交の評価

　小村外交の評価は必ずしも一定ではありません。高い評価をとるものには、たとえば戦争中の1942年に出版された本多熊太郎『魂の外交—日露戦争と小村公—』があります。明治時代に日本が行いえた最高の外交であって「神技」とまでいうのです。逆に評価が芳しくない研究には、内山正熊「小村外交批判」（慶応義塾大学『法学研究』に掲載され、のちに内山『現代日本外交論』に所収）があります。内山は小村外交は日本を日露戦争に引っ張っていき、中国にも抑圧的で「日本帝国主義外交」の典型である、としたのです。これらの中間的立場をとる研究者にアメリカのテンプル大学の教員であった岡本俊平（Shumpei Okamoto）がいます。

II　小村寿太郎

　まず小村の経歴を紹介します。小村寿太郎は1855年飫肥藩（宮崎県）に生まれています。隣の薩摩藩は明治維新で活躍した人材を多く出しましたが、小村の故郷はそうではありません。そのためか小村には薩摩に対するコンプレック

スがあったようです。

　幼い頃、藩塾で古典教育を受け、また祖母より武士道を叩き込まれました。記憶力に優れた頭のよい少年だったようです。1869年（明治2年）10代半ばにさしかかった小村は、藩から選ばれ長崎に出て英語を学び、1871年やはり藩に選ばれて上京し、大学南校で法律を学びます。1875年第1回文部省留学生としてハーバード大ロースクールへ留学します。この時選ばれた留学生の中には後に衆議院議長となる鳩山和夫（鳩山一郎の父、鳩山由紀夫の曽祖父）がいました。冬が長く、詰め込み教育のハーバード大の生活は、小村にとってあまり面白くなかったようで、卒業後ニューヨークに出て法律事務所で見習いとなって、法律実務と英語を学びます。

　小村が帰国したのは1880年25歳の時でした。20歳から25歳の時期をアメリカで過ごした小村は、米国の共和制やキリスト教が日本には不向きであると感じたようです。帰国時よれよれの着物にぞうりという姿で、期待を持って迎えた地元の人々をがっかりさせた、というエピソードの持ち主です。このような経験が、彼をいわゆる「日本主義者」との交流に走らせたのでしょう。彼は帰国後ただちに司法省に入省しました。東京や大阪での裁判所勤務の後、大審院判事になっています。

　1884年外務省に転出します。しかし外務省では翻訳局にまわされ、地味な仕事に従事することになります。およそ9年間そこで勤務し、翻訳局長にまでなっていきます。この頃の小村は不遇だったようです。仕事がつまらない上に、父の借金に追われ、家庭も暗かったらしい。人付き合いが悪い小村の評判は芳しいものではありませんでした。そんな中で一筋の光明となったのは、東京帝大より講義依頼が来たことです。謝礼が年俸100円と非常によく、小村は熱を入れて教え、学生の評判もよかったようです。東京帝大から年俸を3倍にするからもう1年やってくれと頼まれるのですが、外務省の都合で辞めざるをえませんでした。

　翻訳局長になった小村は「陸奥を囲む会」で紡績に関する知識を示し、陸奥宗光から注目されます。小村は紡績に関する翻訳経験があったのです。「原君（後に首相になる原敬）くらい用いていただけば相当な働きをします」とアピールしたとか。そのかいもあり1893年陸奥外相より在清国公使館勤務を命ぜられます。同年11月末に臨時代理公使として、日清戦争直前の北京に着任したのです。小村は中国について猛烈に勉強しました。

彼は「支那通を考慮せず」—すなわち、日本人の中国観は偏見に根差し、甘えと清に対する優越から書かれており信ずるに足らず、として欧米の著作を読みふけったのです。1894年東学党の乱等で急迫する日清関係の中で、開戦に導く活動を行い、破局直前に公使館を引揚げています。

　1894年末に政務局長に就任、清国における日本の通商特権の拡大を主眼とする講和意見書を起草しました。1895年10月朝鮮王妃（閔妃）殺害事件処理のため韓国へ行き、そのまま韓国公使となります。1896年 5 月日露で朝鮮内政の共同監督を行うことを定めた小村・ウエーバー協定に調印して翌 6 月に帰国し、外務次官に就任しました。1898年には駐米公使となり、1900年 2 月ロシア公使に転出、義和団事変に際しては列国均等の軍の早期派遣を主張、同年末に駐清公使を任ぜられました。そして1901年 9 月第一次桂太郎内閣の外務大臣に就任したのです。首相の桂太郎は長州出身の陸軍軍人であり、また拓殖大学の創始者です。元総理の安倍晋三に抜かれるまで日本の憲政史上最も長く総理の座にいた人ですが、この内閣は当時「次官内閣」ともいわれました。大臣の器のない者が集まって作った内閣だといわれたのです。明治もこの時期になると、維新の大物から第二世代に政治の担い手の中心が移っていったのです。そんな中で小村は外務大臣として大陸外交を推進していくことになりました。

Ⅲ　小村の政治観

　経歴を見たところで、小村の考え方の特徴をまとめます。

　第一に、彼の政治に対する考え方はエリート主義的な保守主義であったことです。小村は当時の日本の民度は依然として低いものである、と考えており、したがって、政治は少数の手で行われるべきもの、と思っていたようです。日本は1890年（明治23年）に国会を開設するのですが、これは早すぎる、国会は政府批判の場となるにすぎない、と不満を述べています。内政上の根回しを嫌い、外交はプロが行うもので、大衆にはわからない、として、徹底的に秘密主義をとり、世論を顧みることはありませんでした。保守主義で秘密主義、権威主義的な外交を推進したのです。

　第二に、力への信仰があったことです。もともと藩閥出身ではないこ

ともあり、藩閥政治に対する反感を持っていて、それを担った伊藤博文や松方正義を皮肉り、彼らが推し進めようとした日露同盟締結に反対しました。外交官として三国干渉も経験し、力の大切さは思い知っています。力は、悪用してことを進めるのではなく、そのバランスを考えるべきである、とも考えていたようです。それが実を結んだのが日英同盟締結であったといえましょう。

Ⅳ　日露戦争

1）国際環境

　日清戦争はそれまで「眠れる獅子」と恐れられていた大国中国の「予想外」の敗北となりました。大国中国が新参者の日本に敗れた—中国は実は「死せる鯨」であった、とばかりに列国の対清進出が活発化していきます。中でも急先鋒が三国干渉の主唱者であるロシアでした。三国干渉で遼東半島を日本から返還させ、清に恩を売ったロシアは、フランスと共同で借款を清に供与します。露清銀行を作って対清進出の足掛かりとしたのです。また、1896年に露清密約を結び東清鉄道敷設権を得ると、さらに1898年には旅順・大連一帯を25年間租借することに成功しました。ロシアは旧満洲（中国東北）地方一帯に大きな利権を得たのです。

　この時代ドイツやイギリス、フランスも清国に租借地を獲得するなどして清へ進出していきます。特に北方に利権を得たロシアと揚子江流域等に利権を持つイギリスとの間で対立を深めていました。

2）義和団事変

　そんな列強の対清進出は、清国内の排外熱を呼び覚まし、各地で排外運動が起きたのです。中でも深刻な事態になったのは義和団を中心とする運動です。義和団は山東省中心の宗教団体ですが、キリスト教の普及と外国勢力の浸透に反対する運動を行っていました。これが「扶清滅洋」（清を助け西洋を撲滅せよ）というスローガンを掲げ、農民大衆を吸収して勢力

を拡大、北京にまで至ったのです。北京には列国の公使館がありますが、外国勢力の浸透を苦々しく思っていた北京政府は取り締まりを強化することもせず、1900年6月にはドイツ公使と日本公使館書記生が殺害されてしまいます。外交官はその国を代表する存在ですから、外交官が殺されるということは大変なことで、時には宣戦布告にも匹敵する意味を持ちます。列強は中国に公使館救出のための連合軍を派遣することにしました。

　義和団の運動に関して日本とロシアはキリスト教とはあまり関係がなく、排撃対象でもなかったため、当初は関心が薄かったようです。しかし状況が悪化し、列強は地理的に北京に近くて派兵しやすい日本とロシアに出兵を依頼します。日本は邦人保護等を考え慎重な対応をとっていましたが、結局、連合軍の一員として派兵しました。義和団は鎮圧され1901年には最終議定書が調印され一段落となりました。これにより清は列強に多額の賠償金を支払い、また列国に守備兵の常置権を認めることになり、清国の弱体化はさらに進みます。ちなみにこの時の賠償金の一部で日本は茗荷谷に東方文化学院東京研究所（現東京大学東洋文化研究所）を造り、戦後は外務省の研修所としてこの建物を利用していました。それが現在は拓殖大学の国際教育会館となっています。拓殖大学の正門からすぐですから、是非、見学してください。

　ところで義和団事件はその後に厳しい問題を引き起こしました。この時連合軍に加わったロシア軍がロシアに引き上げると思いきや、そのまま満洲に駐留し、日本やイギリス、アメリカ等の抗議にもかかわらず駐兵を続けたのです。日本としてはこれは大きな脅威でした。日本は日清戦争の結果、朝鮮半島の優越権を清に認めさせました。ようやく得た優越権であったのに、その朝鮮半島の隣に敵対する勢力が来てしまったのです。さて、日本はこれにどう対応したのでしょうか？

　まず1901年3月段階で当時の外相の加藤高明が意見書を出して、次の3つの選択肢を示しました。第一に、ロシアの満洲進出に対し強硬に抗議する＝ロシアの出方により武力に訴えてもこれを阻止する、第二に、勢力を均衡させるため、ロシアが満洲にいるのであるなら、日本は朝鮮を占領する、第三に、ロシアに対し一応の抗議をし、直接行動は控え、後日適当な措置をとる、の3つです。

　第一の選択肢は大国ロシアとの戦争を覚悟しないといけません。第二に

しても、微妙なバランスで保ってきた国際関係を崩しかねず、第三は時間
の経過にともないロシアと日本の力の差が開きかねず、いずれも決定的な
ものではありませんでした。しかし日本単独でロシアに軍事的に対抗する
ことは難しいということは指導者間で一致していました。この加藤案は、
加藤の辞職と伊藤博文内閣の倒壊で討議されずに終わりました。

　これ以降も決定的な方策がないまま、第四の選択肢として、当面ロシア
と交渉して、日本が朝鮮半島に優越権を確保し、その代わりロシアの満洲
経営の自由を認めよう（当時さかんに言われていた「満韓交換論」の考
え）という方策を探ります。伊藤博文がこのような考えの代表的な論者で
す。しかしたとえこれが成功したとしても、ロシアの拡張主義的な動きに
対する恐怖はぬぐい去ることはできません。そこで第五の選択肢として、
事態の根本的解決のためにもロシア勢力を満洲から駆逐すべし、そのため
には、日本と利害を同じくする国と協力してこれにあたるべし、という考
えがありました。ロシアと敵対する国と同盟関係を結び、ロシアを牽制し
ようというのです。このような考えは1901年の後半から末にかけて出てき
ました。これを主張したのがこの時の首相の桂太郎、外務大臣の小村寿太
郎らでした。結局、実現したのは第五の選択肢でした。1902年1月ロンド
ンで日英同盟が締結されます。

　ところで、この時代、列強は同盟や協商を結ぶことで国際関係を有利に
していこうとするのが普通でした。そんな中で、イギリスはそれまでどこ
とも同盟・協商を結ばず、「栄光ある孤立」といわれていたのに、極東の
新参者である日本となぜ同盟を結んでくれたのでしょうか？当時ヨーロッ
パ方面でロシアと対立していたイギリスは、アフリカ分割などで極東に目
を向ける余裕がなく、日本との同盟によって極東への発言権を確保しよ
う、という意図があったようです。一方日本にとって当時世界最強の国で
あったイギリスと同盟を結んだことは外交上の大成功であり、日英同盟は
その後長いこと日本外交の柱となっていくのでした。

3）日露戦争

　日英同盟締結はロシア牽制のためでありますが、その成立によりロシア
に対して強い態度をとれるようになった面は否定できません。これを利用

して、ロシア勢力の満洲からの撤退を実現させようとばかりに対露強硬派は勢いを増していきました。桂首相や小村外相はそういった立場であったとされ、一方、伊藤博文は対露穏健派の代表的論者で、併行してロシアとの交渉を進めようとしました。ロシアでも強硬派が台頭し、満洲で第一期の撤兵は行ったものの、第二期は行わず駐兵を続け、朝鮮にも租借地獲得や砲台建設を始めようとする有様でした。

　そんな中で、ロシアに対して譲歩することを否定する考えが固まっていきます。外務省や軍の一部でも強硬論を支持し開戦要求を主張する者が出て、世論は「ロシア打つべし」で盛り上がっていきました。とはいえ政府は戦争になった場合、資金をどのようにねん出するか、頭を悩ましていました。これに関しては、外債を募集して、英米より各500万ポンド調達ということで見通しがたちました。イギリスとの間には日英同盟がありますが、アメリカからはなぜ、このような多額のお金が調達できたのでしょうか？当時アメリカは満洲に経済的関心があったとされ、ロシア政府に挑む日本の後押しをしてくれたと思われます。

　1904年1月日本はロシアに最終的提案を提出しました。その内容は満韓交換の提案でした。しかしロシアの反応は、極めて冷淡でした。1904年2月日本はついに開戦に踏み切るのです。

　当たり前のことですが、戦争は結果がわかってするものではありません。勝敗も、いつ終わりになるのかもわからずにやるわけです。ゴールが見えているわけではありません。要するに勝った状態の時に終わりにすれば勝ち、負けた状態の時に終われば負け、なのです。国力からみれば、当時の日本がロシアに勝利するなどいうことは、考えられなかったでしょう。実際多くの国がそのように見ていました。しかし勃発当初、大方の予想に反して日本軍は有利に戦局を展開しました。聞くところによると、ロシアの戦争のやり方は、緒戦はあまり本気を出さないのだそうです。ちょっとやって様子を見て引っ込み、その後に十分な力を発揮するのだというのです。これに対して日本の戦争のやり方は緒戦を頑張るタイプだそうです。

　実際日本の内情は、火の車だったようです。当初日本は戦費を1年で4億5000万円程度と見積もっていたのですが、実は2年で19億円使ったとされ、武器・弾薬や兵員の欠乏に悩まされる自転車操業状態だったのです。

開戦当初より戦争終結を考えていた日本の指導者達は和平に動き、1905年日本海海戦の勝利を講和のチャンスととらえ、5月下旬にアメリカのローズヴェルト（Theodore Roosevelt）大統領に調停の斡旋を依頼しました。ロシア側も国内不安や財政難に鑑みて、これを受諾したのです。

4）講和

　講和会議はアメリカのボストン郊外のポーツマスで開かれ、1905年9月にポーツマス講和条約が調印されました。日本側の全権は小村寿太郎外相です。ロシアは本気の戦争までいかなかったとの意識があったのでしょう。日本に負けた、と認めることはしません。そんなロシアを相手に、小村は交渉をしなければならなかったのです。会談は予想通り厳しいもので、小村は打ち切りを本国政府に具申しましたが、戦争終結を不可欠とする訓令により調印となりました。締結されたポーツマス講和条約の要点は次のようでした。

①韓国における日本の政治的・軍事的・経済的優越の承認
②日露両軍の満洲からの撤兵
③ロシアの南満洲権益（関東州租借地、長春‐旅順間鉄道）の日本への譲渡
④南樺太の日本への譲渡
⑤ロシア沿岸の漁業権の日本への供与
　頑なな<ruby>頑<rt>かたく</rt></ruby>ロシア相手では賠償金や領土の割譲は簡単には見込めないところでしたが、この条約によって日本は領土獲得あるいはその前段階になるような影響力を南樺太、南満洲、朝鮮に行使できるようになりました。それは韓国併合への布石となったのです。

　ただ、一方で国民は、日本の戦争中の内情など知りませんでしたから、ロシアに勝ったのにこれでは…といった不満や憤慨の声が沸き上がりました。反対運動は広がり、ついに日比谷焼き討ち事件という騒動を起こしてしまうのです。小村は、講和条件を黒枠で囲って小村を弔旗で迎えよとする新聞や、小村はロシアに行け、と叫ぶ民衆の中に帰って来なければなりませんでした。

　もっとも小村は領土や賠償金などの「勝利の代償」を求める国民の声に

応えることができないことは覚悟の上でした。状況を察知していた元老の井上馨は「君は実に気の毒な境遇に立った。今までの名誉も今度で覆されるかもしれない」と述べ、やはり元老の伊藤博文は「君が出発の日は見送り人が山のようだろうから我が輩は失敬する。そのかわり、帰りには他人がどうあろうとも我が輩が第一に横浜に出迎える」と言ったといいます。

＜設問＞

１，次の用語について200字程度で説明しなさい。
　　①日英同盟
　　②ポーツマス講和条約

２，小村寿太郎の政治的考えの特徴をまとめ、日露戦争時の外交指導について、それが反映していると思われる部分を抽出しなさい（800字以内）。

第6講

後藤新平と植民地経営

　この講では後藤新平を取り上げます。後藤は外務大臣や東京市長を歴任したことで有名ですが、拓殖大学の第3代学長でもありました。後藤について、東日本大震災の時には関東大震災前後の後藤の政策が、また近年のコロナ騒動では彼のとったコレラ対策が注目されています。拓大生はもちろん、他の大学で勉強している学生さんは、今、後藤を学ぶことの幸運を感じて欲しいと思います。

I　日露戦争後の動向

　日露戦争は日本にとって「ヨーロッパの大国と戦い勝つ」という初めての経験でした。その影響は大きく、これを境にいくつかの明らかなる変化が見られました。それは、第一に、国民意識の変化です。海軍戦を制した上での勝利ですから、明らかなるパワーへの信頼、信仰に近い感覚が国民に根付いたということです。反面、これまで欧米列強に追いつこうと頑張って来た日本は、今度は何を目標にするのか、という目標の喪失という状況がでました。

　第二に、日本は日清・日露の二つの戦争を経て、植民地所有国家の仲間入りを果たしました。日清戦争では台湾を、日露戦争では南樺太を日本領土とし、また中国の南満洲に足場を得て、さらに1910年には韓国を併合したのです。

　第三に、この勝利により列強、特に米国との間で摩擦が起きることになったということです。日露戦争は英米からの援助を得てようやく戦った戦争でしたが、戦後の満洲市場の開放を期待する英米に対して、日本は閉鎖的でその進出を拒みます。アメリカとの間では他にも、日本人移民が米国西海岸において排斥される事件が起きたり、太平洋を挟んで両国海軍が対峙するようになっていくのです。

　第四に、日本の政界の世代交代が進んだことです。伊藤博文や山県有朋らは明治維新のいわば第一世代です。これに対し桂太郎や小村寿太郎は第二世代といえるでしょうか。本講で学ぶ後藤新平はさらにその下、第三世代にあたります。

II　後藤新平

　伊藤博文にとって後藤新平はまさに「新世代」に見えたようです。伊藤は後藤に「君は遅く生まれすぎた、否、早く生まれすぎたのかも…」と言ったといいます。明治維新の時代だったら大活躍したかもしれないし、これから先もっと役にたった人物だったかもしれない、ということです。「脱線家」の異名を被ったり、「大風呂敷」と言われたり、とにかくユニークな人物だったようです。

　後藤は1857年6月岩手・水沢藩士の家に生まれました。安政の五カ国条約が結ばれる前年の開国間もない頃に、薩摩・長州と関係のない藩に生を受けたのです。腕白で才気煥発な少年で野心もあり頭もよかったそうで、地元の有力者の勧めで福島に出て学び、須賀川医学校を卒業して医者になります。医学を学んだことの影響は大きく、後藤は後に生物学の「適者生存」の考えで国際関係を見るのです。

　1876年医師として愛知の病院に赴任、1879年まだ20代半ばで愛知医学校校長・病院長を兼務します。1882年に遊説中に刺された板垣退助の治療にあたり、命を助けられた板垣が後藤に注目します。1883年内務省衛生局に勤務、全国を視察して回って日本の衛生行政を考察し、『国家衛生原理』（1889年）等衛生行政関連の著作を何冊か出しています。1890年よりドイツに留学し、ここでドイツの医学が統計学的分析に基づいていることに印

象づけられました。1892年には内務省衛生局長になり、この時期に伊藤博文等に接近し、社会生活的施設の必要性等を説いています。

　転機の要因になったのが1894年夏に勃発した日清戦争でした。後藤は臨時陸軍検疫部の責任者となり、傷兵の治療に当たったのです。日清戦争は近代日本が初めて経験した対外戦争です。海外に行って慣れない場所で病気になる者も多く、特に恐れられたのが、コレラでした。コレラの侵入を防ぐため、後藤は突貫工事で検疫所を造り、2ヵ月程の間に23万人以上の検疫を実施したといいます。この水際作戦によってコレラの国内蔓延（まんえん）は食い止められます。後藤はまた、帰還兵の帰還後の健康に目配りしました。後藤のこのような活躍に注目した一人に陸軍の児玉源太郎がいました。

　日清戦争で日本は台湾を領有することになり、植民地経営に乗り出すことになりました。1898年児玉源太郎が台湾総督になり、後藤を台湾総督府民政局長として呼びました。後藤はすぐに民政長官に格上げとなり、ここでも後でまとめるように優れた政治的な手腕を発揮していくのです。

　1904～5年の日露戦争後、1906年に南満洲鉄道株式会社の初代総裁となり、満洲経営に当たります。その後1912年第三次桂内閣逓信大臣兼拓殖局総裁、1916年寺内正毅内閣内務大臣、1918年同内閣外務大臣を歴任、1919年には拓殖大学学長に就任しこれは亡くなるまで続けました。1920年東京市長、1923年山本権兵衛内閣内務大臣等要職を歴任し、1929年に死去しました。

第 6 講

Ⅲ　台湾民政長官

　前述のように1898年に台湾総督に就任した児玉源太郎が後藤に協力を求め、台湾民政長官となりました。当時の台湾は日本人から見て開発が遅れた地域で、治安も衛生状態も良いものではありませんでした。特に日本人にとって悩ましかったのはアヘン問題でした。中国はアヘン戦争前よりアヘンが浸透し、それは社会の根幹を揺るがす問題でした。かねてから衛生行政を研究していた後藤はまずこの問題で手腕を発揮するのです。日本人はアヘンを厳禁にする厳禁論をとりがちですが、後藤は漸禁論（ぜんきん）に立ちます。その理由は次のようなものでした。①麻薬であるアヘンはおかされた者にとってすぐにやめることは難しい。厳禁すれば地下にもぐり、見えな

いところではびこるであろう。②それならむしろ漸禁にして、台湾総督専売とし、薬用アヘンを売って取り締まり、アヘン税をかける。③収入は台湾の衛生の整備に使う、というものでした。

　次に後藤の台湾統治策の特徴をまとめます。

(1) 旧慣習の尊重：後藤は現地の状況を把握するための実態調査を重視しました。学者、研究者を動員して「台湾旧慣調査」を大規模に行っています。まず現地の旧慣を知り、それをもとに何を残し何を改めるかを決めようというのです。やみくもに日本のやり方を押しつけるのではなく、残した方がいいものを見極めようというのがそのやり方でした。この調査は1940年代末に大陸から渡った蔣介石が参考にしたとされるほど、さまざまな情報が整っていたといわれています。

(2) 警察制度の確立：警察官にある程度の責任を持たせ、仕事をさせることにしました。警察に簡単な裁判も任せ、不服の時には再審できる副審制をとって、現地の警察権の拡大を図りました。

(3) 総督権限の確立：台湾総督を東京の政府が動かすようではいけない、台湾の実情を知らない者が日本的な考えで命令しては困る、ということで、総督権限の確立に努めました。

(4) 地方行政官の待遇改善：同様な発想で地方官に権限を与えることもしました。地方官から総督を通して東京の政府にお伺いをたて、その決定を仰ぐようでは物事が進まない、として地方官に権限を与え、その能力を引き出そうとしました。

(5) 開発重視：後藤は台湾の開発に熱心でしたが、特に鉄道・郵便・電信すなわちインフラストラクチャーの整備に熱心でした。これらが社会的近代化の基礎となることは、今でこそ常識的とされますが、当時いち早くそれを実現させたのです。下水や病院も造ります。一カ所のみを重点的に行ったのではなく、調査に基づきポイントをおさえた政策をとったため、感心した井上馨が中央も後藤にまかせようとしたようです。

　三大事業とされたのが、①台湾縦貫鉄道建設、②築港、③土地調査（農業開発）で、三大専売が、①アヘン、②樟脳（セルロイドや火薬、防虫剤等の原料）、③食塩、でした。塩は専売にしましたが、米や砂糖は専売にせず、自由競争にして農民を刺激する方針でした。糖業は戦後にかけて台

湾の一大産業になっていきます。

　後藤によれば、植民地経営は急速にやってはいけない、「学ぶべきはフランス的方法ではなく、イギリス的方法」であるというのです。フランスは直接統治方式でフランスの文化を積極的に現地に埋め込む、という方式でしたが、イギリスは現地社会を尊重する、いわば間接統治方式をとりました。いきなり日本の習慣を押しつけては現地の反感をかう、古い習慣をどう残しどう棄てるか、を考えるべきである、こうした考えで大規模な旧慣調査を実施したのです。

Ⅳ　満洲経営

　後藤の台湾経営は高く評価されました。後藤は日露戦争後、今度は初代の満鉄総裁として南満洲の経営も任されるのです。しかし満洲は台湾と異なり、難しい面がありました。まず満洲の地理的位置です。北はロシアと接し、西は中国関内と陸続きで北京にも近く、東は日本の領土となった朝鮮半島です。そして台湾よりはるかに広い平野があり、農業も鉱物資源も豊富です。戦略的な価値が高く、市場としても有望で、米国も経済的進出をねらっていました。そんな中で日本がうまくやるためには、欧米と協調し、中国人にも評価されるようなものを構想しようと考えたのです。その根本方針は日本のみの利益にとどまらず、中国の利益や世界全般の福祉増進の一助となるようなものを考える、ということなのです。

　満鉄は日本の満洲経営の中核を担うものでしたが、後藤の頭にはイギリスの東インド会社があり、これに相当するものを作ろうと考えます。それはただの営利的事業をめざすのみならず、表面は鉄道会社だが、いったんことあれば軍事的役割も果たす、というものでした。これが後藤のいう「文装的武備」です。つまりいつもは「文事的施設」として他の侵略に備え、「一旦緩急あれば武断的行動を助くるの便」をあわせて持つことをいうのです。この満鉄をして「帝国の植民政策の先駆隊」たらんとしたのです。

　こうした方針に基づいて構想された後藤の満洲経営の特徴は、次のようなものでした。

(1) 鉄道経営：後藤の東インド会社設立の案は伊藤博文等に否定されま

す。日本における満洲はロシアの租借権を譲り受けただけのもので、イギリスにおけるインドとは違う、というのです。そして植民省を作る、という案も潰されます。しかし満鉄初代総裁となった後藤は、鉄道会社として輸送業務を行いながら、その沿線に駐兵権を得て日本人が満鉄附属地に住めるようにし、大規模な調査部を作りました。満鉄調査部は1945年まで活動を続け、軍事、政治・外交、経済、産業等各分野にわたり中国を中心にソ連、欧米の調査資料を残しました。戦後、その資料の多くは米軍が持ち去り、その後日本はアメリカの議会図書館からそのマイクロフィルムを買うことになりました。

(2) 産業開発：鉄道によるインフラの整備に加え、沿線の開発を熱心に行いました。発電所、水道、ガス、病院、学校等を整備しています。戦後の中華人民共和国ではこれをそのまま利用していました。たとえば撫順炭礦、鞍山製鉄所などが使われました。現在でもそのまま使われているものもあります。たとえば今の東北地方でもホテルや病院が使われています。大連にあるかつての満鉄病院の見学をしてみると、広大な敷地に立派な病院がいくつも建っていて驚きます。もちろん今も病院として使われています。

(3) 近代行政の確立：上でふれましたが、鉄道附属地と関東州（遼東半島）に日本人が住むようになり、ここで大規模な都市計画にもとづいた市街地経営をしました。大連・瀋陽・長春等15以上の都市で計画を実行したといいます。荒野に突如として近代的都市計画に基づいた都市ができたのです。

(4) 地方行政の確立：そんな中で地方行政の充実を図りました。特に衛生・教育面を重視しています。病院や学校を積極的に建て、中国人にアピールするという意味がありました。

(5) 科学的調査：台湾と同様に満洲でも後藤は慣行調査を実施します。特に土地の権利がどうなっているか、詳しく調査しています。調査部のみならず附属の中央試験場や農事試験場を作って調査・研究を奨励しました。

　前述のように後藤が目指したのは英国式植民地政策でした。ただ、後発の植民地国家である日本としては、必ずしもそれをうまく実行できず、結果として、英仏折衷的にならざるを得なかった面があります。要するに後

藤の構想は、大規模経済発展路線と満鉄を柱とする軍事路線の二面を追ったものでした。しかし台湾の場合とは条件も時代も違ったため、後藤の構想の実現は容易ではありませんでした。

　一つの問題として、当時「満洲三頭政治」と揶揄された満洲経営の主導権争いが顕著になっていきます。すなわち、陸軍をバックとする関東都督と、外務省の出先である領事と、民間の国策会社たる満鉄の総裁の三つの頭がある、というのです。

　後藤としては満洲経営を指導する統一的な現地機関が欲しかったのだと思われますが、日本政府が統轄する最高植民機関の設置も、都督と満鉄総裁の兼任も、都督の権限拡大も、すべて実現しませんでした。後に陸軍の出先である関東軍が力で牛耳っていくのですが、国内で壮絶な利権獲得争いがあったことは容易に想像できます。後藤は志半ばにして1912年桂内閣の逓信大臣となり帰国しました。

第6講

V　新旧大陸対峙論

　後藤の独自性の一つとして「新旧大陸対峙論」について簡単に触れます。後藤がこれを唱えたのは満鉄総裁となり、アメリカ資本の満洲進出の脅威にさらされていた時です。この頃後藤は米資本に対抗するため、日露の提携を考えていたようです。

　1907年9月頃伊藤博文に後藤が「今後の世界は新大陸（米）と旧大陸（ロシア、中国、日本、イギリス、フランス、ドイツ）の対立に動かざるを得ない」として、日本はロシア・中国と提携すべしと力説したといいます。伊藤はしかし、「余、かつてそのような珍奇なる説をきかず」と後藤の考えを一蹴したのです。しかし後藤は自身でその実践に動いていきます。

VI　対露政策の実践

　1908年4月後藤はロシアの首都ペテルブルグ（現サンクトペテルブル

グ）に行きます。それは東清鉄道と満鉄とシベリア鉄道を結ぶ交通網の形成という目的に加え、日露の政治的提携を促進させ、南満の基盤を盤石にして、ロシアの南下を防ごう、という意図も持ち合わせていました。しかしこの大構想は伊藤博文暗殺や明治天皇危篤という事態に挫折します。ただ日露間には日露協約（第1回は1907年、その後10、12、16年に締結）がありました。ところが1917年にロシア革命が勃発します。当初後藤は日本の出兵に慎重でしたが、その後賛成にまわります。

　しかし革命の行方はソヴィエット政権設立の方向へ向かうのです。ここに至り後藤は適者生存の理（ことわり）から革命勢力が適者であると考え、日本としては適者＝ソヴィエットと結ぶべきである、と考えるに至ったのです。1923年後藤・ヨッフェ会談が行われ、後藤は国交をめざし交渉をしました。その後、川上・ヨッフェ会談、芳沢・カラハン会談を経て1925年1月に日ソ国交が樹立します。アメリカがソ連と国交したのは1930年代半ばですから、それよりずいぶん早かったようです。晩年、後藤は日ソ関係の促進に腐心し、1929年4月に亡くなりますが、拓殖大学の学長は最後まで続けています。

　後藤が日ソ関係の促進に乗り出したのは、内務大臣時代でした。後藤は自身で「自分は十五年先のことが見え、そのつもりで計画をたてる」と言っています。「大風呂敷」の面目躍如というべきでしょうか。関東大震災後の後藤の都市計画はすばらしいものだったとされますが、資金難と既存の勢力の壁で実行は難しかったようです。広い視野で物事の先を見て大きな計画を立て、指導力を発揮する、まさにそんな人物が現代の為政者にもいたら、と思いますが、周りの人たちは大変だったでしょう。皆さん方は日本の政治家・外務大臣にこのような先見の明のあるユニークな人物がいたことをおぼえておいてほしいと思います。

＜設問＞

1，次の用語について200字程度で説明しなさい。
  ①旧慣調査
  ②文装的武備

2，後藤が直面した満洲経営の難しさと、それを踏まえた後藤の方針をまとめなさい（800字以内）。

第7講

加藤高明と第一次世界大戦

　本講は第一次世界大戦に対する日本の対応を、この時外務大臣であった
加藤高明を中心に見ていきます。第一次世界大戦時の日本の対応は、①対
独戦参戦問題と、②対華二十一カ条要求問題があります。いずれも加藤外
相の考えが色濃く出たものでした。はじめに加藤の経歴と人物像を紹介し
ます。

I　加藤高明

　加藤高明は1860年１月尾張の代官手代屋敷の服部家に生まれています。
手代とは代官の監督下で雑務を行う役人ですが、要するに地方有力者の家
で比較的恵まれた環境で育ったといえます。幼名を服部総吉といい、のち
に加藤家に養子に入って加藤姓を名乗るのです。

　尾張の藩校である明倫堂から東京外国語学校を経て東京大学に学びます
が、この過程で語学、特に英語を熱心に学んだ
ようです。東京大学では第一回卒業生で首席
だったそうですが、藩閥出身ではない彼は、官
界や政界より財界の道を選び、三菱に入社しま
す。

　そこからロンドンへ派遣され、この時期にイ
ギリスの議会制度を勉強します。またここで陸
奥宗光と出会っています。帰国後三菱財閥創始
者の岩崎弥太郎の長女と結婚し、財閥の女婿と

いう立場になります。1887年に陸奥の推挙で外務省に入省します。ここで大隈重信外相の下、秘書官を務め、大隈内閣の条約改正も手がけますが、大隈内閣が辞職となり、1890年に大蔵省に転じました。

　しかし1894年に日清戦争が勃発すると、陸奥外相の外務省へ復帰、政務局長となり手腕を発揮、林董次官、原敬通商局長とともに陸奥派の三羽がらすと謳われました。1895年1月駐英公使に赴任、日清戦争後の外交処理にあたります。加藤は4年間ロンドンに在勤したのですが、この間、当地の議会政治を見て日本の元老政治に疑問を抱いたようです。加藤は元老の中に対露協調を唱える者がいることも承知で、対英協調の必要性を本国に説くのです。たとえば当時の伊藤博文内閣の進めようとした「満韓交換論」を対露軟弱外交として批判しています。要するに、ロシアとの衝突を覚悟してイギリスと協力し、日本の存立を全うせよ、というのです。

　1900年10月第四次伊藤博文内閣の外相に就任しますが、ロシアの動きを警戒し、対露強硬方針を主張するのです。伊藤内閣退陣後、一時、代議士や東京日々新聞社長の座にいましたが、1906年1月西園寺公望内閣の外相に返り咲きます。ところが、これを2ヵ月足らずで辞任、その理由は日露戦争後の満洲経営に対する軍との考えの相違にあったとされます。

　1913年1月第三次桂太郎内閣の外相に就任しますが、その際陸軍の対中国対満洲外交への介入を嫌い、軍 対 霞ヶ関の二重外交の弊を改めることを要求したのです。1914年4月大隈内閣の外相となり、この年に第一次世界大戦が勃発、その参戦問題と対華二十一ヵ条要求問題を牽引しました。

　その後、憲政会総裁となり組閣します。第一次加藤内閣（1924年6月から25年8月）、第二次加藤内閣（1925年8月から26年1月）です。1926年1月28日66歳で、絵に描いたような典型的な戦前エリートの人生を終えました。

Ⅱ　第一次世界大戦

1）国際環境

　さて本講の課題は加藤を中心として第一次世界大戦に対する日本の対応を学ぶことです。第一次世界大戦は人類が初めて経験した世界規模の戦争

でした。それまでの古典的な戦争の概念を覆してしまうほどの未曾有の被
害をもたらしました。ここで第一次世界大戦前の世界情勢を簡単に振り返
ります。

　ヨーロッパではそれまで、多くの植民地を抱え、軍事力・経済力も抜き
んでていたイギリスが国際政治の中心となっていました。しかし20世紀に
入る頃、ドイツが発展し、軍拡と積極的な世界政策を進め、イギリスの優
位を脅かすようになります。ドイツは1882年にオーストリアとイタリアと
で三国同盟を結ぶのです。これに対しイギリスはフランスとロシアに接近
します。ロシアとフランスは1891年から露仏同盟締結にいくのですが、さ
らにイギリスとフランスが1904年に英仏協商、1907年に英露協商を結び、
三国協商としてドイツ包囲網を作っていったのです。

　日本は日英同盟を1902年に締結していますが、このようなイギリスの対
ドイツ包囲網形成政策の動きの中で、日露協約も結んでいきます（1907
年）。そんな情勢の中でイタリアはオーストリアと領土をめぐる対立が出
たことや、軍事的にも経済的にも英仏と対立することは避けたいとの思惑
から、三国協商に接近していきます。

　ドイツはフランスとの間がもともと良好とはいえないのですがこの時は
モロッコ問題で揺れ、イギリスとは近東をめぐって対立があり、さらにロ
シアとはバルカンをめぐって対立していました。中でも危うい状態だった
のが、バルカン情勢です。バルカンは民族が交差する「ヨーロッパの火薬庫」
とされていました。日露戦争後、ロシアは汎スラヴ主義の下にバルカンのス
ラヴ人を糾合しようとして、汎ゲルマン主義をとるドイツやオーストリアと対
立していきます。そんな中で1908年オーストリアがボスニア・ヘルツェ
ゴビナ地方を併合しました。ところがこの地方にはスラヴ人が多かったの
です。そんな汎スラヴ主義対汎ゲルマン主義のせめぎ合いの中で、それぞ
れ背後に三国協商と三国同盟があり、二度にわたるバルカン戦争が行われ
ました。

汎スラヴ主義	v.s.	汎ゲルマン主義
ロシア	v.s.	独・オーストリア
三国協商	v.s.	三国同盟

　この時期、ロシア国内は革命運動で揺れており、オーストリア国内でも
被圧迫民族の不満が渦巻く不穏な状況で、戦争に訴えて一気に諸問題の解

決を図ろうとする声も聞こえるといった状態だったのです。

２）戦争の勃発

　1914年６月28日セルビアの首都サライェヴォでオーストリアの皇太子夫妻が暗殺されます。事件はセルビアの愛国主義的青年によるものでしたが、オーストリアはセルビア政府が背後にある陰謀だと断じて、ドイツの支援をとりつけてセルビアに宣戦布告をしたのです（７月28日）。これが第一次世界大戦の始まりでした。７月30日ロシアが動員令を出し、８月１日ドイツがロシアに宣戦布告、そして８月２日独仏間で開戦となり、８月４日イギリスがドイツに宣戦布告をしました。まさに

　　　　連合軍（英・仏・露）　　v.s.　　独・オーストリア

といったヨーロッパの主要国を巻き込む戦争となっていったのです。

Ⅲ　日本の参戦

　このような情勢を日本はどうとらえ、どう対応したのでしょうか？大戦勃発の報に元老・井上馨は「国運の発展に対する大正新時代の天佑である！」と述べたといいます。「天佑」とは「天の助け」の意味です。日露戦争後東アジアにおいて存在感を増し権益を拡大させた日本ですが、さらなる国力伸張のためには中国大陸における勢力の伸長が期待されました。戦争勃発でヨーロッパ列強がアジアを顧みる暇がないのは、まさにそのチャンス─これは天の助けである、ということです。特にドイツの山東権益がねらい時である、と考えます。日本は日英同盟を結び日露協商もありますから、三国協商側に立つことになります。

　連合軍（三国協商側）は当初、アジアにおいては日本の軍事力を期待しました。英仏共にアジアにおいて自国の権益を守りたいがために、日本の援助を頼むことにしたのです。８月７日イギリスが自国貿易を妨害するドイツの軍艦を撃滅する目的で日本に参戦を要請します。日本の外相は加藤高明でしたが、彼は公使としてロンドン勤務の経験がある対英提携論者で、かねてからイギリスとの協力により日本の地位を確立すべしと考えて

いたので、早速参戦を決意したのでした。

　加藤の考え方には次のような特徴がありました。第一に、列強の極東に対する関心は薄れていると考えます。加藤は駐英公使時代イギリスのグレイ（E. Grey）外相と会談し、日露戦争後の満洲問題を話しています。この時グレイの日本の満洲権益に対する寛容な態度に触れて、イギリスは満洲における日本の権益を認めていると解釈しました。そして列強はこれを認めるだろう、という考えに至ったようです。第二に、中国ナショナリズムについては思いが至らなかったようで、この点を軽視していたということです。加藤は中国の混乱状況に、中国は四分五裂状態であり、力で押せばなんとかなる、と考えていました。第三に、日本の圧力団体への対応が甘かったことがあります。加藤の履歴でわかるように、加藤は財界をバックに持つ強みがあります。しかしこのような強みは、時に弱みにもなります。加藤のところには、四方八方から様々な要請が寄せられていました。たとえば本願寺から中国で布教する権利を獲得してくれ、等といった要請があったとか。政財界からのみならず、宗教界やらその他の団体から多くの要求を突きつけられ、膨らみに膨らんだ要請は、加藤外交を、第一次世界大戦参戦と二十一カ条要求に走らせるに至った大きな圧力となったのではないでしょうか。

　しかし陸軍の中にはドイツを評価する対独提携論者も多く、また元老の中でも山県有朋や松方正義、政治家では政友会の高橋是清等がドイツとの提携に熱心でした。加藤はこれに対し、日英同盟を強調し、この機会にドイツの根拠地を東洋から一掃し日本の地位向上を図るべし、と説得し、日本はイギリスの要請から36時間を待たずに参戦を決したのでした。

　ところが8月10日にイギリスが日本に参戦決定取り消しを求めてきました。イギリスは日本のあまりに早い参戦決定に疑問を持ったのでした。そこには日本の中国大陸に対する野心が透けて見えたからです。イギリスの取り消し要請理由は、次のようなものでした。第一に、イギリスはドイツの艦隊撃滅に日本の参戦目的を限定したのですが、日本は東アジアのドイツ勢力一掃の意向を示し、そこには中国におけるドイツ権益への日本の野心がみえたこと、第二に、自国内での戦闘を望まない中国がアメリカに働きかけ、極東（中国）中立化構想が出て来たこと、第三に、ドイツもアジアではイギリスと戦わないことを希望したこと、等です。

　だが加藤は強引にイギリスと交渉し、イギリスは戦闘地域を限定して日本の参戦に承諾を与えました。8月15日に日本は対独最後通牒を発し、8月23日に対独宣戦布告をしました。ここに日本は第一次世界大戦に連合軍の側につくということで参戦したのです。

Ⅳ　対華二十一カ条要求

　開戦後日本陸軍はイギリスと協力して青島（チンタオ）を攻略し、海軍は膠州湾（こうしゅうわん）を封鎖し、赤道以北のドイツ領南洋諸島を占領しました。一方、中国は中立を宣言し、日本軍の撤退を要求します。しかし日本はこれに従うどころか、かえって中国内の利権拡大という日本の懸案を一挙に解決すべく、対華二十一カ条要求を突きつけるのです。それは1915年まさに第一次世界大戦ただ中で、その行方が見えない時になされました。それは五号二十一条にわたる日本の要求を中国に突きつけるものでした。

1）内容

　日本は日露戦争以降、南満洲に権益を獲得しましたが、中国関内にも影響力を及ぼし諸権益を確保することを考えはじめるのです。欧米列強が大戦によってヨーロッパに釘付けになっているこの時こそ、それを実行するチャンスである、という判断がありました。その内容は次のようなものでした。

第1号　山東の独権益の処分に関し、日独間の取り決めに一任する。

第2号　南満洲・東部内蒙古に諸権利（土地所有権、事業経営の自由、鉱山採掘権、鉄道敷設で日本人の優先、外国人顧問には日本人優先、等）の承認

第5号　中国の政治・財政・軍事顧問として日本人を招聘、中国内地で日本の病院・学校に対する土地所有権、警察に日本人顧問の招聘、日中合弁の兵器工場設立、揚子江南方の鉄道敷設権、福建省の鉱山・鉄道経営に日本人優先、布教権、等の承認

これらを認めよ、というのです。加藤は 1 号から 4 号の要求は絶対必要
で、その貫徹を図るべし、とし、第 5 号は勧告条項であるが「緊要の案
件」として駐中公使に実現を促しています。

2）交渉

　さすがに第 5 号要求は中国に対する内政干渉ととられかねないと思った
のか、日本は英国に 1 〜 4 号のみを通知しました。5 号は隠したのです。
ところが中国がこれをアメリカのシカゴ・ヘラルド紙にリークしてしまい
ます。これは「秘密外交」であるとしてアメリカを中心に非難の声があが
り、日本は英米仏露に全文を通告するという事態になりました。加藤はそ
の際、1 〜 4 は demands（要求）で、5 は requests（希望条項）なので
示さなかった、と苦しい言い訳をしたのです。
　中国は世界のマスコミに働きかけて反日宣伝を展開しました。しかし列
国は大戦中でもあり、強く抗議はしますが直接介入することはありません
でした。中国の反日運動は盛り上がっていき、日本品不買運動もおこりま
す。交渉は難航しましたが、加藤は混乱に乗じて力に訴えれば中国は屈す
るだろう、と考えていたようです。1915 年 5 月 7 日日本は中国に最後通牒
を突きつけます。この時には第 5 号はさしあたり削除しました。5 月 9 日
中国はこれを受諾しました。この 5 月 9 日（後に 7 日）は中国では国恥記
念日となりました。

3）列国の対応

　列国の対応は厳しいものでした。イギリスは日中開戦を危惧し、中国に
対し 5 号を除くなら受け入れるべきとします。アメリカは中国に同情的で
したが、日米貿易が大きいこともあり日本への厳しい措置はとりにくい上
に、この時のアメリカの関心はヨーロッパに向いていました。「ブライア
ン覚書」を出して日本に自制を促します。露骨な干渉ならば列国と共同干
渉する旨も発しています。ロシアは日露協商を結んでおり、革命前夜の微
妙な時期にあり、日本への干渉は控えます。ロシアはドイツに対する攻撃
に使う武器の買い付け相手国として日本を選んでいますし、アメリカの共

同干渉の呼びかけも断っています。

4）日本国内

　ところで日本国内の反応はいかなるものだったでしょうか。信じがたいことに、当時の知識人の90％以上が賛成を示しました。たとえば民本主義を提唱した吉野作造は「大体において最小限の要求」であるとしています。反対を表明した者は希少でしたが、たとえば国家社会主義者の北一輝は「遺憾きわまりなし」としていますし、ジャーナリストの石橋湛山は経済合理主義的な「小日本主義」の立場から、満洲放棄論を展開したのでした。

5）要求の結果

　大戦中とはいえ日本が二十一カ条要求を中国に押しつけた結果、以下の事態を招きました。第一に、中国の反日ナショナリズムの高揚を招きます。第二に、列国の疑惑を招きます。中国の反日宣伝は長く続き、列国の対日不信はその後のパリ講和会議やワシントン会議にまで影響を及ぼすことになりました。第三に、日本国内の政策決定者内の分裂を招きました。元老の山県有朋は加藤を叱責し、中国との交渉がこじれた場合、加藤自ら中国に出向くべし、としましたが、加藤は前例無し、とこれを拒否しています。

　二十一カ条要求の中身は、パリ講和会議やワシントン会議を経て、有効に存続した条項は半減したのですが、日本外交に対する列国や中国の不信感は長く残り、日本の帝国主義的大陸政策の典型とされ、加藤外交最大の汚点となったのです。

＜設問＞

１，次の用語について200字程度で説明しなさい。
　　①三国協商
　　②対華二十一カ条要求

２，日本はなぜ第一次世界大戦に参戦したのか、加藤外相の考えを
　中心にまとめなさい（800字以内）。

第8講

牧野伸顕とパリ講和会議

I　牧野伸顕

　牧野伸顕はリベラル派の外交官として知られ、第一次世界大戦直前に外務大臣になっています。外相以外にも、農商務相、宮内相、内相、なども歴任していますが、ここでは、第一次大戦後のパリ講和会議に日本全権副代表として出席したことに焦点をあてて考えたいと思います。

　牧野はすでにこの講義でも学んだ大久保利通の次男として1861年に鹿児島で出生しています。幼名を伸熊といい、曾祖父の娘の婚家先である牧野家に養子にいきました。1869年数えで9歳の時に上京しています。1871年数えで11歳で父に伴い岩倉使節団に交じって渡米しました。以後3年近くをアメリカで過ごしています。今なら小学校4年生くらいから3年間をアメリカの子供達と寮で共に寝起きして過ごしたのです。明治の人としては貴重な経験だったでしょう。

　1873年に帰国して、開成から東京帝大文学部和漢文科に進学しました。ところがこの学生時代に人生を左右する大きな出来事にあいます。1878年に父・大久保利通が暗殺されたのです。翌年大学を中退して外務省御用掛となりました。

　1880年外務省三等書記生となりロンドンへ赴任します。このロンドン時代にイギリスを来訪した伊藤博文と出会いました。伊藤は大久保の

息子である牧野に注目したようです。この後何かと牧野を引き立てています。1885年２月牧野は伊藤に随行し清国の北京、朝鮮の京城を訪れています。1886年には伊藤内閣総理大臣秘書官となり、政治的にも出世していったのです。

1891年には福井県知事、92年には茨城県知事を歴任し、1893年まだ30代初めで第二次伊藤博文内閣の文部次官になりました。この時の文部大臣は西園寺公望です。1897年イタリア公使、1899年オーストリア・ハンガリー公使を歴任、1906年には第一次西園寺内閣の文相になっています。この時牧野は40代半ばでした。

1909年には枢密顧問官となりますが、この時期に、私淑していた伊藤博文が暗殺されます。1911年第二次西園寺内閣の農商務相を経て、1913年第一次山本権兵衛内閣の外相に就任します。得意の外交分野で手腕を発揮するはずでしたが、牧野の合理的対中国政策の担い手として期待した阿部守太郎政務局長が暗殺され、政策は後退を余儀なくされます。

1917年臨時外交調査会委員となり、1918年にパリ講和会議日本全権副代表となって第一次世界大戦の講和会議に臨むのです。この時の日本全権は西園寺公望でした。1921年には宮内相、1925年に内相となり、1936年の二・二六事件の時には、襲撃されますがあやうく逃れて無事で戦後まで生き長らえ、1949年に死去しています。

戦前・戦中を通じて「親英米派」の中心的人物とみなされ、大陸政策を遂行しようとする軍部からはいわば「目の上のたんこぶ」的な存在とされて、二・二六でも襲われたのだと思います。やはり「親英米派」の外交官と目され、終戦直後に総理大臣になった吉田茂は牧野の娘婿になります。

この履歴から注目すべき点を拾ってみましょう。まず第一に、その「育ちの良さ」です。大久保利通の次男ということで、伊藤博文にかわいがられ、政界でもスイスイ出世していきます。それがかえって政治に対する「欲のなさ」につながったように思えるのです。一橋大学で長く外交史を教えておられた細谷千博教授が牧野について「今ひとつ押しがたりない、ものたりない」とおっしゃっていますが、それはこうしたところからきたのでしょうか。

第二は、彼の国際経験です。幼少期にアメリカに留学、外務省に入り20歳前後でロンドン勤務を経験するという明治の人にとっては貴重な経験を

積んでいます。それが国際派のリベラルな政治家・外交官を育てた、といえるでしょう。

　第三に、信頼をよせた人物が暗殺されている、ということです。大学在学中に父・大久保利通が暗殺され、政治家としての教訓を学び引き立ててもらった伊藤博文も1909年に暗殺されます。さらに外相の前半に合理的中国政策を推進するために期待をかけた阿部政務局長が暗殺され、任期後半には対中強硬派の局長に強硬政策の作成を許しています。

　第四に、西園寺公望との関係です。西園寺が文相の時に次官となって以来信頼を受け、西園寺内閣の文部大臣、農商務大臣をやっています。パリ講和会議の首席全権は西園寺で牧野は副代表でしたが、高齢の西園寺はお飾り的な存在で、交渉で期待されたのは牧野でした。

Ⅱ　牧野の外交観

　ここで牧野の言動を通して見られるその外交観の特徴をまとめてみます。第一に、国際協調主義—特に対米協調を重視したということです。たとえば、第一次世界大戦中の1917年にロシア革命が勃発したとき、これにどう対応するかで日本の為政者の意見が分かれました。牧野は当時天皇直属の外交問題審議機関である臨時外交調査会のメンバーでしたが、陸軍から「出兵して北満洲や東部シベリア方面に日本の勢力拡大をねらう」という議論が出る中で、原敬と共に出兵無用論を唱えます。その理由は対米関係を憂慮する、ということでした。米国との間に合意があるわけではなく、世界大戦の状況も考慮して静観すべし、としたのです。調査会の議論が出兵論に傾きそうな中で、ついには外交調査会をやめる、とまで言い出すのです。

　第二は、外交に経済関係を重視したということです。これは裏を返せば、軍事的手段の行使には消極的であった、ということになります。

　第三に、中国の領土保全を主張したことです。1913年外務大臣に就任した際に、牧野は次のような明確な外交方針を示しました。①日中親善強化に資する合理的中国政策、②経済外交、③武力によって領土拡大の強硬をはかるやり方は避けるべし、というものでした。ここで牧野のいう「支那

領土保全」の根拠は、列国の協調点としての領土保全でした。それが日本の平和を確保する上で必要だと考えたのです。この牧野の考えに沿って日中親善強化を意図する合理的政策を具現化する担い手として期待されたのが、阿部守太郎外務省政務局長でした。しかし、阿部は国家主義分子により暗殺されてしまいます。この暗殺で牧野の外交は方向転換を余儀なくされます。任期後半には対中強硬派で知られる小池張造政務局長に「非常の手段を講じても利権獲得を考慮する」という対中強硬政策の作成を許しています。

第四に、二重外交批判－日本外交の言動と実際の不統一を改めるべき、としています。特に日露戦争以降、政治力を増した軍と、対外関係を担当する外務省がそれぞれの立場で対外政策を行っている現状が、問題になっていました。牧野はこれに対し、国際協調という立場から改めるべきである、と発言し、外交調査会の他のメンバーから手厳しい反論にあっています。

第五に、理念的で慎重であった、ということです。牧野が伊藤博文から学んだ政治実践における指針は「内を整えて外に向かう」ということでした。そのせいか彼の対応は常に慎重で、また、言っていることは理念的です。それだけに実行力に乏しいものがあったのではないかと思われます。細谷千博教授のいう「ものたりない」という評価は、このようなところから出るのでしょう。

III　パリ講和会議と牧野の外交思想

1）大戦の経過

第一次世界大戦の経過を簡単にまとめると次の五つの段階に分けることができます。
①1914年8月～1914年末＝勃発から緒戦の時期です。
②1915年～1916年＝両戦力膠着状態の時期です。
③1917年＝ターニング・ポイントです。この年ロシア革命（3月）とアメリカの参戦（4月）がありました。

④1918年～終戦

⑤講和会議　1919年1月以降

2）講和会議と牧野の情勢認識

　第一次世界大戦はそれまで人類が経験したことのない大規模な戦争でした。日本は戦勝国として講和会議に参加することになりました。それは日本にとって初めての多国間会議参加でもありました。

　日本の全権代表は西園寺公望、副代表が牧野でした。この会議に参加したメンバーをみると、吉田茂、松岡洋右、芦田均、重光葵、有田八郎等、多彩で後に首相や外相となった者が多くいます。老齢な西園寺は名誉職的な存在で、実質的には牧野が仕事を一任された形になりました。人選に当たっては、政務との兼ね合いで海外出張が可能な者の中から、軍人以外の政治家で、かつドイツ崇拝の評判のない者─これらにみあった人物として牧野に白羽の矢がたったのでした。牧野は辞退したのですが、原敬、山県有朋らの説得もあって、承諾したということです。

　1918年12月8日出発に先立ち、牧野は外交調査会で全権としての決意表明という形で、パリ講和会議にどう対処すべきかについて意見を述べています。牧野の外交趣旨は次のようなものでした。

①二重外交批判＝即ち、日本は「正義公正、機会均等、門戸開放、内政不干渉、日支親善」といいながら、やっていることは違うではないか、こういうことでは列国の不信をかう、としています。国際協調の立場から二重外交的になっている日本の対中国政策を批判したのです。

②中国問題についても国際協調でいくべし、と主張します。即ち、治外法権撤廃、在中日本軍の撤兵、団匪事件（義和団事件）賠償金の放棄を率先してすべきである、というのです。

③会議では国際連盟問題が主要議題になるだろう、と喚起しています。日本としては単なる傍観者ではなく「少なくとも主義上は進んで」賛同すべしとし、また人種平等を要求すべし、としました。

　これらの主張の背後にある牧野の現状に関する国際認識は次のようなものでした。第一に、現在は旧外交が失敗し新外交の時代に移る時期だ、パリ講和会議は旧式外交を根絶することに重きが置かれるであろう、第二

は、世界を一大経済組織とすることが主張される傾向にあり、日本は不利益と思われてもこの大勢に逆行すれば「自ら経済上の孤立の地位」に陥り、禍害を招くことを覚悟すべきである、というのです。

3）日本全権団の対応

　牧野の外交趣旨は現在にも通じる見るべき点を多く含む卓越した時代認識と評価できるでしょう。ところがこのような牧野の国際認識とはかけ離れた印象を与えるのが、パリ講和会議における日本全権の会議場での印象です。一般に、日本はこの講和会議で、山東省を始めとするドイツの諸権益を強引に獲得し、その他の問題については「沈黙」の美徳を発揮して「サイレント・パートナー」といわれた、とされます。このような対応は、日本政府の方針に則っていた、と考えられます。上のような卓越した外交趣旨を述べた牧野はどうしていたのでしょうか。なぜこのような自らの決意とはかけ離れた印象の全権の役目を果たしたのでしょうか？これまでの牧野の特長から考えてみましょう。

　第一に、サイレント・パートナーの「沈黙」とは「静観」したということではないでしょうか。すなわち牧野の慎重さの表れとも言えます。牧野は外相時代、外国の使節との会見で、黙々として相手の話しだけを聞いていたので、「外相は耳が遠いのではなかろうか」と懸念されたというエピソードの持ち主です。こうした従来の慎重さが出たのではないでしょうか。

　第二に、牧野は常に自らの立場を達観しているようなところがあります。外交調査会においても自身の意見が他のメンバーとかけ離れていたことを察知していました。こうした状況で、全権としての限界を達観していたのではないでしょうか。

　第三に、牧野の政治指針、処世術があります。それは伊藤博文の「内を整え外に向かう」ということばです。そこから考えると、日本の大勢とかけ離れた考えを主張することはできなかったと思われます。この言葉の中に牧野の国際協調の本質があるとも思うのです。即ち、国際協調は「国益」のため、というものです。国際協調をすることは結果として広く長い目で見れば日本の国益に合致する、という判断ができた人なのです。牧野

は国際派ではありましたが、一方でその意識の中には常に明治国家があ
り、維新の志士達が築き上げたものを守らねばならない、といった発想が
ありました。講和会議という場に行けば、日本の国益が大前提となったの
だろうと思われるのです。

＜設問＞

1，次の用語について200字程度で説明しなさい。
　　①臨時外交調査会
　　②パリ講和会議

2，牧野の外交観の特徴をまとめ、パリ講和会議での日本全権団の
　　対応を考察しなさい（800字以内）。

第 8 講

資料Ⅰ-8-1

　　　　　　第五回　　外交調査会会議筆記

　　一　牧野男爵ノ外交意見
　　二　査定案第一号

大正七年十二月八日午前九時於首相官邸外交調査会々議　第五回
　牧野男　今回ハ図ラスモ大任ヲ拝シ不日将ニ発途セントスルニ際シ外交上
最モ重要ナリト認ムル趣旨ヲ書面ニ認メ之ヲ本日ノ会議ニ提出センコトヲ約
シ置タルニ因リ今茲ニ之ヲ各位閣下ニ提供シ併セテ之ヲ朗読セン
一　今回ノ講和会議ハ帝国ノ世界的地位ニ一新紀元ヲ劃スヘク従テ此ノ機ニ
　　於テ帝国ノ国際的信義ヲ十分表明スルコト極メテ緊切ナル根本容義タリ
　　帝国従来ノ国際歴史上ニ於ケル行動ヲ見ルニ或ハ正義公正ヲ標榜シ或ハ
　　機会均等門戸開放ヲ声明シ又ハ内政不干渉日支親善ヲ唱道スルモ実際ニ
　　於テハ此等帝国政府ノ方針乃至意思トシテ表ハル、所ト日本ノ施設トハ

往々ニシテ一致ヲ欠キ為ニ列国ヲヲシテ帝国ヲ目スルニ表裏多キ不信ノ国ヲ以テセシムルニ至リタルハ蔽フヘカラサル事実ナリ今ヤ講和会議ニ臨ムニ当リ帝国ニ対スル列国ノ感想ニシテ依然此ノ如クナルニ於テハ帝国ハ殆ト施スニ所ナカラムコトヲ虞ル仍テ茲ニ此ノ機ニ於テ政府ハ大局ニ顧念シ苟モ政府ノ方針政策トシテ決定スル所ハ政府部内ハ勿論出先官憲ニ於テモ表裏ナク之ヲ恪守シ進テ衷心其ノ実現ニ努力シ以テ帝国ノ国際的信義ノ恢復増進ヲ期スルコト絶対ニ必要ナリ殊ニ支那問題ハ将来列国ノ最モ力ヲ致スヘキ一大中心問題タルヘキノミナラス講和会議ニ於ケル大勢ノ帰結ハ寧ロ日本ヲ制シ各国ニ於テ等シク支那問題ニ参与セムトスルニ在ルコト予想ニ難カラサル次第ニ付苟モ強圧的利己的又ハ陰謀的政策乃至手段ノ類ハ細心ノ用意ヲ以テ厳ニ之ヲ慎ミ此際帝国ヨリ進テ世界ノ大局ニ合致シ且誠惻以テ日支真実ナル諒解親善ノ実ヲ挙ケ得ル共益公正ノ方途ニ出テ茲ニ帝国ノ政策ニ新生面ヲ啓キ新地歩ヲ樹立スルコト、致度之カ為ニハ治外法権ノ撤去、支那ニ於ケル外国特ニ我軍隊ノ撤退ノ如キハ帝国ニ於テ卒先之ヲ提唱シ其ノ実現ニ力ヲ致スコト政治上経済上結局帝国ニ取リ有利ニシテ又団匪事件賠償金ノ抛棄ノ如キモ適当ノ方法時期ヲ以テ成ルヘク速ニ之ヲ実行スルコト可然ト認ム

一　欧洲対戦ノ影響ニヨル欧米諸国ニ於ケル人道思想ノ発達ト共ニ戦争反対論労働尊重主義漸ク熾烈ヲ来シ且各国家ハ世界一大経済組織ノ一部分ニ過キストスルノ観念漸次普及スルニ至レルコトハ社会一般思潮ノ激変ト相俟チ永久平和確保ノ方法就中国際聯盟問題ヲシテ講和会議ノ主要題目タラシムヘキコト疑ヲ容レス現ニ欧米諸国当路者政治家及学者最近ノ言論ニ徴スルモ之ヲ証シテ余リアリ況ヤ欧米各国国民一般ノ傾向ハ其ノ為政者ヲ駆テ国際聯盟成立ニ努力セシメスンハ已マサラムトスルノ勢アリ惟フニ結局国際聯盟問題ハ英米仏伊白等諸国ノ間ニ一度其議成ラハ事実上成立ノ緒ニ就ケルモノト認ムルヲ得ヘク而モ右ノ議成ルハ案外容易ナルヘキコト想像ニ難カラス果シテ然ラハ帝国トシテ単ニ側面ヨリ大勢ヲ逡巡観測スルニ止マリ勢成ルニ及テ已ムヲ得ス之ニ順応スルカ如キ態度ニ出ツルハ大局上甚タシク帝国ノ前途ヲ不利ナラシムヘキコト多言ヲ要セス仍テ寧ロ此際大勢ヲ予見シテ少クトモ主義上ハ進テ国際聯盟ノ成立ニ賛同スルコトニ政府ノ議ヲ決スルコト必要ト認ム若シ夫レ国際聯盟組織ノ細目ニ至リテハ自ラ慎重ニ審議ヲ尽シ帝国ノ面目利害上之ヲ認容スルコト能ハサル時ハ我態度ヲ保留スルハ勿論ナリ斯ク国際聯盟問題ニ対シ帝国ニ於テ明白公正ノ態度ニ出ツルニ於テハ人種宗教国力等ノ別ニヨラサル完全平等ノ待遇ヲ要求スル問題ノ如キモ自ラ其ノ前途ヲ平坦タラシムルニ与テ力アルヘキコト疑ヲ容レサルナリ

此ノ書面ニ記載シタルコトハ自分ノ思考スル所ヲ敍述シタルモノニシテ各位

閣下ノ御承認ヲ願フ次第ニシテ素ヨリ之ヲ外間ニ公表スルノ意ニ非ス唯タ自分ノ覚悟ヲ確メル為ニ各位閣下ノ教ヲ仰カント欲シ所見ノ概要ヲ開陳シタルニ過キス

　原首相　大体ノ趣意ハ唯今朗読セラレタル書面ニテ大要了解スルコトヲ得タルモ猶其ノ要点ニ付御高見ニ存スル所ハ之ヲ詳述セラレテハ如何

　牧野男　第一点トシテハ近時列国ノ形勢ヲ観察スルニ其ノ政府及人民間ニ漸ク発達シ益々鞏固ニ結晶シタル観念ハ国際間ニ陰謀ナル術数ヲ弄シ他国ヲ侵害セントスルカ如キ積弊ヲ芟除セントスルニ傾クモノヽ如シ是レ時勢ノ趨移ニ従ヒ思想変遷ニ因ルト雖モ旧式外交ヲ廃止セントスルハ今回欧洲大戦ノ賜ナリト評セサルヲ得ス前来独逸的外交ハ欧洲列国ノ厭忌スル所ニシテ欧洲ノ平和問題カ話題ニ上ル毎ニ必ス独逸皇帝ヲ聯想スルハ十数年以来ノ事実ニ属シ今回大戦ノ勃発スルヤ孰レノ国ニ於テモ民衆ハ独逸皇帝ノ陰謀主義ヲ攻撃セサルモノナシ是レ皆旧式外交ヨリ胚胎シタル禍根ニシテ今日ノ新式外交ハ正大公明ヲ旨トシ正義人道ヲ重ンスルニ在リ今ヤ旧式外交ハ失敗シ新式外交ハ全勝ヲ制セントスルノ時ニ当リ巴里ニ開催セラレントスル列国会議ハ彼ノ旧式外交ヲ根絶センコトニ最モ重キヲ置クモノト察セラル又同地ニ開催セラレントスル社会労働党ノ集会モ亦此ノ点ニ全力ヲ傾注セントスルノ報道アリ予ハ図ラスモ重圧ヲ辱フシテ欧洲ノ会議ニ臨マンニハ此ノ如キ背景ヲ示ス所ノ舞台ニ上ラサルヲ得サルカ故に我帝国ノ外交トシテハ洵ニ不利ノ地位ニ立ツモノト謂ハサルヘカラス前来我外交ニハ表裏アリ権謀アリ術数アリ時トシテ又威圧アルコトハ不可掩ノ事実ニシテ之ヲ否認スルコト能ハサルモノアリ方今欧洲大勢ノ傾向ハ世界ヲ一大経済組織と為サント主張スルモノニシテ此ノ主張ハ今後万般ノ事ヲ支配スヘク随テ我帝国ハ自ラ不利益ノ境遇ニ陥ルヘキモ此大勢ニ逆行スルトキハ自ラ経済上孤立ノ地位ニ陥リ不測ノ禍害ヲ招クコトヲ覚悟セサルヘカラス世界ヲ一大経済組織ト為サントスルノ趣旨ハ専ラ列国間ノ共立ヲ目的トスルモノナルカ故ニ我帝国ニ在リテ是迄ノ如キ不統一ノ外交ヲ継続スルニ於テ容易ナラサル困難ヲ招クノ虞アリ此際努メテ列国ノ同情ニ繋キ其ノ信用ヲ鞏固ニスルコトヲ努メサレハ場合ニ依リテハ列国共同ノ利益関係ニ除外サルヽノ不幸ヲ見ルニ至ルモ亦知ルヘカラス対手国関係ニ就テハ我主張ノ存スル所ハ明晰ニ之カ徹底ヲ主張スヘキモ表裏ニ亘ル術数的外交ハ最モ（一字不明）戒スヘキ所ナリトス今後ニ於テ我同盟国ナリ又ハ其ノ他ノ聯合国ニ対シ我帝国ヲ離間セントスルモノ各方面ニ存在スルコトハ今ヨリ想像スルニ難カラス此等離間中傷ノ為ニ延ヒテ我帝国ノ安危ニ関スル大事ヲ惹起センモ亦料ルヘカラサルカ故ニ我帝国ノ外交ハ正大公明ヲ以テ唯一ノ主義ヲ為シ従前ニ於ケルヨリモ一層慎重ニ其ノ主義ノ実行ヲ切望シ此ノ了解ノ下ニ今回ノ主任ヲ荷フテ赴任セント欲スル所ナリ

（出所）小林龍夫編『翠雨荘日記：伊東家文書：臨時外交調査委員会会議筆記等』（333-335頁）原書房、1966年

第9講

幣原外交と田中外交・その1

　この講から二回にわたって、「幣原外交と田中外交」というテーマで学びます。幣原と田中－いずれも1920年代に外交上責任ある立場にあり、その外交が一見非常に違って見えることから、対比的に並べて考えられることが多かったのです。まず、この評価の点をおさえてから講義を始めます。

I　幣原外交と田中外交の評価

①対比させる見方：これは幣原外交と田中外交を対比させてとらえる見方です。具体的には、幣原外交を、穏健で紳士的平和外交とし、田中外交を、武断的で無法的恫喝外交であるとしたり、また幣原外交を「軟弱外交」とし、一方田中外交を「強硬外交」「積極外交」とする見方です。これはどちらかというと当時の見方に近く、一般的にはそのようにとらえられていた、と思います。このような対比させる見方で書かれた戦後の代表的著作に、馬場伸也『満州事変への道』（中公新書）があります。

②本質は同一とする見方：これは幣原外交も田中外交も本質においては同一である、とする見方です。具体例は立場が異なる様々な例があげられます。

たとえば戦前ジャーナリストとして健筆をふ

るい戦後は政治家となった石橋湛山は1928年の段階で、少なくとも満蒙に関する限り政策上の本質に大差ないことを指摘しています。また、満洲事変後に国際連盟が調査しまとめた『リットン報告書』（1932年）でも「満蒙及び東部内蒙古を支那の他の部分と明瞭に区別」する傾向にもとづく政策は、「幣原男爵のいわゆる＜友交政策＞と、故田中男爵のいわゆる＜積極外交＞との間にいかなる相違ありとするも、前記の特徴は常に共通のものなりき」としています。さらに当時の中国側見解にもまた厳しいものがありました。1929年に当時中国のトップとして認められていた国民党の蒋介石は「表面上は紳士を装おい、甘言でたぶらかしてくる幣原外交の方がはるかに悪質だ」といった発言をしています。

　戦後では、戦争の反省や反動があって一時期はやったマルクス主義的史観の研究は、この時代のことを「すべては日本帝国主義の邪悪さに起因する」としましたが、この見方では当然、幣原も田中も同じ範疇に含まれることになります。一方、戦後の実証主義的研究の中でも、満洲事変の実証的研究で高く評価されている緒方貞子『満州事変と政策の形成過程』（原書房）が、幣原も田中もワシントン体制の枠内での外交という意味では、本質は変わるものではない、としています。

II　幣原喜重郎

　ここでは幣原喜重郎の経歴と人物像を追ってみます。幣原は1872年（明治5年）に大阪で生まれています。この年日本では新橋－横浜間に鉄道が開通し、文明開化の波がおしよせていました。ヨーロッパではドイツのビスマルクが注目の的でした。そんな時代に幣原は富農の家庭に生まれたのです。兄が一人、妹が二人いました。兄に続いて男の子が生まれたので、喜びが重なる＝喜重郎と名付けられました。この頃は家の跡取りが重要問題だったのです。父親自身が幣原家に婿養子に来た身で、肩身の狭い思いをしていたようです。それゆえに、せめて子供達をできるだけ立派に育てて、幣原家のためになってもらいたいと、非常に教育熱心でした。子供達を最高学府に通わせるために田地を半分以上売って、親戚から大反対されるのですが、「土地はまた買うチャンスがあるが、教育は今やらねばなら

ない」として意に介さなかったようです。実際、兄も幣原も東京帝大に進み、兄は文学博士で台北帝大総長にまでなり、妹のうち一人は女地主として家を守り、一人は大阪女子医専を出て大阪で初めての女医となったそうです。

　幣原は1883年大阪中学に入学したのですが、この学校は英語教育に力を入れていて、外国人教師から英会話を学びます。後に外務省の同僚から「国宝級」と称された英語力の基礎がここで作られます。1886年京都の第三高等学校に進学しますが、同級生に後に首相になる濱口雄幸がいました。幣原と濱口は成績トップを争っていますが、幣原が一番、濱口が二番だったようです。濱口はスポーツが得意でなく、そこで差がついたのだとか。その後、東京帝大法律学科へ進学、特に英法と国際法を学び、在学中から外交官を志したということです。一時期農商務省に入りますが、すぐにやめます。

　1896年に外交官試験を通り、約2年間、朝鮮の仁川や京城（ソウル）、中国の北京に行きますが、1899年5月にロンドンへ赴任しました。ロンドンは当時の国際政治の中心地です。また、日本は1902年に日英同盟を締結しますが、その交渉の地でもありました。新米の外交官であった幣原が学ぶことは多かったと思われます。後に幣原は「ロンドン郊外の下宿生活は、私の一生涯でいちばん幸福な生活の一つであった」と回顧しています。まじめな努力家であった幣原は、勤務後毎晩英語の先生のところに通い、片っ端から英語の文章を暗記して、いわゆるキングズ・イングリッシュ（King's English）をマスターしたということです。

　帰国後の1903年に三菱の創業者の娘である岩崎雅子と結婚します。幣原はこれで外務省の先輩の加藤高明の義弟となり、財閥とつながることにもなりました。1914年にはオランダ公使となり、その後、外務次官となります。実に、大隈重信内閣の加藤高明外相、寺内正毅内閣の寺内外相、本野一郎外相、後藤新平外相、原敬内閣の内田康哉外相、といったタイプの異なる五人の外相の下で外務次官を務めるのです。有能な次官であったようです。

　1919年には駐米大使となり、1924年6月には義兄である加藤高明内閣の外相に就任しました。また1926年第一次若槻礼次郎内閣でも外相を継続します。

　加藤高明もそうでしたが、絵に描いたようなエリートの人生です。コツコツ頑張って、東帝大から外務省に入り、お金持ちのお嬢様をめとって閨閥も得て、順調に出世する、そして日本の外交政策に携わる。しかし外交官としての実績は、特に次の点に注目したいと思います。第一に、幣原は外交官として最初に少期間アジアに赴任していますが、その後はずっと欧米勤務でした。そのためか中国を内部から見ることをしようとしませんでした。これが後に「幣原は中国を知らず」と責められる要因となります。反面、当時の日本人の大勢が抱く中国観から比較的自由であり続けられ、中国政策を広い外交的視野をもって考えることができた要因にもなった、と思われるのです。

　第二に、幣原は日清戦争直後に外交官となったのですが、この時代から日本の国力が大きく変化していきました。日本は日露戦争でワールドパワーの一員として認められるようになり、第一次世界大戦で世界の5大国の一員として、さらにワシントン会議では英米に並ぶ世界の3大海軍国として認められるようになっていきます。その時代に幣原は順調に外交官としてのキャリアを積んでいったのです。こうした経験－成功体験は幣原の強みにもなり弱みにもなったと考えられるのです。

III　幣原外交の柱

　では幣原の外交政策はどのような考えにもとづいていたのでしょうか。次の三点にまとめました。

1）国際協調

　特に対英米協調を柱とします。中でもアメリカとの関係を重視しました。当時は日本の輸出全体の約40％を対米輸出が、また輸入は約30％が対米輸入であったのです。幣原が外務大臣時代1930年のロンドン海軍軍縮会議に日本は参加しますが、この時幣原はアメリカとの友好維持のためには海軍力を犠牲としても譲歩はやむなし、と考えていました。

2）経済外交中心

　幣原は武力を中心とする外交は終わった、と述べます。日本は経済外交
を主眼とすると考えたのです。当時日本は綿花をアメリカから入れ、加工
して製品化し、中国に売っていました。これを脅かすものには断固たる反
対の表明をしています。たとえば、1925年の北京関税会議の席上、中国の
関税を無条件でひき上げることが提案されたのですが、幣原はこれを日本
の綿製品の対中輸出を圧迫するものだとして英米に抵抗したのです。

3）対中国内政不干渉

　中国問題は日本外交にとって大きな懸案でした。1915年に対華二十一カ
条要求を日本が中国に押しつけ、1919年には五四運動が起きて、中国のナ
ショナリズムは盛り上がりをみせていました。当時の中国は軍閥混戦状態
で、様々な勢力が割拠して動いていました。それに外国勢力が働きかけ、
軍閥間で勢力争いが絶えませんでした。当然、日本でも特定の軍閥に働き
かけ影響力を行使しようとする人たちがいました。しかし幣原は日本は一
党一派への援助はとらない方がいい、と考えていました。それは中国への
内政干渉となる、ということからです。

　これらの考え方、どこかで同じようなものを見ました。そう、牧野伸顕^{のぶあき}
の外交思想と同じ路線です。日本が軍国主義化していく時代でも、こうし
た考え方の外交路線が息づいていたのです。

第9講

Ⅳ　幣原外交の展開

　では幣原外交の例をいくつか具体的に見ていきましょう。

1）日本人移民排斥

　日露戦争以降、アメリカの対日感情が悪化し、日米関係には様々な問題
が出て来ました。その一つがアメリカにおける排日運動です。日本に対す

る不信感が、日本の商品に対する反発や日本からの移民に対する偏見となって表れたのです。ついに1924年5月にアメリカの上院で日本人移民排斥法が可決されます。これに対し幣原は抗議はしたものの、移民問題はアメリカの国内問題であるとしてことを荒立てることを避け、事態を静観して下火になるのを待ちました。

2）奉直戦争への対応

　前述のように当時の中国では軍閥が割拠して勢力を争っていました。幣原はその中であくまで中国内政不干渉政策をとり続けたのです。日本においては幣原が中国に同情的で、日本の利益を犠牲にしている、といった非難もありました。日本は南満洲に権益を有していたため、満洲の支配者である張作霖に影響力を及ぼし傀儡化したいと考えていました。しかし張は満洲から華北地方にまで出て戦闘を繰り返しています（奉直戦争）。相手は直隷派の呉佩孚です。

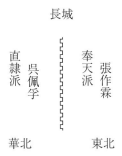

　日本は上海における労働問題を張作霖の力を借りて収める等、張作霖を頼りにしていました。ところが張の勢力が下り坂になり、満洲を勢力下におくことすら疑問の声が出はじめ、日本は呉派の駆逐を考えるのです。しかし幣原は現実の統治者と交渉をすべきで、張が他の者に代わっても、その統治者との交渉によって権益確保は可能であると考えたのです。結局、直隷派内部の馮玉祥のクーデターで呉は華北に引き返し、日本の権益は確保されました。この馮のクーデターの裏には、日本陸軍の策謀があったのです。宇垣一成陸相は日記に「新局面の展開を喜ぶお人好しは今回のクーデターが何によるかを知らずして喜ぶ。おめでたき人よ」と書いてい

ます。しかしこれにより、日本政府が内政に直接干渉する前に局面が変わり、幣原外交の中国内政不干渉、中国領土保全の方針は全うされる形になりました。

3）南京事件

　1927年の南京事件に対する幣原の対応も注目すべきでしょう。軍閥割拠の中、南方ではある程度の支配を確立していた国民党が、北方軍閥打倒による革命完成をめざして1926年7月以降北伐（北方へ兵を進めること）を行っていました。蔣介石率いる国民革命軍は1927年3月南京を占領し、外国人居留民に対する暴行事件が起こりました。列国は日本に出兵を要請しますが、幣原はその要請を断ります。幣原は事件の背景を分析していました。この事件は国民党左派（共産党に近い立場）が起こし蔣介石に責任を押しつけ、蔣の失脚をねらったものではないか、そうだとすれば日本が出兵すればあの連中（国民党左派）の思うつぼとなってしまう、蔣介石を追いつめないで、国民党右派を利用して列国を説得し、その上で蔣介石の説得を試みました。蔣をして列国にできる限りの謝罪をさせ、党内の左派を一掃させたのです（四・一二クーデター）。このようにして幣原は中国に対する武力干渉、内政干渉を避け、事を収めたのです。その分析力、交渉力は高く評価されるべきものでしょう。

　しかし、収まらなかったのは日本の世論でした。幣原外交はいきり立った世論による批判を一気に受けることになったのです。幣原自身は自分は無所属で政党には属してないと述べているのですが、加藤高明の義弟で憲政会内閣の閣僚です。幣原外交に対し、野党の立憲政友会が「骨抜き外交」と激しく批判したのです。結局、国内世論の反発を背景に内閣は倒れてしまいます。後には「対華外交刷新」を旗印とする田中義一内閣が登場しました。

第9講

＜設問＞

１，次の用語について200字以内で説明しなさい。
　①日本人移民排斥
　②張作霖

２，幣原外交の柱をまとめ、それが活かされた具体例を説明しなさい（800字以内）。

第10講

幣原外交と田中外交・その2

I　田中義一

　前講では幣原喜重郎（しではらきじゅうろう）の外交政策について学びましたが、本講では同時代、幣原外交の若槻礼次郎内閣が倒れた後に日本の外交政策を担った田中義一（ぎいち）の外交政策を検討します。まず田中義一の経歴と人物像を確認します。

　田中は明治維新直前の1864年下級武士の三男として長州（山口県）萩に生まれました。長州出身ですから、伊藤博文、山県有朋らと同郷で、維新の志士にあこがれ、また影響を受けたようです。負けず嫌いでけんか好きな腕白な少年だったようですが、同時に「義理」「人情」「忠」「孝」といった日本的倫理をわきまえた少年だったようです。

　16歳の春に人の勧めで中国へ渡ることを決意し、長崎へ行き、裁判所の判事をしていた笠原半九郎のもとに身をよせ、機会を待ちました。ところが笠原が対馬（つしま）に左遷され、田中の渡中の夢は挫折します。しかし田中も対馬へ渡り、そこで中国の古典を読みあさったそうです。このような経歴から、西洋文明より東洋古来の文化や武士道を尊ぶ田中のパーソナリティーが形成されたのではないでしょうか。

　1883年数えで20歳の時に陸軍教導団砲兵科に入隊し、以来40年余り、立憲政友会総裁に就任するまで、陸軍で過ごします。陸軍長州閥とい

えば、山県有朋、桂太郎等大物がたちどころに思い浮かびますが、その末席に田中も加わったことになります。同年12月に陸軍士官学校へ入りました。「薪を枕にし、節の痛さで目を覚ます」－つまり、寝る間を惜しんで勉強した、ということです。若き日の田中の姿です。一方で、「大言壮語して小節に拘わらず、何者をも呑んでかかるというふうの豪放ぶり」といった人間性であったということです。先輩－後輩、親分－子分の関係を大切にし、同郷人に対する仲間意識が強く、「オラ、わかっちょる」というのが口癖で、どこか憎めない人だったようです。このように聞くと、私たちの世代の日本人は同じ田中という名字の戦後の総理大臣・田中角栄さんを思い出すのではないでしょうか。角栄さんもまた、人心掌握術に長けていて、同郷人を大切にし、口癖は「よっしゃ、よっしゃ」でした。

　1895年日清戦争に従軍して無事帰国、1898年ロシアに留学し、1902年に帰国しています。1904年から開始された日露戦争の対露作戦を立案し、のち満洲軍参謀として出征しています。1911年には陸軍軍務局長になります。このような経歴上、接した中国要人は数え切れぬほどだったといわれ、中国情報と常に接していました。

　1918年原敬内閣の陸相（陸軍大臣）に就任、また1923年山本権兵衛内閣でも陸相を務めました。その後請われて1925年に立憲政友会総裁に就任します。そして幣原外交を実行していた憲政会の若槻礼次郎内閣が退陣し、その後を受けて1927年4月20日内閣を組閣し、首相兼外相に就任しました。この間、本日学ぶ田中外交を展開するのですが、幣原外交の否定から始まった内閣ゆえに、幣原外交に対するアンチテーゼを義務づけられていたといえます。特に田中の対中国政策は「強硬」「武断的」というイメージがつきまといます。1928年6月に起きた張作霖爆死事件の処理をめぐり、天皇から叱責を受け、内閣総辞職に追い込まれます。これは田中にとってよほどのショックだったようで、直後の9月29日に急死しています。別宅で亡くなったので、愛人宅で死んだ等といわれています。

　余談ですが長男の田中龍夫は戦後衆議院議員になり、通産大臣や文部大臣を歴任しています。山口には田中の名前を冠したホテルがあって、田中義一の遺産の一つと聞いたことがありますが、今はどのようになっているかは知りません。

Ⅱ　田中外交の特徴

　ここで田中の経歴を補足しつつ、田中外交の特徴をまとめてみます。

　第一に、田中の外交には幣原外交のような外交哲学はない、ということです。陸軍の軍人であった田中義一は外交の専門家ではありません。田中外交は三本の柱に支えられていた、といいます。

　その三本の柱とは、自身の出身である陸軍と、総裁をやった政友会、そして外務省です。

　特に政友会の森恪（もりかく、本来の読み方はもりつとむ）が田中外交を担っていたとされます。森は田中義一内閣で外務政務次官でしたが、幣原外交のアンチテーゼを打ち出そうと尽力したとされ、事実上の外相ともいえるほど影響力をもったということです。後に見る田中内閣の対中国強硬外交は森が生み出したとされるいわばキーパーソンでした。

　第二に、田中は陸軍長州閥を担う俊英であった、ということです。吉田松陰から始まり、山県有朋・桂太郎・寺内正毅といった陸軍出身の総理大臣が出て、それを継ぐ人材が田中でした。ちなみに陸軍内でも次第に反長州閥組が強くなっていき、田中の後にはこれほどの人材は見当たらない、ともされるのです。田中は自身の担う重責を常に意識していたと思われます。明治維新の志士達が築き上げた国家の継承という意識が非常に強かったと思われるのです。それが、たとえば中国認識に関しても、明治指導者達の古色蒼然たる中国観や政治観の影響から逃れることができなかった一因になったのではないでしょうか。幣原がそのようなものとは比較的距離を保てたのとは大きな違いが見られます。

　第三に、職務上常に中国情報に接し、直接・間接に中国政治に介入しています。さらに日露戦争に命をかけた者に共通する執念を持っていたようです。つまり、日本が満洲に得た利権は多くの日本人が血を流して得たも

のであり、それを守り国家的発展を期するのが残った者の使命である、といった意識です。「百聞は一見にしかず」という言葉がありますが、他の「国」や「地域」を理解する上で現地体験は非常に重要です。しかし自身が見たことがその国や地域のすべてではない、ということもまた心得ておくべきでしょう。田中の中国観は体験にもとづく実感に根ざすもので、それは貴重ではありますが、実感主義の狭隘さを越えられないものであったのではないでしょうか。

第四に、そもそも外交は必ずしも得意ではなかったのではないかということです。豪放磊落とされる田中ですが、陸軍長州閥の期待を背負って出世したものの、対外政策に関する彼の主張が必ずしもうまくいったわけではありませんでした。たとえば1917年のロシア革命に際し、田中はこの機会に北満から東部シベリア方面に日本の勢力を拡大すべし、とシベリア出兵を主張、大反対もある中でこれを強行します。しかし日本のこの出兵は対外的不信を招き、シベリアでの工作もうまくいかず、得るものがないまま数年後に引きあげることになりました。

シベリア出兵がうまくいかずにいた頃、田中は原敬内閣の陸軍大臣をやっていました。原内閣は西原借款問題等でも国会で非難をあび、心労が重なった田中は1921年6月に狭心症で辞任し、しばらく静養しています。最期も張作霖爆殺事件に対する天皇の叱責がこたえたゆえの狭心症での死とみられています。外交に関して専門ではないにしても、田中は総理として外交政策全般を見る視野が必要だったはずですが、これを欠いていたといえると思います。

Ⅲ　田中外交の展開

1）東方会議

ここで田中外交の具体例を見ていきましょう。まず東方会議の招集です。これは1927年6月から7月にかけて、東京で外務省や軍の出先（現地駐在者）と政府、政党関係者等が出席して行われた会議です。事実上の主催者は森恪といわれており、中国各地の政情報告がなされました。会議の

目的は出先と中央の連絡を緊密化し、外交を政争の外におくこととしていましたが、中国はこれに疑惑の眼を向けました。中国はいわゆる「田中上奏文」（田中メモランダム）なるものを公表しました。そこでは、田中内閣が東方会議を招集して満蒙積極策を議定し、「支那（中国）征服、満蒙征服」をしなければならない、と天皇に上奏した、となっていました。実はこれは今日、ニセ文書であったことが明らかになっています。中国が日本の積極的対中国政策を危惧し、その危険性を列国に宣伝するために流したものと思われます。ニセの怪文書ではありましたがこれにより中国は列国の日本に対する疑惑を促して、対日対抗策を強化することに利用したのです。

2）山東出兵

　この東方会議の 1 ヵ月ほど前に、田中内閣は第一次山東出兵を行っています。幣原の講で書きましたが、蒋介石は1926年 7 月以降北伐を行っていました。その最中に、山東地方でも混乱が予想されていました。列国の居留民に被害が及んではならないという事態に、これにどう対処したか、です。幣原は国民革命軍が南京に入った時に、居留民を安全地帯に避難させた上で蒋介石を説得して事を収めました。いたずらに軍を出すことはしませんでした。田中は幣原外交に対するアンチテーゼもあり、国民革命軍が済南に近づいた時邦人居留民の現地保護のために、と出兵したのです。この山東出兵は第二次（1928年 4 月）も行われますが、1928年 5 月には日本軍と中国軍が衝突し日本人11名が虐殺された済南事変が起こり、これにより第三次（1928年 5 月）の出兵も行われました。北伐の動きは日本の出兵では止められるはずもなく、むしろ中国の反日ナショナリズムを逆なでして排日運動を煽り、日本人の反発も招く結果となってしまいました。

第10講

3）張作霖爆死事件

　そして田中内閣瓦解の要因となった張作霖爆殺事件です。張作霖は東北（満洲）を基盤とした軍閥でしたが、関内（長城内の中国）にまで勢力を伸ばし、華北地方の軍閥と争っていました（奉直戦争）。満洲に権益を有

する日本としては、張を傀儡化して影響力を持ち、日本の満洲権益を確保したい、と考えていました。それゆえ張作霖は満洲に引き返してそこでの統治に専念して欲しいと考えていたのです。

日本は済南事変以降、北伐軍の勝利は決定的と考えます。張に満洲に戻るように勧告すると同時に、北伐の勢力が満洲に及ぶことも考え始めます。このため満蒙五鉄道に関する契約を張作霖と交わし、既成事実を作っておきたいと考えていました。ところが張作霖は日本の勧告をなかなか受け入れず、関内から引きあげません。日本政府は国民革命軍と交渉し、満洲に戦乱が及ぶ場合は「適当で有効な措置」をとると通告したところ、国民革命軍側も張作霖軍が撤退するなら追撃して満洲にまで入ることはしない、と約束したため、張作霖はやむなく満洲に引き返すことにしました。

関東軍は思うように動かない張作霖に疑問を抱き、1928年6月4日張が華北から満洲に戻る途中で爆殺してしまいます。この事件を画策した河本大作大佐の名前で戦後手記が記されていますが、河本の構想は張作霖の爆殺によって満洲地方の治安が乱れ、この混乱につけ込んで関東軍を出動させ、満洲を支配するというものでした。

しかし張作霖の息子の張学良は真相を見抜き、混乱を起こさないように動き、結局、満洲で反日政策を強化し国民党と手を結ぶことを選択します。かくして「青天白日旗」（国民党の旗）を満洲へ…と、国民党の勢力が及んでいなかった満洲が、国民党を招き入れるという、日本のねらった流れとは全く逆の結果となっていくのです。

事件を知った時田中は「しまった！」と食事中の箸を落としたといいます。田中としては張作霖を育成してこれと提携し、日本の勢力を伸ばそうと考えていたのです。この事件は「満洲謀重大事件」として人々の噂になり、野党の追及を受けます。田中も真相を明らかにしようとしますが、日本の国際的信用を落とす、と反対する軍の圧力の前に、責任者を行政処分するに止めました。これには天皇も不満を表し、1929年7月田中内閣総辞職となったのでした。そのおよそ3カ月後に田中は死去します。

Ⅳ　第二次幣原外交

　田中内閣の後を受けて1929年7月に濱口雄幸内閣が組閣され、幣原喜重
郎が再度外相に就任します。濱口は幣原の高校時代の同級生です。お互い
政治家と外交官になってからも勉強会を行う仲でした。幣原が着手したの
は次の課題でした。

①日中関係の立て直し：中国に信頼の厚い佐分利貞夫を駐華公使として派
　遣します。この人事は蒋介石にも喜ばれたといいますが、佐分利は一時
　帰国中に箱根で怪死してしまいます。

②経済外交再建：日中通商条約改訂により日中関係の立て直しを図り、
　1930年に日華関税協定が妥結します。これは中国側の関税自主権を認め
　るもので、佐分利が交渉を進めていたのですが、ようやく締結にいたり
　ました。

③軍縮の実現：日本は1930年ロンドン海軍軍縮会議に参加し、補助艦の制
　限を受け入れ、財政再建を図ります。しかし軍事力を強大化させ国家改
　造を図ろうと考える一部の者によって、濱口首相は東京駅で凶弾に倒れ
　ます。この時幣原はたまたま別の用事で東京駅にいたようです。若き頃
　から切磋琢磨した友の死に、身体が弱い自分の方が先に亡くなると思っ
　ていたのに、と嘆いています。

　幣原外交は通商条約改定や山東派遣軍の早期撤兵、満洲の現状維持と
いった政策を実行していきました。一方、満洲では張学良の反日政策の前
に関東軍や在満日本人が危機感を募らせていました。こうした中で1931年
9月18日に満洲事変が勃発します。日本を世界大戦に導く第一歩となった
満洲事変が幣原外交の時に起きたのは、歴史の皮肉なのか、必然なのか、
どちらなのでしょう？

＜設問＞

次の用語を200字以内で説明しなさい。
　①田中上奏文（田中メモランダム）
　②山東出兵
　③張作霖爆殺事件

第11講

石原莞爾と満洲事変

I　石原莞爾

　本講では満洲事変を画策したとされる石原莞爾（いしわらかんじ）について学びます。まず石原の経歴と人物像を追ってみます。

　石原莞爾は1889年1月山形県鶴岡市に生まれています。父は元庄内藩士の警察官でした。頭が良く、口が達者で議論好きの少年だったようです。当時は軍に入ることは一般人の「出世の道」でもありました。石原は1905年に陸軍中央幼年学校に入学します。この年日本は欧米列強の一国と見ていたロシアとの戦争（日露戦争）を勝って終え、国内で軍人のステイタスが上がっていくことになります。1907年に陸軍士官学校に入学－石原の頭の良さは誰もが認めるところですが、石原は学校では首席になりません。気に入らない授業だと批判したり、教官が頭を悩ます奇抜な行動をとることも多かったようで、他人におもねることを嫌うはっきりした性格だったようです。この性格は終生変わらなかったようで、それゆえ組織の中で摩擦も起こしていくのです。

　1909年歩兵少尉となり、1910年4月所属の連隊が韓国守備についたため、併合直前の韓国へ行きます。同年8月には韓国併合条約が調印され、翌1911年には隣の清国で辛亥革命が起こり、清朝が倒れ、中華民国が樹立されます。若き石原は韓国でこの歴史的画期を経験している

第11講

のです。

　1915年陸軍大学校入学、卒業時には成績優秀者である軍刀授与組には入ったものの、首席ではありませんでした。首席になると御前講演（天皇の前での講演）が義務付けられるのですが、教官を論駁したり、欠点を指摘したりすることが多かった石原は、いくら成績優秀でも何をいわれるかわからん、ということで敬遠された、という話があります。

　1920年頃日蓮系の新宗教である「国柱会」という田中智学が主催する新興教団に入り日蓮信者になっています。同年４月中支那派遣軍司令部付きを命ぜられ、中国に行きます。1921年７月陸軍大学校兵学教官になりました。1922年８月から25年までドイツに留学し、この間にクラウゼヴィッツの『戦争論』等戦史や戦略の理論を学んでいます。1925年帰国すると再度陸軍大学校兵学教官となります。1928年歩兵中佐となりこの年の10月に関東軍参謀として中国東北（満洲）の旅順に赴任したのです。

　1931年９月18日満洲事変を起こし、その首謀者として歴史に名を留めることになるのですが、当初石原が考えていた「満蒙領有」は日本政府や軍中央に受け入れられず、「満蒙独立」へと舵をきらざるを得なくなります。1932年３月満洲国建国が宣言されました。満洲国建国に力を注いでいた石原ですが、８月に歩兵大佐に昇進し、陸軍兵器本廠付となり東京へ帰ります。満洲事変・満洲国建国は国際的疑義を産み、国際連盟よりリットン調査団が派遣され調査の末、10月の連盟総会に報告書が提出され審議されました。石原は日本代表随員としてこれに参加しています。この時の全権代表は松岡洋右でした。1933年２月日本の反対にもかかわらず、リットン報告書が総会で可決されます。松岡は一方的に日本の立場を大演説して会場から退場してしまいました。日本は３月27日に国際連盟脱退を正式に通告、国際的孤立の道を歩むようになるのです。

　1930年代半ばの石原は、1935年参謀本部作戦課長、1936年参謀本部戦争指導部長、1937年３月参謀本部作戦部長、と要職を歴任していきます。そしてこの参謀本部作戦部長の時、1937年７月７日盧溝橋事件が勃発し、日中戦争が開始されました。満洲事変を起こした石原でしたが日中戦争拡大には反対でした。石原は早期に戦闘をやめるべし、と収拾・和平に動きますが失敗します。この時石原の髪が一夜にして真っ白になった、というエピソードがあります。

　1937年9月関東軍参謀副長として満洲国の首都となっていた新京（長春）に赴きます。これはどうみても左遷です。孤軍奮闘で日中戦争拡大阻止に動いた石原は参謀本部作戦部長から外されたのです。しかも赴任先の直接の上司が東 條 英機参謀長でした。東條と石原は全くあわなかったようで、厳しく対立します。石原はもともと他におもねる性格ではありません。上官であろうとズケズケ相手を論破し欠点を言ってしまうタイプです。後に極東軍事裁判の席で、東條と対立していたのではないか、と問われた石原は「東條には思想も意見もない。私は若干の意見も持っていた。意見のない者との間に対立があるわけはない」と応えたとか。しかしこの時点で組織の中では東條は上官です。

　1938年8月帰国した石原は舞鶴要塞司令官という陸軍内では閑職に飛ばされます。9月『昭和維新方略』を出版、1939年8月陸軍中将に昇進します。そして1940年9月『世界最終戦論』の初版を出版します。これは大ベストセラーとなりました。1941年3月現役を退きます。6月東亜連盟協会顧問となり、以降本格的に東亜連盟運動に乗り出すのです。この頃出版した『国防論』が発禁となります。当時立命館大学教授も務めていました。

　1941年10月東條英機内閣成立、12月8日真珠湾攻撃で太平洋戦争開戦となりました。1945年8月15日終戦の詔書が発せられ、敗戦を国民が知ります。1947年5月石原は病気療養中でしたが、地元で極東軍事裁判に出廷し、1949年8月に死去しました。

Ⅱ　思想基底

経歴を見た上で、石原の思想の特徴をまとめてみたいと思います。

1）中国観の形成

　石原は自身で幼年学校時代から特別に中国に関心を持っていた、と書いています。中国が新生し日中の提携協定を念願することから中国革命に大きな希望を抱いていた、というのです。実際辛亥革命の時に韓国守備についていたのですが、教えていた兵隊と近くの山に登り、万歳と叫んで新中

国の前途に慶びを示したとしています。ところがこの慶びはつかの間のもので、孫文が袁世凱と妥協し、軍閥抗争にあけくれる中国を見て、「私共は中国人の政治能力に疑を懐かざるを得ない様になった」としています。「漢民族は高い文化を持っては居るが近代的国家を建設するのは不可能ではないか」という気持ちになっていった、と告白しています。このような考えが、日本が占領して政治を行った方が中国人にとってもいいのではないか＝日本による「満蒙占領」は必然だ、という考えの根拠となり、満洲事変を起こす原動力となっていったと思われます。

２）軍事的観点からの対外政策

　石原は陸軍の軍人でした。彼は特に戦略論や国防論、戦史をよく勉強していて、その専門家であったといえます。いまだに満洲事変を起こしたタイミングは絶妙のものであった、という「賛辞」がありますが、戦略家として一定の評価を受けていたことは事実です。

３）宗教的観点からの歴史観

　その一方で、日蓮宗に影響を受けています。ベストセラーになった『世界最終戦論』の考え方も、日蓮の終末的戦争の予言から発想を得て、戦史を分析した上で戦略論を積み上げていった独特のものです。

４）最終戦の準備段階としての現状把握

　『世界最終戦論』において石原は人類最後の大戦争が日米戦争になるであろう、と予測します。そしてその準備段階としての現状把握があるのです。つまり、そこに至るまでの枠内における対中国観、対満蒙観、対ソ連観、という意味合いが強く見られます。その意味で、1930年代に最も石原が恐れていたのはソ連の脅威でした。最終戦に至る現状でソ連にどう対処するか、これを実態に即して考えようと苦慮していたように思えるのです。日中戦争時に不拡大を主張し、事態の収拾に尽力しようとしたのも、「今はその時ではない」との思いが強かったのではないでしょうか。

Ⅲ　満洲事変

　石原莞爾は頭脳明晰であるがゆえに、その考えによどみがありません。したがってその主張は非常にわかりやすい反面、何らかの要因で考えを突然変えることがありました。この点を踏まえた上で満洲事変や日中戦争時の対応を見ていきたいと思います。

1）満洲事変前

　満洲事変時石原は関東軍参謀として満洲に赴任中でした。彼はこの間に満洲在住の様々な人材と会い、意見を交わし、自身でも勉強し、日本の満蒙政策に関する見解をまとめ、満洲内でその意見を披歴して回っていました。そこにみられる考えの特徴は、次の2点に集約できると思われます。

①現実主義的国防第一主義

　石原はいうまでもなく日本陸軍の軍人です。満蒙の価値に関しては、国防上重要であるということを第一に考えています。これは当時の日本の軍の大勢の考えと基本的には一致しています。ただ、彼はこれに戦略や戦術上の論理的裏づけをしていったのです。すなわち彼の主張であった最終戦たる対米戦準備において満蒙の重要性は特別である、戦略的には対ソ牽制上必要であり、日本の経済懸案打開のためにも大きな価値がある、としたのです。

②中国人の政治能力に懐疑

　中国の現状といえば、軍閥が割拠する中国の統一は遠く、中国人の政治的能力に疑問を抱かざるを得ない状態です。眼前の満洲の現状を見た場合、治安も悪く軍閥支配の圧政に在満住民が苦しめられている、この中国の政治的混乱の中から中国人を救うことは日本の役目である、と満蒙進出に意義付けをするのです。しかも治安不良と軍閥圧政から中国人を救うためにも日本が「満蒙領有」をすることが必要である、としました。

　こうした考えのもとに、1931年9月18日に奉天（瀋陽）郊外の満鉄線爆破事件を起こし、これをきっかけとして広い満洲全土に関東軍が軍事行動

を起こしていったのです。満洲事変勃発です。

２）満洲事変後の変化

①対中国観の変化

　満洲事変を起こしたものの、関東軍のこの行動は日本政府はもとより、東京の陸軍中央からも支持されるものではありませんでした。政府は対外的関係を考えてその対応に苦慮しましたし、陸軍中央も突然の関東軍の行動に驚いたのです。この状況に関東軍参謀達も、このまま満洲を占領し「満蒙領有」に進むのは不可能と判断し、「満蒙独立」へ政策を転換させるのです。ところが石原はそれに納得がいきません。彼は中国人の政治能力に疑念を懐き、日本人が政治を行った方が中国人にとってもいいはずだと信じていましたから、抵抗します。

　ところが1931年暮れに満蒙占有論から独立論へ転換するのです。その理由を「中国人の政治能力に対する従来の懐疑が再び中国人にも政治の能力あり」と認識するに至ったからとしています。当時の蒋介石の統一運動に新しい息吹を感じたこと、また満洲事変の最中に中国人の有力者が日本軍に積極的に協力し、彼等の軍閥打倒の激しい気持ち、そこから生じた献身的な努力と政治的な才幹の発揮、といった経験をしたこと、これらのことから中国観を変化させ、独立論に変えたということです。

②対ソ連観の変化

　もうひとつ石原に見られた顕著な変化が、ソ連に対する考えの変化です。特にその脅威が1935年頃から拡大したとするのです。1935年は日本がすでに国際連盟を脱退し、満洲国建国の既成事実を積み上げていた時です。石原は満洲国が既成事実化する過程で、日本の領土的野望の結果としてこれが成立したと見られることは避けるべしとし、「民族協和」「王道楽土」といった理想主義的な国家建設を推進することに協力を惜しみませんでした。その一方で軍事戦略家としての冷徹な判断から北満方面の問題を指摘しています。1930年代半ばの石原の分析では、極東ソ連軍の兵力とシベリア鉄道の能力の向上が著しく、北満における日ソ両国の兵備の差が「甚大」であるというのです。このため、満洲国を完成させ、北満の軍事力と経済力

を充実させることでソ連の攻勢に歯止めをかける、と考えていました。実
際石原は「日満財政経済調査会」という私的機関を立ち上げ、その成果は陸
軍省が作成した「重要産業計画要綱」等に活かされたということです。

　この頃の石原の考えはソ連の脅威にどう対処するかが第一で、これに
「全力ヲ傾注ス」としていました。これはすなわちそれ以外の中国や英米
に関しては後回し、ということで、現段階ではこれらの国とは協調を保持
する、ということです。日中戦争拡大回避に力を割いたのも、このような
考えからでしょう。

Ⅳ　日中戦争と東亜連盟

　石原が後半生で特に力を注いだのが、東亜連盟運動でした。この時代に
は「東亜協同体論」や「大東亜共栄圏」等、同様なアジア主義的な考えが
出されていました。石原の東亜連盟運動は、中国や朝鮮の現地でも広まっ
たという意味で、同時代のアジア主義的主張の中で異彩をはなっていま
す。ここでこれについて見ていきます。すでに指摘したように石原は満洲
国に関して、「民族協和」の理想的国家建設に共鳴しています。東亜連盟
の考えもその延長線上にあったと考えられるのです。

　石原が東亜連盟に初めて言及したのは1933年頃と思われます。この年の6
月付けの「軍事上より見たる皇国の国策ならびに国防計画要綱」という文章
の中で「アングロサクソントノ決勝戦」の「準備」として目下の国策はまず
東亜連盟を完成することであるとしています。この段階の東亜連盟論は世
界最終戦争をみすえた戦略的政策として考えられていたのです。中国は東
亜連盟の有力な一員として責務を負わせるようにする、と考えていました。

　しかし次第に「日支平等」「日支満で平等」な東亜連盟を形成するとい
う考えになっていくのです。この点、同時代の「東亜協同体論」や「大東
亜共栄圏」といった構想が、日本が盟主となることを強調していたのとは
異なります。

　ところが日本は1937年7月7日の盧溝橋事件を発端として、日中戦争に
入ってしまいます。当時参謀本部作戦部長として日本の軍事戦略の策定の
先端にいた石原は、不拡大を主張し、上層部と対立します。すでに見たよ

うに、石原には最終戦争の準備段階にある現状では、ソ連の脅威に対処するのが一番で、中国と戦争をしている場合ではない、との信念があったのです。石原はつてを頼ってドイツの駐中公使であるトラウトマンを使った日中和平交渉「トラウトマン工作」に尽力します。

しかし日本の大勢が中国に対し「膺懲」(懲らしめる)という方向にいく中で、作戦部長からはずされてしまいます。9月には関東軍参謀副長として満洲へ行くことになりました。ここでは直接の上司である東條英機と対立します。まじめがとりえの東條と天才肌の石原はどうにも反りがあわなかったようです。

その上、石原が真剣に「民族協和」「王道楽土」の理想の地として育成を考えた満洲国の現実は、日本の傀儡国家として、日本人が他民族を見下すといったことがまかり通っているのが実態でした。石原は「日本民族よ、おごることなかれ」と呼びかけ、日本の自制と満洲国の自治の拡大を主張します。

東條はこうした石原の主張も行動も気にいらなかったようで、石原の考えをもとに作った満洲国に対する起案文書に対し、石原が書き込んだ部分を真っ赤な顔して消しゴムですべて消した、とか。こんなに器の小さな人間が、日本ではその後出世し、太平洋戦争勃発の時に首相だったと思うと、とても残念な気がします。

1938年8月に帰国し、12月に舞鶴要塞司令官として赴任します。舞鶴要塞は海軍の基地で、陸軍軍人にとってこの職は明らかなる閑職でした。石原は完全に陸軍の中枢から外されたのですが、東亜連盟運動にはそのおかげか一層専心していくことになります。1939年10月東亜連盟協会を設立して運動に熱心に取り組んでいくのです。

ところが1941年10月には東條英機内閣が成立してしまいます。石原憎しの東條です。すでに関東軍参謀副長時代から、東條は石原の行動に眼を光らせ、常に憲兵に見張らせていたということです。石原は1940年9月に自らの主張をまとめた『世界最終戦論』を出版し、これが悪化する日米関係を背景としてベストセラーになります。石原という人は今でも一部で信奉者を自負する者がいるほど人気がありますが、その人気の原因の一つはこの『世界最終戦論』で1941年12月8日に勃発した太平洋戦争を予言した、というところからきているようです。しかしそうした人気は、権力の側か

らみると脅威となったのかもしれません。東條政権下で石原や東亜連盟運動は執拗に監視を受け、毎月1回特高警察の幹部が石原を訪れて威圧したといいます。東條にとって石原の率いる東亜連盟運動は、自身の信ずる精神論的強硬路線に対する批判で、国民の中に倒閣の種を植え付ける危険性のあるものと映ったのではないでしょうか。

　1945年8月15日終戦の詔書が発せられ、国民が敗戦を知ります。占領下で東亜連盟協会は解散を命じられました。晩年の石原は病を得、故郷山形県の地元を中心とした地域で東亜連盟運動を啓蒙することに努めています。

　東京裁判（極東軍事裁判）では病気のため地元で事情聴取となりました。そこで彼は戦犯とされた人たちとその選定基準に疑問を投げかけています。「満洲事変の首謀者である自分がなぜ被告としてよばれないか」と言ったと伝えられています。東京裁判は太平洋戦争の罪状を裁いたものですから、太平洋戦争開戦時に予備役（退職）に入っていた石原は戦犯対象にならなかったのではないかと思うのですが、別の「石原」と間違えたという説や、東條と対立していたからかえって戦犯を免れたという説もあり、真相はわかりません。ともあれ、将来を見すえ戦略的理論付けにすぐれた才能をもち人気もあった石原を、日本社会の組織はうまく使うことができなかったのでしょうか。石原自身がもっとうまく立ち回って、戦争を早期に収拾させてくれたら、と思いたくもなりますが、この当時の日本は、一人の人間の才能では、どうにもならない流れができてしまっていたのかもしれません。

第11講

＜設問＞

1，次の用語を200字程度で説明しなさい。
　①『世界最終戦論』
　②東亜連盟
　③東條英機

2，石原莞爾の思想の特徴をまとめ、満洲事変時の対応とその後の変遷を簡潔に説明しなさい（800字以内）。

資料 I -11-1

満蒙問題私見（昭和 6 年（1931年）〈抜粋〉）

要　旨
一　満蒙ノ価値
　　政治的　国防上ノ拠点
　　　　　　朝鮮統治支那指導ノ根拠
　　経済的　刻下ノ急ヲ救フニ足ル
二　満蒙問題ノ解決
　　解決ノ唯一方策ハ之ヲ領土トナスニアリ
　　之カ為ニハ其正義ナルコト及之ヲ実行スルノ力アルヲ条件トス
三　解決ノ時期
　　国内ノ改造ヲ先トスルヨリモ満蒙問題ノ解決ヲ先トスルヲ有利トス
四　解決ノ動機
　　国家的　　　正々堂々
　　軍部主動　　謀略ニ依リ機会ノ作製
　　関東軍主動　好機ニ乗ス
五　陸軍当面ノ急務
　　解決方策ノ確認
　　戦争計画ノ策定
　　中心力ノ成形

第一　満蒙ノ価値

　欧州大戦ニヨリ五個ノ超大国ヲ成形セントシツツアル世界ハ更ニ進テ結局一ノ体系ニ帰スヘク其統制ノ中心ハ西洋ノ代表タル米国ト東洋ノ選手タル日本間ノ争覇戦ニ依リ決定セラルヘシ

　即チ我国ハ速ニ東洋ノ選手タルヘキ資格ヲ獲得スルヲ以テ国策ノ根本義トナササルヘカラス

　現下ノ不況ヲ打開シ東洋ノ選手権ヲ獲得スル為ニハ速ニ我勢力圏ヲ所要ノ範囲ニ拡張スルヲ要ス　満蒙ハ我人口問題解決地ニ適セス資源亦大日本ノ為ニハ十分ナラサルモ次ノ諸点ヨリ観テ所謂満蒙題問ノ解決ハ刻下第一ノ急務ト云ハサルヘカラス

（中略）

一　政治的価値

1　国家カ世界的雄飛ヲナス為ニハ国防的地位ノ良好ナルコト最モ重大ナル要件ナリ　独乙ノ今日ハ其国防的地位ノ不安定ニヨルコト多ク十九世紀ニ於ケル英国ノ覇業ハ有利ナル国防状態ニ負フコト大ナリ　米国海軍ノ発展ハ英帝国ノ国防ヲ甚シク危殆ニ陥レ米国ノ経済力ノ増進ト共ニ西洋民族ノ選手権ハ正ニ米国ノ手ニ帰シツツアリ

　我国ハ北露国ノ侵入ニ対スルト共ニ南米英ノ海軍力ニ対セサルヘカラス
然ルニ呼倫貝爾興安嶺ノ地帯ハ戦略上特ニ重要ナル価値ヲ有シ我国ニシテ完
全ニ北満地方ヲ其勢力下ニ置クニ於テハ露国ノ東進ハ極メテ困難トナリ満蒙
ノ力ノミヲ以テ之ヲ拒止スルコト困難ナラス　即チ我国ハ此処ニ初メテ北方
ニ対スル負担ヨリ免レ其国策ノ命スル所ニ依リ或ハ支那本部ニ或ハ南洋ニ向
ヒ勇敢ニ其発展ヲ企図スルヲ得ヘシ
　満蒙ハ正シク我国運発展ノ為最モ重要ナル戦略拠点ナリ
2　朝鮮ノ統治ハ満蒙ヲ我勢力下ニ置クコトニヨリ初メテ安定スヘシ
3　我国ニシテ実力ヲ以テ満蒙問題ヲ解決シ断乎タル決意ヲ示スニ於テハ支
那本部ニ対シ指導ノ位置ニ立チ其統一ト安定ヲ促進シ東洋ノ平和ヲ確保スル
ヲ得ヘシ
二　経済的価値
1　満蒙ノ農産ハ我国民ノ糧食問題ヲ解決スルニ足ル
2　鞍山ノ鉄、撫順ノ石炭等ハ現下ニ於ケル我重工業ノ基礎ヲ確立スルニ足ル
3　満蒙ニ於ケル各種企業ハ我国現在ノ有識失業者ヲ救ヒ不況ヲ打開スルヲ
得ヘシ　要スルニ満蒙ノ資源ハ我ヲシテ東洋ノ選手タラシムルニ足ラサルモ
刻下ノ急ヲ救ヒ大飛躍ノ素地ヲ造ルニ十分ナリ

第二　満蒙問題ノ解決

　単ナル経済的発展モ老獪極マリナキ支那政治業者ノ下ニハ遂ニ今日以上多
クヲ期待シ難キハ二十五年歴史ノ明示スル処殊ニ露国ニ対スル東洋ノ保護者
トシテ国防ヲ安定セシムル為満蒙問題ノ解決策ハ満蒙ヲ我領土トスル以外絶
対ニ途ナキコトヲ肝銘スルヲ要ス
　而シテ解決策ノ為ニハ次ノ二件ヲ必要トス
　　(1)満蒙ヲ我領土トナスコトハ正義ナルコト
　　(2)我国ハ之ヲ決行スル実力ヲ有スルコト
　漢民族社会モ漸ク資本主義経済ニ進マントシツツアルヲ以テ我国モ満蒙ニ
於ケル政治軍事的施設ヲ撤回シ漢民族ノ革命ト共ニ我経済的発展ヲナスヘシ
トノ議論ハ固ヨリ傾聴検討ヲ要スルモノナルヘシト雖吾人ノ直感スル所ニヨ
レハ支那人カ果シテ近代国家ヲ造リ得ルヤ頗ル疑問ニシテ寧ロ我国ノ治安維
持ノ下ニ漢民族ノ自然的発展ヲ期スルヲ彼等ノ為幸福ナルヲ確信スルモノナ
リ
　在満三千万民衆ノ共同ノ敵タル軍閥官僚ヲ打倒スルハ我日本国民ニ与ヘラ
レタル使命ナリ　又我国ノ満蒙統治ハ支那本土ノ統一ヲ招来スヘク欧米諸国
ノ支那ニ対スル経済発展ノ為ニモ最モ歓迎スヘキ所ナリ　然レ共嫉妬心ニ強
キ欧米人ハ必スヤ悪意ヲ以テ我ヲ迎フヘク先ツ米国　状況ニヨリテハ露英ノ
武力的反対ヲ予期セサルヘカラス　支那問題満蒙問題ハ対支問題ニ非スシテ
対米問題ナリ　此敵ヲ撃破スル覚悟ナクシテ此問題ヲ解決セントスルハ木ニ
拠リテ魚ヲ求ムルノ類ナリ

第11講

（中略）

　此戦争ハ露国ノ復興及米国海軍力ノ増加前即チ遅クモ一九三六年以前ニ行ハルルヲ有利トス　而シテ戦争ハ相当長期ニ渉ルヘク国家ハ予メ戦争計画ヲ策定スルコト極メテ肝要ナリ

（中略）

第四　解決ノ動機

　国家カ満蒙問題ノ真価ヲ正当ニ判断シ其解決カ正義ニシテ我国ノ業務ナルコトヲ信シ且戦争計画確定スルニ於テハ其動機ハ問フ所ニアラス　期日定メ彼ノ日韓合併ノ要領ニヨリ満蒙併合ヲ中外ニ宣言スルヲ以テ足レリトス

　然レ共国家ノ状況之レヲ望ミ難キ場合ニモ若シ軍部ニシテ団結シ戦争計画ノ大綱ヲ樹テ得ルニ於テハ謀略ニヨリ機会ヲ作製シ軍部主動トナリ国家ヲ強引スルコト必スシモ困難ニアラス

　若シ又好機来ルニ於テハ関東軍ノ主動的行動ニ依リ回天ノ偉業ヲナシ得ル望絶無ト称シ難シ

第五　陸軍当面ノ急務

1　満蒙問題ノ解決トハ之ヲ我領土トナスコトナリトノ確信ヲ徹底スルコト
2　戦争計画ハ政府及軍部協力策定スヘキモノナルモ一日ヲ空フスル能ハサルヲ以テ率先之ニ当リ速ニ成案ヲ得ルコト
3　中心力ノ成形
皇族殿下ノ御力ヲ仰キ奉ルニアラサレハ至難ナリ

（出所）石原莞爾著、角田順編『石原莞爾資料・国防論策篇・増補版』（76-79頁）原書房、1971年

第12講

広田弘毅と日中戦争への道

　ここでは広田弘毅を学びます。広田は外交官出身の政治家で、斎藤實内閣、岡田啓介内閣の外務大臣であり、1936年から37年にかけて内閣総理大臣にもなりました。城山三郎が広田をとりあげ『落日燃ゆ』という長編小説を書いていて、東京裁判において唯一文官で絞首刑に処せられた人物として広く知られるようになりました。

I　広田弘毅

　まず広田の生涯をふり返ります。広田は1878年2月14日に福岡県那珂郡鍛冶町の生まれで、父徳平は石材店を経営していました。広田は幼名を丈太郎と言いました。父は農家の息子でしたが、徒弟として入った広田家の養子となったのです。

　広田はなかなか優秀で特に字を書くのがうまく、父にとっては自慢の息子であったようです。優秀な学生が集まる修猷館に進学し、頭山満や平岡浩太郎らが起こした「玄洋社」の社員となっています。玄洋社は民権結社として出発したものの、次第に国権主義的な傾向を強め、軍備拡張を主張するようになり、頭山は国権的大アジア主義者として名を馳せました。この玄洋社との関係は、父の代からで、広田はその関係者の娘と結婚するのですが、これが戦後の東京裁判の判決に影響を与え

たとされます。

広田は家計の負担を考えて陸軍士官学校への進学を志望していたのですが、修猷館時代に起きた三国干渉（1895年4月）に衝撃を受け、外交官を志すようになったということです。第一高等学校を経て東京帝国大学法科大学に入学します。学費は玄洋社の平岡浩太郎が提供したということです。

1905年に東京帝国大学を卒業します。在学中に外務省政務局長の山座円次郎の薫陶を受ける機会を得ます。他にも頭山満の紹介で、副島種臣（外務卿、内務大臣、枢密顧問官等を歴任）、内田良平（父は玄洋社幹部、黒龍会を主催した国家主義者）等と知り合っています。中でも山座には特に気に入られ、広田は外交関連の小冊子の発行を依頼され、また1903年には満洲や朝鮮の視察を命じられました。加えて広田は日露戦争時には捕虜収容所で通訳をしながらロシア情報の収集にあたったりしています。外務省に入る前から、何かと使われていたようです。

ところが1905年に東京帝大法科を卒業して高等文官試験外交科を受験するものの落ちてしまいます。英語が苦手だったとか。東帝大の同期には後に幣原外交の担い手として期待されながらも怪死した外交官佐分利貞夫がいましたが、佐分利は見事に合格しています。広田はやむなく韓国統監府に籍を置いて外交官試験に備えることになりました。この赴任前に玄洋社の幹部である月成功太郎の次女である静子と結婚しています。実はそれ以前に、加藤高明の紹介で三菱財閥の令嬢との縁談があったのですが、それを断っての結婚でした。加藤自身も三菱の令嬢と結婚して出世街道を歩んだ人ですし、幣原喜重郎も加藤夫人の妹と結婚していますから、この時代のエリート官僚の定番の結婚だったはずなのですが、このような縁談を断るのはずいぶん勇気がいったことでしょう。

結局、1年遅れの1906年に高文に今度は首席で合格し外務省へ入省します。同期には戦後の占領下で首相となる吉田茂や満洲事変時に奉天総領事だった林久治郎などがいました。

外務省に入ってからは、清国、英国、米国（1919）などに赴任します。1913年より本省の通商局第一課長に着くのですが、1914年から第一次世界大戦があり、日本はヨーロッパ諸国が戦争にあけくれているこの時に、中国の権益拡大をねらい、二十一カ条要求を中国に突きつけています。通商

第一課長の職にあった広田は、当然条文の作成にかかわっていました。ただ、これを中国に対して最後通牒の形で出すことには反対したそうです。

　1923年9月の第二次山本権兵衛内閣発足時には欧米局長の要職に就きます。1924年から26年は加藤高明内閣の「幣原外交」が展開されていました。広田は日ソ国交回復に尽力し、1925年1月には日ソ基本条約締結にこぎつけます。その後オランダ公使を経て1930年10月にはソヴィエット大使となり、ここで1931年9月18日の満洲事変に遭遇するのです。関東軍の突出した行動に国際関係を憂慮した日本政府は、各国政府に軍を撤兵させると通告するよう駐在大使・公使に訓令を出しました。しかし広田は慎重な考慮の末、ソ連にこれを伝えませんでした。関東軍は撤兵するどころか軍事行動を拡大して半年後の「満洲国」樹立といった事態に進んで行くのです。こうした展開に日本の対外駐在大使・公使が各国政府の信頼を失ってしまう中で、ソ連は例外になりました。

　1933年9月斎藤實内閣の外相に就任、1934年7月に発足する岡田啓介内閣でも外相を続けました。広田は写真を見るとやさしく人の良さそうな人物に見えますが、五相会議の際に対ソ強硬論を唱える荒木貞夫陸相、大角岑生海相らとわたりあったそうです。岡田内閣の外相時にはソ連との間で東支鉄道買収交渉を妥結させています。

　1936年2月26日二・二六事件が勃発、岡田内閣は総辞職となり、次に推薦されたのが広田でした。元老の西園寺公望は近衛文麿を推薦したのですが、近衛は病気を理由に辞退します。枢密院議長が広田を推し、西園寺も了解した上で、広田を説得したのです。この時説得役として派遣されたのが戦後首相になる吉田茂でした。広田は拒み続けたようですが、ついに承諾し、1936年3月9日広田弘毅内閣が誕生します。広田は戦争の足音が近づく陰鬱とした時代に首相の重職を担うことになったのです。すぐに手をつけなければならなかったのが、二・二六事件の処理でした。その一方で軍備拡張を主張する軍の要求にも対応しなければならず、難しい局面が続きます。

　広田内閣では日本の「根本国策」として南方進出を掲げた「国策の基準」を決定します。さらに1936年11月には日独防共協定を締結し、日独伊三国の枢軸形成へ踏み出すことになりました。広田内閣は文民内閣として軍の圧力を少しでも押さえる事が期待されたのですが、山本権兵衛内閣の

時に廃止された軍部大臣現役武官制が復活し、軍の内閣への影響力は増大の一途をたどります。1937年1月の議会で寺内寿一陸相らと「腹切り問答」（陸軍侮辱問題）をおこし、内閣総辞職となってしまいます。

　1937年2月に組閣した林銑十郎内閣を経て6月4日に第1次近衛文麿内閣が組閣されると、広田は再度外務大臣となるのです。その直後の7月7日盧溝橋事件が勃発、8月には上海に戦火が波及し日中戦争が開始されます。しかし広田が積極的な戦争抑止策をとったとはいえません。中国国民政府の首都・南京は陥落し、華北や華中に親日政権が創られ、日本は占領地政策を強化していきます。国民政府との和平工作で最も実現可能性が高かったとされるトラウトマン工作が失敗すると、1938年1月には近衛首相が「国民政府を対手とせず」の声明を出します。これは蔣介石の国民政府との和平の道を閉ざすもので、日中戦争の和平は遠のく一方となりました。

　1938年5月には外相を辞任し、以降は閣内に入らず、重臣としての扱いを受けます。対ソ政策は広田が最も重視し、得意としたものです。太平洋戦争末期の1945年6月に当時の東郷外相の要請で、マリク駐日ソ連大使と会談して終戦への仲介役を打診します。とはいえソ連がすでに敗戦が見えていた日本に協力することもなく、終戦を迎えます。

　1946年5月から開始された極東国際軍事裁判（東京裁判）ではA級戦犯となり文官としては唯一絞首刑を宣告されます。1948年12月23日処刑されました。

Ⅱ　履歴の中の注目点

　広田の生涯で注目すべき点をまとめます。

　第一に、玄洋社との関係です。父の代からの関係であり、大学の学費を社長の平岡浩太郎から援助してもらい、妻も玄洋社の大物同人の娘です。広田は外交官としては欧米やソ連関係を重視する親英米派の実務型の官僚のイメージが強いのですが、玄洋社との関係の濃さが、大アジア主義的とか国粋主義的といったイメージにつながってしまいます。それが東京裁判の際に不利に働いたのかもしれません。

　ちなみに静子夫人は東京裁判が始まる時に、「お父さんを楽にしてあげられる方法がある」と言って、自らの命を絶っています。

　第二に、外務官僚としての手腕です。広田は幣原外交の推進者として、中ソから信頼を得ています。しかし中国から期待されながらも最終的には軍の大陸進出を止めることはできませんでした。前述のように、慎重な判断でソ連からも信頼された外交官でした。

　第三に、軍との立ち位置に注目します。広田は外交の一元化を目指すのですが、時代もあり軍を押さえられませんでした。あえて表現すると、軍のことは軍のことで立ち入らない、といったやり方でしょうか。広田の力では軍に手出しはできなかったのです。しかし軍部大臣現役武官制を復活させたことは、明らかに軍の政治介入を容易にすることになりました。軍が大臣を出さねば組閣不能となるからです。

Ⅲ　広田外交の展開

　こうしたことを念頭において、広田外交の展開を説明します。

1）対中政策〜日中関係安定が最大目標

　広田が最初に外相に就任したのは、1933年9月です。この年の3月に日本は国際連盟脱退を正式に通告し、国際的に孤立の道を歩むことになりました。広田外相としては、できる限り国際的孤立化を避ける方策をとろうとします。また、軍が外交に介入することを排して、外交の一元化を図ろうとしました。

　特に日中関係の安定を最大の目標とし、次のような穏健な態度を示したのです。

①満洲以外の中国本土に野心を有さない

②日本無視の第三国の対中援助は歓迎しない

③日中両国は防共について協力する

　当時の中国は深刻な経済危機にありました。したがって中国とて日本との衝突を回避する必要があります。それゆえ、日中提携を呼びかける穏健

第12講

外交がとりやすい状況にありました。具体的には、在華公使館を大使館へ格上げさせ、債務を整理し、人的交流を拡大させました。

　さらに外務省・陸軍・海軍の三者で総合的対中政策を作成します。1936年1月22日広田は「日中調整」の三原則－いわゆる広田三原則を発表します。内容は、排日の停止、満洲国の承認、共同防共を骨子とするもので、これに基づいて中国との外交交渉がはじまります。しかし軍の判断は、中国国民政府の親日的姿勢は中国が経済的不況を脱するまでのものであるから、対中政策は妥協を排して強硬な態度で臨むべし、というものでした。そして国民党の中国統一を阻止するため、華北、内蒙古に親日政権を樹立しようというのです。これは満洲国までなら中国はじめ英・米等列国の承認は得られる、と考えていた外務省とは大きな違いでした。

　軍は小さな事件をとらえて1936年6月に梅津・何応欽（か おうきん）協定、土肥原・秦徳純（ど ひ はら　しん　とくじゅん）協定を締結して、国民党の華北における支配を弱体化させ、親日自治政府を作るよう仕向けていくのです。

2）対ソ交渉

　次にソ連との交渉を見ます。外交家としての広田は常に対ソ関係を重視していました。次にみるように成果も着々とあげています。

　第一に、東支鉄道買収交渉です。日露戦争後南満洲に権益を得た日本は、ロシアが日露戦争の少し前に完成させていた東支鉄道の長春以南の経営を譲り受けます。これが南満洲鉄道です。しかし1932年に満洲国が建国され、東支鉄道の北の部分も満洲国に含まれるようになりました。この経営をどうするのか。ソ連との共同経営とはいかず、広田は駐ソ大使時代からこの問題の解決を目指します。内田康哉（やすや）外相時代より買収交渉を進め、1935年3月に買収成功となりました。

　第二は、ソ満国境紛争です。ソ連と満洲国は国境を接しているため、一端事が起きると重大な問題となりかねません。ソ連は東支鉄道を満洲国に売った頃からソ満国境に多数のトーチカを構築して、極東方面の第二次五カ年計画を強化していました。広田は外相時代より「国境紛争処理委員会」設置を提案し、こうした状況に対応しようとしています。

　第三は、日ソ不可侵条約です。ソ連は満洲事変以降、日本の侵略を恐

れ、1931年末から32年にかけて日ソ不可侵条約の締結の提案を繰り返して
いました。しかし、軍は強硬意見で、広田はこれを実現できませんでし
た。

3）対米関係調整

　続いて対米関係に関して見ます。広田は1934年1月の外交演説で、アジ
アの現状維持を基礎として日米関係の調整を図ると表明しています。これ
を斎藤博大使が米国に赴任する際に、ハル国務長官あてにメッセージとし
て伝達します。これに対し、返信も来るのですが、結局、両国間に解決を
困難にする問題はなく、進んで事を構えることはない、といった原則の確
認で終わってしまうのです。

Ⅳ　国際的孤立化と広田内閣

1）軍縮条約失効、そして脱退

　1930年代半ば広田が外相から総理大臣になった時は、日本が国際的な孤
立に陥っていった時期でした。折しも1936年末にワシントン海軍軍縮条約
とロンドン海軍軍縮条約が満期を迎えるのです。1934年10月にはロンドン
で海軍軍縮予備会議があり、山本五十六海軍少将が出席するのですが、決
裂してしまいます。翌35年12月にもロンドンで再度軍縮会議が行われ、永
野修身海軍大将が全権として出ます。米国側はそのまま継続を希望するの
ですが、日本側は新条約にして各国平等の最大保有数を決め、その枠内で
の軍縮を主張し、譲りませんでした。ついに日本は軍縮条約から脱退する
ことになったのです。

第12講

2）日独防共協定

　日本は国際的孤立の道を進む中で、ドイツとの間を深めていきます。
もっとも当初日独関係は特に深いものではありませんでした。1933年1月
にヒトラー率いるナチス・ドイツが政権をとった時には軍の一部に親独

感情を持つ者がいて、接近を考えたようです。1933年3月に日本が国際連盟を脱退し、同年10月ドイツも国際連盟を脱退します。両国とも連盟の常任理事国でした。こうした情勢下でドイツの方が日本に興味を抱いたようです。

　1935年頃から日独提携交渉が打診されますが、最初はドイツの外交責任者であるリッベントロップと大使館付き武官であった大島浩の間で話が進められます。これが政府に伝えられるのが1936年2月頃だったようです。この翌月広田弘毅内閣が成立し、交渉が再開します。外務省はこの交渉にはあまり乗り気でなかったようで、有田八郎外相は日独提携について「薄墨色程度」にしたい、としています。外務省としては対英工作をともなわない日独提携には反対だったのです。

　1936年6月にはヒットラーと駐独大使である武者小路公共が会談を行い、国家としてのソ連ではなく、世界革命の指導の中心であるコミンテルンを対象とする防共協定を締結することで合意します。1936年11月25日には日独防共協定が締結されます。これには附属議定書がついており、ソ連を仮想敵国とする軍事同盟的なものであったのですが、これは秘密協定で公表はされませんでした。しかしこのドイツへの接近はかえって国際的な反発を招いてしまいます。ソ連はこの内容を傍受しており、反日を明確にし、また英米の結束を促すことになりました。

V　広田は同情すべきか？

　さて、文官として唯一、東京裁判で絞首刑を言い渡され、処刑された広田ですが、その外交はどう評価すべきなのでしょうか？

　第一に、広田がめざした日中関係の安定化については失敗したといえましょう。結局、1937年7月近衛内閣で広田外相の時に、盧溝橋事件が勃発し、日中戦争が始まってしまいます。

　第二に、国際的孤立化の道を回避させようとしたことについては、これも失敗したといえましょう。軍縮条約から脱退し、成就した日独提携はかえって国際的反発を招いてしまいました。

　第三に、軍の外交への介入を排除し、外交の一元化をめざしましたが、

　これも失敗でした。日々強まる軍の圧力の中で、抵抗し得ず、結局、軍の言動には立ち入らないといった立場をとるしかなかったようです。軍の対外的活動には口を挟みたくなかったのでしょうか？広田内閣でなされた軍部大臣現役武官制の復活は軍の政治介入を容易にすることになりました。

　広田は、平和主義者・国際協調主義者でしたが「軍部と右翼に抵抗力の弱い人」という印象です。困難な時代に外相や首相という重職にあって、戦争への道を断ち切れなかった平和主義者でした。

＜設問＞

次の用語について日本外交史上の意義を200字程度でまとめなさい。
　①広田三原則
　②日独防共協定

第12講

第13講

松岡洋右と三国同盟

I　松岡洋右

　この講義では松岡洋右をとりあげ、太平洋戦争開戦までの日本外交の軌跡を考えていきます。松岡は1940年の日独伊三国軍事同盟締結時の外務大臣でした。まず松岡の経歴と人物像を簡単に跡づけます。

　松岡は1880年に山口県室積に生まれています。生家は代々回船問屋として栄えていましたが、父の代に傾いてしまいます。12歳の春にいとこに同行して渡米し、以後22歳までのおよそ10年間をアメリカで過ごしました。もちろん実家からの援助など期待できません。皿洗いなどをしながら、苦学してオレゴン州立大学法学部を2番の成績で卒業します。州立大学は学費が安いため、松岡の事情で仕方なく選んだと思われます。

　一般的にアメリカの大学はランクの高い大学ほど学費が高い傾向にあります。オレゴン州立大学は決して一流大学とはいえません。外国で苦学の末、やっと二流か三流の大学を成績優秀で卒業 －この若き日の経験が松岡の考え方に影響しないはずはありません。私には背の低い東洋人がアメリカ人の中で常に背伸びをして、いわば見栄を張るような格好をしている姿が想像されます。後に「米国には威圧せよ」といった主張を好んだ松岡の考え方は、この若き日のアメリカ生活から来ていると思うのです。

　1902年に帰国し、1904年日露戦争の最中に外

交官試験に首席で合格、その秋に上海領事館補となり中国の上海に赴任するのです。日本は日露戦争で南満洲の権益をロシアより譲り受けますが、松岡は関東都督府初代外事課長となり、上海の次の任地は満洲となりました。この関東都督府時代に松岡は後藤新平や山本条太郎（実業家、政治家）といった大物に出会っています。このように松岡は若き外交官時代のほとんどを中国で過ごすことになりました。関東都督府初代外事課長となったことは、満蒙に対する強い思い入れを育む契機となったでしょうし、いわゆる「大陸派」とされる大陸志向型の外交官・政治家の松岡を形成したと思われます。

その後北京、ペトログラード勤務を経て第一次世界大戦中は在米大使館１等書記官を務めています。1916年に組閣された寺内正毅内閣では首相兼外相（外相は本野一郎）秘書官もやっています。シベリア出兵には外務省内の若手出兵積極論者として、幣原喜重郎次官ら慎重派と対立、第一次世界大戦のパリ講和会議には情報主任として参加します。この時日本は初の多国間国際会議に参加したのですが、日本の利権がからむ問題以外は発言をせず、サイレント・パートナーといわれてしまいます。アメリカ生活が長く英語で議論ができる松岡にとっては、日本の態度は物足りなかったようで、日本の外交官は英語もできずにレベルが低い、と不満を漏らしています。その上、大戦後の日本の対英米協調外交傾斜にも、自身の居場所がないと感じたのか、ついに外交官生活に見切りをつけるのです。

1921年６月外務省を辞任し、７月に満鉄に理事として入社、いったん満鉄を離れたものの、1927年４月山本条太郎総裁の下で副総裁となって、「田中外交」下の大陸政策を推進していくことになりました。ここで「満蒙五鉄道の建設計画」等を山本と推進していきます。ところが1928年６月張作霖爆死事件がおき、田中義一内閣は瓦解、松岡は1929年８月満鉄を辞職します。

その後政友会の代議士に転じて、「自主外交」を主張し、幣原外交を「軟弱外交」と批判します。1931年９月18日満洲事変勃発、翌年３月満洲国建国という流れは、国際的疑惑を集め、リットン調査団が派遣されます。国際連盟でその報告書が審議される、という緊迫した情勢の中で、英語に長け雄弁で、度胸ある政治家の松岡に全権代表の役がまわってきました。1932年12月松岡は国際連盟の日本首席全権となって連盟に乗り込むの

です。松岡は日本の立場を熱弁したのですが、1933年2月「新国家」＝満洲国に対する疑問を呈した「リットン報告書」が賛成42、反対1（日本）、棄権1の圧倒的多数で採択されることになりました。松岡はその場で日本の立場を演説し、日本代表団は議場から退場したのでした。

　1933年3月27日日本は国際連盟を正式に脱退する通告をして、国際的孤立化の道を歩み出すのです。実はこの段階では、斎藤實内閣もまた松岡自身も連盟脱退までは考えていなかったといわれます。国際的説得に失敗し無念の思いにかられた松岡はすぐに日本に帰らず時間をかけて帰国します。しかし、日本で松岡は「自主外交を守った！」と熱狂的歓迎を受けたのです。国民的英雄扱いされ、自己陶酔気味の松岡でしたが、山本条太郎の助言もあり代議士をやめ故郷に帰り、ここで政党解消運動に乗り出します。緊迫する情勢に今後の日本のあり方－日本独自の行き方を考えたのです。

　1935年8月に満鉄総裁となり、再度満洲に行き、満洲国の実状を見て、日露戦争以降の日本の満洲経営の「成果」を眼前にすることになりました。そして1940年7月第二次近衛文麿内閣の外相に就任したのです。この時松岡は60歳、この時代では引退してもよい年齢でした。近衛と松岡はパリ講和会議の時からの知り合いで、11歳年下の近衛は若い頃から松岡の能力を尊敬し、外相に是非にと請うたということです。この外相時代に松岡は日独伊三国軍事同盟を締結し、北部仏印進駐等、戦争へ舵を切った、とされる政策を実行に移していくのです。

　余談ですが、松岡の姪の寛子さんは、松岡が大変かわいがっていたそうですが、戦後長期政権を築く佐藤栄作総理の夫人になっています。佐藤栄作の兄が岸信介で、その孫が安倍晋三元総理です。佐藤政権は長い間日本の憲政史上最長不倒の内閣でしたが、2020年8月には安倍政権がその記録を破りました。第一次安倍政権を加えた通算首相在職期間では、それまで一位だった桂太郎を2019年11月に抜いたことが話題になりました。最長不倒ということでは一位と二位が親戚同士なのです。

第13講

II 松岡外交の展開

　松岡外交の評価は決して高いものではありません。いわば「日本を戦争に引っ張っていった」といった印象が一般的でしょう。ただしこの「印象」に関しては、いくつもの反論があります。松岡は平和主義者で軍が力を増す中で、なんとかこれを抑えようとしたとか、松岡は国際的孤立化を避けようとして、それをアピールしようとして失敗したとか、そうした反論が主として松岡の近くにいた人たちや、その人たちの証言をもとにした研究で示されています。その中でここでは、実証的外交史上の通説とされている「松岡構想」に焦点をあてて、これを中心に考察したいと思います。

1）防共協定から三国軍事同盟へ

　松岡は入閣にあたって三国同盟の実現を条件にあげたとされます。独伊枢軸国との連携を強化させる動きは松岡が入閣する以前からありました。1936年11月日本は日独防共協定を締結します。この段階では対ソ防衛条約の意味が大きいとされました。1937年11月には日独伊三国防共協定となります。37年から38年にかけて、この日独間の防共協定を強化する動きがでます。これはドイツの側から持ちかけられるのです。日本でもこれに呼応する動きが出て強化の方向へいくのですが、日本側はあくまで対ソ防衛条約として考えていました。

　1939年に入り3月にドイツのチェコ併合、4月にイタリアのアルバニア併合と事態が緊迫化する中で、5月に独伊軍事同盟が結ばれ、日本の同盟加入が急がれるかと思われました。ところが8月に突如ドイツが独ソ不可侵条約を締結したのです。ドイツとしては英仏ソがドイツ包囲網を作ることへの牽制として、ソ連は英仏に対する不信感の表れであったようですが、日本はドイツとの提携は対ソ防衛と考えていたわけで驚愕したのです。このことで当時の平沼騏一郎（きいちろう）内閣は「欧州の天地は複雑怪奇にして対処するを得ず」として8月に総辞職してしまうのです。これ以降しばらくの間日独関係は宙ぶらりんのまま、日本のドイツ熱が冷めた状態になりま

す。

　1939年9月ドイツがポーランドに侵攻し、英仏が宣戦布告、第二次世界大戦が勃発しました。ドイツは最初は大勝します。このニュースは国内の親独派を勇気づかせ、三国同盟締結をという声は再度大きくなっていきます。しかし米内光政内閣はこれに応じる気はありませんでした。ただ米内内閣の末期には陸、海、外三省事務局間の協議があり、日、独、伊提携強化策が検討されています。倒閣運動をやっていた陸軍は、辞任した畑俊六陸相の後任を出さないとして、米内内閣は総辞職となり、代わって1940年7月22日第二次近衛内閣が成立し、松岡が外相となったのです。

2）松岡構想

　松岡が外相に就任したのは、かくも困難な状況下でした。松岡は外務省出身とはいえ、20年近く前にやめています。このため「ほとんど白紙で外務省に帰ってきた」と本人が述べています。孤立無援で難局にあたらねばならない心境だったと思われます。しかし胆力も語学力も持ち、外交が得意な政治家として人気もあった松岡は期待もされていました。松岡はパフォーマンスが得意で、短い言葉で人を納得させる術をもっている政治家だったようです。外相就任早々「大東亜共栄圏」構想を打ち出します。このように「大東亜共栄圏」という言葉を使ったとか、「満蒙は日本の生命線」として大陸政策の必要性をアピールするなど、言葉そのものはすでに以前より存在していたものをうまく自身の弁舌に取り入れて大衆受けをした政治家でした。現代の政治家では、かつて「郵政選挙」で大勝した小泉純一郎を思い出します。また自信家で能力もあったがゆえに自身の判断で自分が国際関係を動かすとの思いで動いた人のようです。それが時には決定的失敗につながってしまうのですが。

　松岡が入閣にあたって三国同盟の締結を考えていたことは前述しましたが、ヨーロッパで戦争をするドイツとの同盟は一歩間違えれば日本を戦争状態に引きずり込むことになり、交渉は慎重を期する必要がありました。緊迫する世界情勢の中で、当時の日本の課題は、①中国進出をどう進めていくか、②アメリカの大戦参加を阻止する、③ソ連との関係をどうするか、等問題山積でした。松岡の構想では、三国同盟を結ぶことでイギリス

に対処し、同時にアメリカの圧迫をやわらげる、そしてそれのみに終わらせるのではなく、独ソの接近に対応するため日本もソ連に近づき、日ソ中立同盟をもって、ソ連を加えた四国同盟の形にしてアメリカに対して強い姿勢であたる、これによって英米に牽制を加え、難局に対処する、というものでした。実現すれば大変な大構想です。

　しかし、外交は相手のあるものです。自身の構想のとおりに相手がうまく動いてくれるとは限りません。松岡構想では、①米国は三国同盟をどう評価するか、②日本国内では正しく理解されるのか、③ドイツの意図はどうなのか、④ソ連は四国同盟にする気があるのか、等ちょっと考えただけでも多くの疑問点が浮かびます。

　しかし松岡は実際にその実現に向けて動くのです。松岡は外相になるや大幅な人事改造をしました。いわゆる「松岡人事」です。主要国大使等の出先の外交官を大幅に入れ替えたのです。これによりその地で足場を築いていた優秀な人材がいきなり総入れ替えとなりました。松岡いわく世界に日本が変わったぞ、とアピールするためにはこのくらい思い切ったことが必要だ、１年くらいたったら元にもどすことを考えていた、ということです。しかしこの松岡人事は不評で、難局に直面する時に優秀な外交官を数多く失うことになりました。しかも彼等を元にもどす前に松岡自身の首が飛ぶ、といったことになるのです。

　松岡外交の担い手として三国同盟締結を推進したのは、斎藤良衛外交顧問、白鳥敏夫外交顧問、大橋忠一次官等です。白鳥は陸軍の主張に共鳴し、外務省内の革新派の中心人物でした。大橋忠一は満洲国外交部次官や満洲国参議として満洲国の建国にあたっていましたが、1938年に外務省に復していました。斎藤は外務省を退官して満鉄理事などをやっていました。この斎藤の書いた『欺かれた歴史－松岡と三国同盟の裏面史』という本を読むと、松岡は軍を非常に嫌っていて外交で平和的に解決する道を模索していた、といったことが書かれています。しかしこのメンバーでは多かれ少なかれ陸軍の影響を強く受けていたことは明らかで、松岡外交が戦争への責任を負わされた結果を生んだのは必然のように思えるのです。

　日独伊三国軍事同盟は1940年９月９日に交渉を開始し、９月27日に締結となりました。これは重要な条約締結交渉としては異例の早さであった、といってよいと思います。この交渉も知っている者はごく少数であったと

いうことです。そしてこの条約締結後、松岡は自身の構想である四国同盟の成立にむけて動きます。1941年3月訪欧の旅に出たのです。まずモスクワに寄り日ソ不可侵条約を提示し、次にヒットラー率いるドイツで政府首脳と会談し、自身の「四国協商」案にドイツが全く関心を示さない現実を知り、再度モスクワで交渉にあたります。日ソ間の溝は大きかったものの、ソ連はドイツの侵略が近いことを察知して、両面作戦を回避するため、スターリンの決断で4月13日日ソ中立条約成立となったのです。この締結はまさに松岡外交の「成功」として衝撃を与えるものでした。ソ連はこれでドイツの侵略対処に集中することができるようになりました。モスクワを発つ松岡をスターリンが駅まで見送りに来て抱擁をする姿は、写真にありますが印象的です。

　この「成功」で松岡はどれだけ勇気づけられたことでしょう。これをもっていよいよローズヴェルト米大統領と国交調整を「毅然たる態度」で行い、蔣介石とも会って、日米戦争回避と日中戦争終結を達成する、といった構想に動くのです。

　しかし、国際関係の現実は松岡の予想どおりにはいきませんでした。第一に、アメリカはこれで独伊枢軸陣営と日本が完全に手を握ったとみなし、対日圧迫をむしろ増大させる方向に動きます。第二に、近衛内閣は日米交渉に望みを托していました。1941年4月には「日米諒解案」が成立し、日本政府はこれを基に日米交渉を進めることを内定していました。この諒解案は日本とアメリカとの間でやっと妥協して生み出されたもので、三国同盟の軍事上の義務は同盟国がヨーロッパ戦争に参加していない国から積極的に攻撃された場合にのみ発動する、アメリカは進んでヨーロッパの攻撃同盟に参加せず、蔣政権に和平を勧告する（日本軍の中国撤退、満洲国の承認等が条件）、といった、かなり日本に都合のよい内容が並ぶものでした。第三に、独ソ間が緊迫していました。日ソ中立条約はこの情勢下で締結された砂上の楼閣でした。

　しかしソ連との中立条約をまとめ意気揚々と帰国した松岡は、自らの構想と相反する方向性を持つ日米諒解案には不満で、帰国後自ら大幅な修正を加えてしまいます。結局、①三国同盟の義務確認、②中国との和平交渉へのアメリカの介入の排除、③日本の南太平洋への発展は武力行使も含む、としたのです。これにはアメリカ側は大いに失望して次に出された非

公式案はアメリカの立場をより強く出した－日本が熱望した満洲国の承認は外すという強硬なものとなりました。またアメリカは同時期太平洋沿岸の諸港から石油の船積みを禁止するということにしています。

　近衛首相は日米交渉にかけるつもりだったようですが、外相松岡との政策の不一致は明らかでした。その上1941年6月22日独ソ戦が開戦します。松岡はドイツ側に立ってソ連に参戦すべきと上奏します。この参戦をめぐり平沼内相と激しく対立し、近衛はアメリカが嫌う松岡の存在は対米交渉の妨げになると判断し、内閣は総辞職となりました。松岡外交は1年ほどで終焉し、7月に豊田貞次郎海軍大将が外相に就く第三次近衛内閣が成立したのです。

Ⅲ　松岡外交の評価

　1941年12月8日日本はハワイの真珠湾を攻撃し、ついにアメリカとの戦争を開始します（太平洋戦争開戦）。その報を聞いた松岡は「三国同盟は僕一生の不覚、これを思うと死んでも死にきれない」と涙した、と斎藤の本に書かれています。しかし一方で、開戦二日後に徳富蘇峰にあてた手紙で、日本軍の戦果に喜ぶ様子が明らかとなっています。これまでみたように松岡外交はやはり、日本が戦争に傾いていく一翼を担ったことは否定できません。一方で、すぐ近くで見ていた斎藤良衛の証言では、軍の外交介入を嫌い、なんとか軍の介入を防ぐために、軍にもアピールするような言動をとった、といったことが指摘されています。実際、軍の意向にそぐわない言動をとれば、「消される」可能性もあった時代です。そのような難しい時代の外相の政策をどのように評価すべきなのでしょうか。

　松岡が本気で外交的努力によって日米関係や日中関係を打開させようと考えていたのは事実です。ここではあまり触れませんでしたが、松岡は日中間の和平工作を本気で行っています。日中戦争勃発以来、様々な和平交渉が行われましたが、あやしいものも多く、すべて失敗してしまいます。そんな中で石原莞爾も進めたトラウトマン工作と松岡が外務大臣として行った銭永銘工作は最も成功に近かったと言われるものです。なにしろ現役の外務大臣が行った工作です。松岡は蔣介石と若い頃に会っていて、そ

の人物を高く評価しており、自分で重慶に行って蔣介石と話して和平をまとめることを考えていたようです。

　しかし一方で、あまりに独善的と思われる行動をとっています。例えば「松岡人事」です。緊迫する情勢下で出先の人材を簡単に変えることは無謀でした。正しい情勢判断をするためには、しっかりした情報が必要です。しっかりした情報はそれをもたらす人材が必要となります。また政策の実行には人脈も時には重要となります。そうしたものは一朝一夕ではできないものです。自身が能力ある外交官だった松岡は、そこをどのように考えていたのでしょうか。

　さらに日米諒解案に対する対応もあまりに独善的ではありませんか。独ソ戦開戦の際にドイツ側に立ってソ連と戦うべし、という主張は、四国同盟を考えていた外相としてどう見るべきでしょうか。三国同盟の軍事的義務に忠実に、という考えからくるのでしょうか。大構想を持っていたわりには、情報不足で視野があまりに狭かったのではないか、とも感じるのです。厳しい情勢は、時に人の視野を狭めてしまうのかもしれませんが。

　1945年8月終戦を迎えた後、松岡は巣鴨に収容されA級戦犯として起訴されますが、最終判決を待たずに1946年6月27日に死去しました。

＜設問＞

次の用語を200字程度で説明しなさい。
　①日独伊三国軍事同盟
　②日米諒解案

第13講

第14講

東郷茂徳と日ソ関係

　ここでは東郷茂徳を取り上げます。東郷は外交官で、太平洋戦争の開戦時と終戦時の双方で外務大臣の職にあった人物です。「親ソ派」の外交官として知られ、戦争に邁進しようとする軍に抵抗した気骨ある外相だったようです。まず、東郷の一生を簡単にふり返ります。

I　東郷茂徳

　東郷は1882年12月10日に鹿児島県苗代川に生まれました。現在の鹿児島県日置市東市来町美山あたりでしょうか。この苗代川は陶工人の村として知られ、かつて16世紀に豊臣秀吉が朝鮮半島から連れ帰った陶工達の子孫が集まって島津氏の保護下で陶芸に従事していました。東郷の父もその一人で、名前を朴寿勝といいます。母トメも朴姓から嫁いでおり、茂徳はこの両親の長男として、裕福な窯元（陶磁器を焼いて製造するところ）の家庭で育ちました。

　1886年9月に父・朴寿勝が士族株を購入し、東郷姓を名乗ることになりました。江戸時代から明治にかけて、このように名字を売り買いすることがよくあったようです。苗代川の陶工人はそのほとんどが朝鮮姓だったのですが、気位が高く、薩摩藩では士族と同様に扱われていたのだそうです。とはいえ「士族編入之願」をくりかえし願い出てもすべて却下されてしまいま

す。そこでなんとか「士族」になろうと、貧窮する没落士族から「士族株」を購入して戸籍を変えたということです。

東郷は鹿児島第一中学校、第七高等学校造士館を経て、1908年7月に東京帝大文科大学文学科（独文）を卒業します。優秀な息子に、父は官界に行ってほしいと願ったようですが、茂徳はこれを押し切って独文科に入学します。しかし在学中に文学の道を断念し、卒業後は明治大学のドイツ語科講師や維新史料編纂会嘱託を務めながら外交官を目指しました。

1912年10月外交官試験に合格し、第一次世界大戦中の1916年に外交官補としてスイス在勤を命ぜられ、11月にスイスのベルンへ着任します。スイスは第一次大戦中唯一中立を保っていた国で、本国を追われた反戦運動家や革命家が集まっていました。その中にはレーニンもいたとか。東郷は、欧州の将来を左右するかもしれない共産主義に関心を持ち、関連著作を研究しはじめます。

1919年3月に陸海軍視察団に同行してドイツ視察に行き、翌1920年2月に駐独大使館三等書記官となります。当時のドイツは帝政を倒す革命の最中で、東郷にとってはここでもボルシェヴィズムを身近に感じる機会を得た形になりました。

1921年5月に帰国し、欧米局第一課でロシア問題を担当しました。1923年1月には第一課長となりますが、9月から欧米局長に広田弘毅が就きました。この広田の下で東郷は「ロシア・サービス」として頭角を表していきます。当時の外務省内にはイデオロギー的嫌悪感からソ連との国交回復に消極的な者が多い中で、東郷は対ソ国交回復を主張します。1925年1月日本は日ソ基本条約を締結することになりました。

その後、米国、ドイツ等に勤務しますが、この間に満洲事変や満洲国建国といった出来事が起きています。1933年2月内田康哉外相の下で欧米局長となり、同年9月に広田弘毅が外相に就くと、東郷はよく広田を補佐しました。翌34年6月には外務省に亜米利加局が新設され、東郷は欧亜局長に就きます。1937年6月に第一次近衛内閣が成立して広田が外相となりますが、すぐに日中戦争が始まってしまいます。東郷はこの年の10月に駐独大使としてドイツに赴任しました。しかし日独接近を計る大島浩武官と対立、駐ソ大使に転出し、外交官としての手腕を発揮しています。

1941年10月東條英機内閣の外相となり、12月8日の太平洋戦争開戦を迎

えてしまうのです。さらに1945年４月鈴木貫太郎内閣の外相となり、日米開戦と終戦の双方で外務大臣の任にあった希有な外相となるのです。

　終戦後1946年４月極東国際軍事裁判所に起訴され、1948年11月に20年の禁錮刑が言い渡されますが、拘禁中に病気で入院し、1950年７月23日に死去しました。

Ⅱ　日独接近と日ソ関係

　1931年９月関東軍が満洲事変を起こし、翌年には満洲国が建国されます。国際的にはこの日本の動きは簡単に容認されるものではなく、1933年３月に日本は国際連盟を脱退して国際的な孤立の道を歩むのです。

　こうした情勢下で東郷は1933年２月内田康哉外相の下で欧米局長となり、４月に「国際連盟脱退後ニ於ケル帝国ノ対欧米外交方針」という長大な意見書を内田外相に提出します。ここで東郷は国際情勢を分析して日本のとるべき外交政策を打ち出しており、そこに貫かれた考えは、国際信義、条約の神聖、平和的紛争処理、に違わぬようにすべし、というものでした。

　同年９月に広田弘毅が外相に就きます。1934年６月には外務省に亜米利加局が新設され、東郷は欧亜局長となります。

　1936年３月広田弘毅内閣が成立し、やはり外務省出身の有田八郎が外相になります。この時期国際連盟を脱退したヒットラーのドイツが、同様に連盟を脱退していた日本に接近しており、日独防共協定締結問題が持ち上がっていました。日本の一部はドイツと接近し、国際的孤立を避け、ソ連に対抗しその動きを抑止する、という方向の外交を考えていました。しかし東郷の考えは全く逆でした。先の「意見書」によれば、ソ連との間では、日ソ不可侵条約を締結し、ソ連と満洲国の国境を画定させ、東支鉄道を買収することが必要である、とするのです。東郷の考えはあくまでソ連との紛争を避けるというものでした。共産主義のイデオロギーを警戒する声に対し、「諸国は夫々異なる政治形態の下に外交関係を結び、国交の円滑を計るを常態とす」と意に介しませんでした。

　しかし東郷の反対にもかかわらず、日本は1936年11月日独防共協定を締

結します。東郷は対ソ、対英関係を悪化させないように、条文を努めて事務的にするように工夫したといいます。外務省としては日本の東アジアにおける優越に対し、国際的支持を得る「防共的国際協調」を考えていたのだそうですが、実際にはこの協定には秘密附属協定があり、そこでは対ソ軍事協力を想定していて、将来の対ソ戦に備えようとする陸軍の思惑が色濃く見られたものなのです。

　1937年6月に第一次近衛内閣が成立して広田が外相として入閣します。その約1カ月後には盧溝橋事件が勃発し、日中戦争が始まります。東郷は同年10月に駐独大使としてドイツに赴任します。東郷の夫人はドイツ人でした。とはいえ東郷は広田外相に「ドイツにはあまり深入りしない方が日本のためである」と進言してこの任務に就きました。しかし日本は戦時色が濃くなる中で、防共協定強化の動きに出るのです。東郷大使は東郷ら外務省の頭越しにこれを進めようとするドイツ大使館の大島浩陸軍武官と対立し、1938年11月には駐ソ大使となってソ連に転出します。1940年11月までこの職にあった東郷は、まず日ソ漁業交渉を進め、1939年4月には暫定取極（とりきめ）に至ります。またこの年の5月から9月頃まで、関東軍とソ連・モンゴル軍の間で起きた国境紛争のノモンハン事件の収拾に努め、1940年6月に国境線を画定させる、といったように外交官としての手腕を発揮して、ソ連から信頼を得ました。

　そんな中で、1939年11月東郷は念願の日ソ不可侵条約を本省に進言し、日ソ関係の改善を図ろうとします。ところが1940年7月に松岡洋右が外相になり、いわゆる「松岡人事」によりこれは採用されないままになりました。

　松岡は外務省出身の政治家ですが、独特の考えを持っていました。すなわち、日独伊三国軍事同盟を結び、それにさらにソ連を加え、四国同盟にして、英米を牽制する、という考えでした。これは東郷の考え方とは全く異なっており、中でもソ連に対してどこまで譲歩すべきかに関して、対立したようです。当時日本はサハリン（北樺太）油田の開発権をめぐって、ソ連と競合関係にありました。東郷は油田はソ連に譲歩しても日ソ関係の改善を、と考えたのに対し、東京では海軍が燃料にこだわっていました。対英米関係の悪化で燃料調達のさらなる困難が予想され、サハリンの油田放棄はとてもできる状態ではなかったのです。

　そんな時に松岡人事により1940年8月末に突然帰朝命令が出されます。1940年9月27日には日独伊三国軍事同盟が締結され、東郷はこの辞職勧告にすぐにはしたがわず、この年の11月には志半ばで帰国となりました。

Ⅲ　日米交渉

　1941年10月東條英機内閣の外相兼拓相として入閣します。12月には拓相ははずれました。当時は日米関係が緊迫し、日米交渉をしながら併せて戦争の準備もする、という状況でした。外務大臣となれば、どうしても戦争の道を阻止すべく、交渉をまとめなければなりません。東郷は入閣にあたり、日米交渉の方針の緩和について東條首相の確約を得て就任を承諾したそうです。軍部の強硬論をかわしつつ、なんとか日米交渉を続けなければなりません。

　9月の段階で、「10月下旬を目途として戦争準備を」完整することと並行して外交手段も進める、と開戦の決意を示した「帝国国策遂行要領」が決定されていましたが、これを白紙還元し、新たに根本国策の討議がなされました。大本営政府連絡会議において激しい討論の末、対米甲案、乙案が11月5日の御前会議で決定されました。

　この甲案は米国が四原則（門戸開放、機会均等、主権尊重、武力による現状不変更）としていたものを合意事項としていたわけではなく、三国同盟の解釈は日本自ら決定すること、中国華北・蒙古の一定地域及び海南島の日本軍は日華和平成立後の所要期間駐兵、等としており、とてもアメリカが承諾するとは思えないものでした。「日本が臥薪嘗胆（がしんしょうたん）する場合米国が直ちに日本を攻撃…とは思わず」と根拠のない楽観論が見られます。

　乙案の方は、日米両国は仏印以外には武力による進出はしないとし、日華和平または太平洋における平和確立後は、仏印占領軍は撤退用意あり、ともしています。日本としては、南部仏印からは兵を引いてなんとか石油の供給を再開させたかったのです。

　アメリカは乙案には食指を動かした、とされていますが、すでに見切りをつけていたとするものもあり、対日妥協はせず四原則を確認する「ハルノート」を突きつけるに至ったのです。これは事実上のアメリカの最後通

第14講

牒であることは、日本政府も認めるに至ります。

　こうした動きに東郷は「目もくらむばかりに失望にうたれて」日米交渉の打ち切りを決意せざるをえませんでした。東郷はこの自分ではどうにもならない抗しがたい流れの中で、自らの辞職によって内閣そのものを葬ることを考えたようです。しかしこれは、広田弘毅元総理・外相に強く止められ、また急展開する時勢の前で断念せざるを得ませんでした。

　1941年12月8日日本海軍はハワイの真珠湾の米軍基地を奇襲して、ついに太平洋戦争が開戦してしまいます。東郷は外務大臣として当初より早期終戦を考えていたといいます。それは1942年元旦に外務省職員を前にして行った訓示にも明らかです。しかし開戦初期は日本軍の戦闘には勢いがあり、シンガポール陥落、ジャワ、スマトラ、ボルネオ、ビルマ、フィリピンも攻略の報が届くといった状態でした。こうした中でこれら「大東亜地域」に占領軍政が敷かれることになり、これに対処するために1942年夏頃には大東亜省設置の話が出ます。東郷はこれに対し「外交の一元的経営を乱す」と大反対をしますが、1942年9月には設置が決定してしまいます。東郷は抗議して単独辞職します。この後東郷は貴族院議員として時局を憂慮して過ごすのです。

Ⅳ　終戦工作

　再度東郷に出番が来るのは、終戦間際の1945年になってからでした。すでに1943年頃より戦争の帰趨は明らかで、イタリアは1943年に降伏し、ドイツも風前の灯火でした。枢軸国側の敗戦が見えている中で、日本としてはいかに戦争を終わらせるか、それを考えなければならなかったのです。東郷は1945年4月に鈴木貫太郎内閣の外相に就任します。入閣を打診された際に、東郷は「直ちに和平にとりかかる」という条件を提示し、入閣します。

　太平洋戦争中、大国で日本と交戦状態にない国といえばソ連くらいしかありませんでした。ソ連通の東郷はその重要性を当然、認識しており、和平の第一歩として独ソ間の調停を考えていました。すでに開戦直後の1942年1月スメターニン駐日ソ連大使に対してその帰国時にこれを打診してい

ます。とはいえ日本政府の大勢は緒戦の大勝に目を奪われソ連問題に関心を示さなかったようです。

　1943年には日本はガダルカナルを失い、ミッドウェーの海戦で大敗し、戦局悪化は避けがたい情勢でした。日本はソ連との関係の安定化が必要であると考えるのですが、ソ連はすでにドイツに対して勝算ありと見て、日本に対しても冷淡になっていました。1945年2月ヤルタ会談でソ連の指導者スターリンはアメリカのローズヴェルト大統領に対日参戦を約束します。

　1945年5月7日にはドイツが降伏し、枢軸国側で戦争状態にあるのは日本のみとなりました。ヤルタの約束など知らない日本です。ここに至って頼れるのは日ソ中立条約を結んでいるソ連しかないと判断した政府・大本営の方針は、ソ連の対日参戦を阻止し、その仲介で戦争終結を少しでも有利に進めたい、というものでした。ヤルタ会談の意味をうすうす気づいていた東郷は、もはや対ソ接近は不可能と反対するのですが、軍の強硬派に応えられる別の手段もなく、渋りながらもモスクワの大使館へ交渉開始を訓令したのです。しかし現地にいる佐藤尚武大使は即座に対ソ交渉が無意味であることを返電してきました。

　1945年6月8日の御前会議で、本土決戦方針が決定します。これを憂慮した昭和天皇が主要閣僚と陸軍参謀長、海軍軍令部総長を召集し、自ら和平促進を指示しています。ただこの方法も、あくまでソ連の仲介による条件付き和平であり、ソ連が応ずるはずもありません。元首相の近衛文麿をモスクワに派遣する計画も、ソ連側の拒絶にあって実現はできませんでした。

　こうした状況で佐藤大使は無条件降伏を何度も進言してきます。東郷は外相の立場で、国内の期待を受けて、無理とわかっていても佐藤大使に何度もソ連の意向を打診するよう訓令を出し続けたのです。

　1945年8月6日日本は広島に原爆を落とされます。これを見たソ連は8日には日本に宣戦布告し対日参戦に至ります。とはいえ日本はポツダム宣言受け入れを表明しないまま、9日には長崎にも原爆を落とされてしまいます。東郷はここに至って、ようやくはっきり自身の主張をするようになりました。すなわち「国体護持の他はポツダム宣言を受諾すべし」として、閣議の席上不退転のねばりをみせたのです。閣僚や軍も、すでに敗戦

は明らかではあったのですが、少しでもよい条件で終戦に持ち込みたい、また敗戦が知られた時に想定される治安不良やクーデターを警戒して、この期に及んでもポツダム宣言受諾－無条件降伏の決定はまとまりませんでした。結局、天皇の力を借りることになります。

　8月10日と8月14日に鈴木貫太郎首相は二度のご聖断を仰ぐことになりました。昭和天皇は東郷外相の意見に賛成するとしたのです。8月14日「終戦の詔書」を公布し、連合国にその旨を申し入れ、終戦となります。終戦の詔書は、天皇の声でレコード盤に録音され、翌15日にラジオで流され、国民が終戦を知ったのです。

　8月17日鈴木貫太郎内閣は総辞職します。太平洋戦争開戦時と終戦時の双方に外務大臣となった東郷は、1946年4月に極東国際軍事裁判に起訴され、裁判では信念をもって戦争前後の行動の正統性を主張したのです。1948年11月にA級戦犯として禁錮20年を言い渡されました。しかし病を得て入院し1950年7月23日アメリカ陸軍病院で死去しています。

＜設問＞

　外交官、外務大臣としての東郷茂徳の果たした役割をどう評価するか、事実をあげて述べなさい（800字以内）。

第15講

前期講義のまとめ

　明治維新以降、1945年8月の終戦までの日本外交史について、総理大臣や外務大臣に就いていた人物にスポットをあてながら、考えてきました。それぞれの時代に日本の発展をめざし、日本の進路を誤らないように、真剣に考えて舵取りをしていた人々が織りなした歴史を想起して欲しいと思います。

　この時代は、日本にとっては日清戦争、日露戦争、第一次世界大戦、第二次世界大戦（日中戦争、太平洋戦争）と大きな戦争をいくつも経験する厳しい時代でした。こうした歴史の考察は、過去の考察のみにとどまらず、現在の国際関係を考える上で多くの示唆を私たちに与えてくれます。国際社会の厳しさは、今も昔も基本的には変わらないものがあるのです。

　日本は最後に経験した戦争（日中戦争、太平洋戦争）で敗戦を喫しました。アメリカと戦争をすべきではない、という人も多かった中で、なぜ戦争に至ったのでしょうか？勝ち目のない戦争をなぜ始めて、なぜ首尾良く終わりにすることができなかったのでしょうか？こうした疑問は常についてまわります。

　日清戦争、日露戦争の勝利がかえって日本の道を見誤らせたのではないか、中国やアジアにおける民族主義の動きを甘く見たのではないか、日本人には根拠のない楽観論があるのではないか、といった声はさまざま聞かれるのですが、皆さんは今まで学んできてどのように考えますか？

　また、前期のこの授業では、特に人物に注目しました。首相や外務大臣等、自分には全く関係がない、と思わずに、是非、自分だったらどう考え、どういう判断をしただろう、と想定してほしいと思います。その人物の生まれや学歴など個人的な背景も紹介しましたが、それはこの先生きて

いく皆さん方に、具体的な指針となるものを少しでも感じてほしかったからです。

　絵に描いたようなエリート人生を歩んだ人が、外交では全く評価されない、むしろ失敗とされる選択をしてしまったり、その時代には評価されず苦労をした人の外交的選択が、後になってみると高い評価を受けたり、歴史の評価は簡単ではありません。人生を失敗したと思っても、実はそれが後から考えると良かったり、その逆もあるものです。そんなことも頭の片隅に入れておいてくれるとよいと思っています。

　後期は戦後の日本外交史を政策決定過程に注目して学んでいきます。

大学生のための日本外交史講義
後編

後編目次

＊資料：ドムニツキー書簡

第5講　日ソ関係〜日ソ国交回復 (2)　　

Ⅴ　第二次ロンドン交渉
Ⅵ　日ソ漁業交渉
Ⅶ　第一次モスクワ交渉
Ⅷ　第二次モスクワ交渉
Ⅸ　領土問題のその後
＊資料：日ソ共同宣言

第6講　日韓関係・1：国交正常化までの道程 (1)　　

Ⅰ　戦後日韓関係の出発点
Ⅱ　日韓会談(1)日韓予備会談
Ⅲ　日韓会談(2)日韓第一次会談
Ⅳ　日韓会談(3)日韓第二次会談
Ⅴ　日韓会談(4)日韓第三次会談

第7講　日韓関係・2：国交正常化までの道程 (2)　　

Ⅵ　日韓会談(5)日韓第四次会談
Ⅶ　日韓会談(6)日韓第五次会談
Ⅷ　日韓会談(7)日韓第六次会談
Ⅸ　日韓会談(8)日韓第七次会談
Ⅹ　日韓基本条約
＊資料：新聞記事（盧政権、歴史清算アピール）
＊資料：日韓基本条約

第8講　日米関係・3：経済摩擦−オレンジ交渉　　

Ⅰ　日米経済摩擦とは
Ⅱ　オレンジ交渉の経過
Ⅲ　なぜオレンジが政治問題化したのか
Ⅳ　農業政策の決定過程

後編のはじめに：今期の講義では何をやるか

　この授業では、戦後の日本の対外関係の歴史を学びます。前期のこの講義では、戦前・戦中の日本外交について考えました。その際、特に首相や外相に注目し、彼等がどのように考え、当時の国際関係をどう把握し、日本の対外政策を決定したか、に関して学びました。前期で扱う時代には日本は様々な戦争を経験しました。日清戦争、日露戦争、第一次世界大戦、第二次世界大戦（日中戦争、太平洋戦争）と、とても厳しい時代でした。日本はこの最後の戦争で敗れ、戦後はそこから出発しなければなりませんでした。

　後期は第二次世界大戦後の日本が、その状況下でどういう選択をしていったか、どのような政策形成過程であったのか、に注目して学んでいきます。後期のこの授業内容は、まさに現在の日本の国際関係に直結する問題を多く含みます。特に厳しい国際関係のただ中にある日本の立ち位置を考えるのに、必要不可欠な問題を多く提示する予定です。現在の日本の対外政策を意識した内容になっています。

　歴史は、今の状況とは違った単なる昔のこと、と考えているでしょうか？決してそうではありません。「歴史は、現在と過去との対話である」とはE.H.カーの名著『歴史とは何か』の中で何度も出て来る一節です。現在ならびに将来の状況を考える際に歴史から学ぶことは多くあります。また現在の状況により、過去のことが明らかになることもあります。現在は過去の積み重ねの上に成り立っています。現在の状況を理解する上で、その過去を学ぶことは極めて有用なことであると思われます。後期のこの授業は、まさにこうしたことを実感していただける内容であると思います。そしてそれを肌で感じるためにも、現在の国際関係に敏感になってほしいと思っています。講義内容は決してやさしいわけではありません。専門的な知識が入っていますが、できるだけわかりやすく説明するつもりです。やさしいだけの授業ではありませんが、何かひとつでも、自分の問題意識や興味を持って学んで欲しいと思います。

　初めに講義全体にかかわる参考文献を示します。

参考文献

池井優『三訂・日本外交史概説』慶応義塾大学出版会

入江昭『新日本の外交』中央公論社

服部龍二他編『人物で読む現代日本外交史』吉川弘文館

池井優『決断と誤断—国際交渉における人と名言』慶応義塾大学出版会

外務省外交史料館日本外交史編纂委員会編『日本外交史辞典』山川出版
　社

増田弘他編著『日本外交史ハンドブック—資料と解説』有信堂

D.C.ヘルマン『日本の政治と外交—日ソ平和交渉の分析』中央公論社

増田弘他編『アジアのなかの日本と中国—友好と摩擦の現代史—』山川
　出版社

　前期の参考文献と重なったものも多いですね。各講義の参考文献は必要
な場合には授業時に掲げます。講義は基本的に私の作成するオリジナルの
内容ですが、必要な場合には他人の著作から資料を使っている場合もあり
ます。教科書という性質上、詳しく注をつけることは避けましたので、こ
の点は了解の上で、教科書として使ってほしいと考えます。

　また一つの歴史事柄にも様々な解釈が成り立ちます。私の解釈が絶対的
なものと考えなくて結構です。前述のE.H.カーの『歴史とは何か』には
また「歴史とは過去の諸事件と次第に表れて来る未来の諸目的との間の対
話と呼ぶべきであった」という一節があります。歴史の解釈は「未来の諸
目的」によって変わるものでしょう。あるいはその解釈をする者が置かれ
た立場によっても変わることが考えられます。そうしたことを踏まえた上
であえて次のように指摘しようと思います。一応の基礎知識を習得するこ
とは何をする上でも必要ですから、最低限その習得と、加えて現在の日本
の国際関係を考える契機を、この講義で得て欲しいと思っています。

　さて前期の最初に、対外関係史分析の方法として４つの方法を掲げまし
た。それは、①対外接触についての政策形成過程の分析、②財物の移動や
経済面からの分析、③文化接触論、④対外意識の側面の分析、の４つでし
た。そして前期にはこのうち政策形成過程の分析を意識しつつ、ある対外

的な出来事で総理大臣や外務大臣等の重職にあった人物に注目して、その
対外意識や思想、外交方針を分析し政策形成の際にどのような決断を下し
たかについて考えてきました。後期はそうしたことも押さえつつ、その政
策決定過程を分析したいと考えます。

　具体的にとりあげる事項では、特に日本が第二次世界大戦で敗戦国と
なっていかにして国際社会に認められるようになっていったか、いかにし
て周辺国との間を正常化していったか、を重点的に学びます。具体的に
は、戦後の日本外交の柱となったサンフランシスコ講和条約締結、日ソ国
交正常化、日韓国交正常化、日中国交正常化、などに至る過程には、どう
いう懸案があったのか、どのようにそれを妥結したのか、残された問題は
何か、について、まず事実を整理し、皆さんに提示したいと考えます。こ
うしたことを知った上で、現在ならびに将来の日本をめぐる国際関係を考
えてほしいと思っています。

第1講

日本外交と政策決定〜戦前と戦後〜

　この講では前期の授業でとりあげた戦前の日本外交と戦後の日本外交の政策決定の違いを考えます。前期の授業をとっていない方でもわかるように説明するつもりです。

I　戦前における政策決定システムの特徴

1）首相権限の弱さ

　戦前の日本の政策決定システムにおける首相は、強大な権力をもっているようなイメージがありますが、実はそうではありません。首相はあくまで内閣閣僚の同輩の中での最上位者にすぎません。基本的には他の大臣を罷免することができなかったのです。閣僚をやめさせたいと首相が考えても、これを実行するためには内閣総辞職をして閣僚を変えることしか方法がありませんでした。

　例えば、1940年7月に組閣した第二次近衛内閣において、日米交渉に関する考えが首相の近衛文麿（このえふみまろ）と外相の松岡洋右（ようすけ）で異なっていました。近衛は日米交渉でなんとかアメリカとの戦争を回避させたい、と考えていたのに対し、松岡はアメリカには弱みを見せず強くあたって牽制（けんせい）しなければならない、と考えていました。近衛は日米交渉成立を期待していたのに対し、松岡は日独伊三国軍事同盟を基盤にソ連を加えて四国で英米に強く出ることを考えます。そこへ独ソ戦のニュースが入り、松岡外相と平沼騏一郎（きいちろう）内相とが意見を異にし、対立しました。このような混乱に松岡の存在が対米

交渉を阻害すると考えた近衛は、閣内不統一を理由に内閣総辞職をして、外相を交代させたのです。

2）軍部勢力の強大化

①天皇制と元老の役割

　戦前と戦後では天皇制のあり方が違います。戦前の日本は天皇に外交大権がありました。明治憲法を読むとすぐにわかりますが、政治を行うのは天皇で、行政府である内閣はそれを輔弼する（助ける）ことになっています。天皇の行為や決定に関し、進言し、結果について責任を負うということです。天皇が憲法上外交大権を持っていたのですが、実際には政策決定にはほとんどかかわらなかったようです。

　日本の政策決定方式は、戦前・戦後を通じてbottom-up（ボトムアップ）方式であった、といえるでしょう。つまり下から政策案が上がって来て、これを上のものが承認する、という方式です。逆に top-down（トップダウン）方式では、上が決めた政策を下が実行していくことになります。現代でも社会主義国や大統領制をとる国の政策決定方式はこのようなところが多いです。

　そんな中で戦前の日本では総理大臣や閣僚などの要職を務めた人たちの「元老」の存在が重要でした。元老はいわば慣習上の制度で、明治憲法下の支配体制維持のための機能を果たしていました。伊藤博文や山県有朋ら維新以来の大物が生きていて発言していたのです。彼等は政財界や軍にまで力を及ぼすことができ、調停力をもっていました。しかし彼等が亡くなった後、政界・軍・財界にまたがる力を持つ者が失われてしまいます。それに代わって日露戦争以降力をつけてきた軍の力が強大化していったのです。

②統帥権干犯問題

　明治憲法下では軍の統帥権は天皇に直属する、となっています。ところがその解釈は一定ではありませんでした。軍はどこまでできるのか、内閣はどこまでできるのか、異なる解釈が存在しうるのです。明治憲法では11条で「天皇ハ陸海軍ヲ統帥ス」となっていて、陸海軍の統帥は国務大臣の

職務外であります（11条）。しかし続く12条で「天皇ハ陸海軍ノ編制及常備兵額ヲ定ム」とし、編制と常備兵額については大権事項でありながら国務事項であるともしているのです（12条）。国家予算にかかわる問題ですから、どうしても国務事項でもあるわけです。

　この曖昧さをついて、統帥権干犯問題が起きます。1930年のロンドン海軍軍縮会議の時、民政党の浜口雄幸内閣が若槻礼次郎を主席全権として参加しました。海軍は対英米7割獲得を目指していました。これに対し英国や米国側は対英米6割を主張します。結果として大型巡洋艦6割、潜水艦5万2000トン、その他7割で妥結、つまり日本は7割には届かなかったものの、6割9分7厘で妥結となり、ほぼ海軍の要求を達することができました。

　ところが日本では軍備縮小に不満をもつ者も多く、内閣が統帥権を干犯したとの批判が出て、浜口首相は東京駅で国粋主義的青年に狙撃され、殺害されました。これ以降、軍に口出しができる者がいなくなっていくことになります。ちなみに現在の東京駅ですが、浜口首相が狙撃された場所はマークされています。

③軍部大臣現役武官制

　もうひとつ行政府を悩ましたのが軍部大臣現役武官制です。閣僚の一角をしめる陸海軍大臣は現役軍人に限り、予備役（退職者）はだめだという制度です。慣例だったものを1900年に制度化したのです。軍はこれを使って組閣に介入することができました。例えば、軍が暴走し、戦争色が強くなっていく時代にこれに歯止めをかけようと、陸軍軍人の中でも穏健派の宇垣一成を担いで組閣し「宇垣軍縮」をしようとしますが、これに軍が大臣を出さずに流れてしまいました。

　統帥権干犯問題と軍部大臣現役武官制は軍が主張を通す切り札となっていったのです。

3）中堅層の牽引力

　日本の政策決定システムがボトムアップ型であると書きましたが、それは中堅層の見解が政策形成に影響を与える幅を大きくします。これには功

罪あると思います。現場の意見が反映されるのは、現状をくみ取っていくことが可能になり基本的には悪いことではないと思います。しかし、大局的判断をしなければならない場合、それが弱くなりがちです。戦前の政策決定では、一部の「声の大きい人」の見解が通り、それがふくれあがって後戻りできない状況になったように見えるのです。

　戦前一部の陸海軍の局長・部長、参謀本部長、外務省局長クラスの人たちとこれらを支える青年将校団の意見に日本中が引っ張られたことがあります。例えば満洲事変以降の日本の対外政策です。満洲事変を起こしたのは関東軍（満洲に駐屯した日本陸軍部隊）で、日本政府も軍中央でさえもその行動を了承していたわけではありませんでした。しかしこれ以降の日本の政策は関東軍の暴走にひっぱられていったのです。

　それから1930年代後半の日独提携も外務省大島浩武官と白鳥敏夫大使といった一部の官僚が推し進めました。また、日露戦争開戦に際しては、「湖月会」という若手・中堅の人材の勉強会にいた者の意見が大きく左右しました。この会ですが、陸海軍と外務省内の対露強硬派が集まっていたのです。陸軍・田中義一（ぎいち）、海軍・秋山真之（さねゆき）、外務省・山座円次郎ら当時のエリートで対露強硬論者が多く入っていました。彼等が開戦に引っ張っていく大きな役割を果たしました。

II　戦後の政策決定システム〜戦前と比較して

1）首相権限の強化

　戦後はシステム上で首相権限が強化されたといえます。まず制度上では首相は内閣を代表し各大臣を罷免する権利を持ちます。また、戦前戦中に力をふるった軍部勢力が解体し、相対的に内閣の力が強くなったといえます。

　また政治上、戦後は国際政治と国内政治の結びつきが強化されるようになり、国内外にわたる調整力を発揮しないと政権運営ができなくなりました。たとえば、経済摩擦の問題は、対外的問題でもありますが、国内の企

業の問題でもあります。また教科書問題は文科省もかかわってきます。このように、一官庁だけが解決できる問題ではなく、多岐にわたる問題が対外政策でも懸案になるため、首相や内閣府が果たす外交上の役割が強化されることになりました。否、それができる人でないと困る状態なのです。現代は国際関係において首脳会談がきわめて大切になっているのです。

2）与党、政府の影響力の増大

　日本の国会では事実上「55年体制」が長く続いています。では与党である自民党が外交政策を実質的に立案しているのでしょうか？自民党は政策立案機関を持っています。しかし実際には多くの対外政策は官庁の役人が立案しています。外交政策は専門性が高い分野で、政治家は意識して学ぶ必要があるのですが、それにしては「選挙の票」には結びつかない分野であるとされます。このため日々の政策立案は官僚にまかせてしまいがちです。政策立案過程で官僚の優位が続いています。

　ある意味で政策立案に影響力を及ぼすには政治家個々の政治力が重要となります。官僚への影響力の大小や、資金収集能力などです。こうなると長期にわたり政権運営の経験があり、資金力もある自民党が圧倒的に優位にたつことになってしまいます。一時話題になった「族」議員の存在も、政治家として影響力を及ぼすための形なのかもしれません。

3）官僚の影響力の増大

　上でも説明しましたが、政治的懸案のレベルによっては殆ど官僚が処理することになります。しかし懸案の内容により外務官僚と政治家だけでは処理しきれないものもあります。前述のように対外的懸案が外務省だけがかかわるものとはいかなくなっているのです。経済摩擦では経済産業省がかかわりますし、教科書問題では文科省がかかわります。また最近のコロナ問題であれば、厚生労働省がかかわる。それに政策実行には予算が絡むので、多くは財務省がかかわります。さて、政策形成過程は単純化すると以下の手順をふむことになります。

認識→起案（官僚）→省内調整→大臣決裁→閣議→国会→執行
（決定）

　実際には各所で調整が必要となります。官僚が大きくかかわるのは政策の起案の部分です。対外関係のように専門的知識が必要な分野では、官僚の力量に頼るところは大きいと思われます。

4）財界の影響力の増大

　戦後の政策形成システムでは、政府（政党）・官僚・財界がそれぞれ影響し合って政治が運営されてきました。軍が政治的力を落としたこともあり、代わって財界の影響力が大きくなりました。財界は一種の圧力を政策形成過程にかける場合があります。

　例えば1956年に実現した日ソ国交回復の場合です。首相の鳩山一郎、農林相の河野一郎が動くのですが、河野に対する水産業界の圧力は大きなものがありました。官僚−特に外務省はこの時にはアメリカを刺激する、と冷ややかな対応だったようです。

　それから1972年の日中国交回復の際には、財界の方が先走って国交回復すべき、と政府に圧力をかけました。特に中国に依存度が高い企業や業界が比較的早期に中国側の圧力に応じ、台湾市場から中国市場へ鞍替えし、国交回復に先導的役割を果たしました。

　これらの事例に関しては、いずれもこの授業で詳しくとりあげて分析する予定です。後期の授業ではこうしたことを念頭において、戦後日本の対外政策形成過程を学んでいきます。

＜設問＞

次の用語の日本外交史上の意味を200字程度で説明しなさい。
　①統帥権干犯問題
　②軍部大臣現役武官制

第2講

日米関係・1：対日占領政策

　ここでは戦後日本の出発点となった対日占領政策について学びます。第二次世界大戦は日独伊を中心とした枢軸国陣営と英米仏蘭を中心とした連合国陣営とが戦った戦争です。日本は日中戦争で中国（蔣介石の中華民国及び中国共産党）と戦い、太平洋戦争でアメリカと戦っていました。ソ連は日本と1941年に日ソ中立条約を結んでいます。最終的には連合国が勝利するのですが、1943年頃には連合国側の勝利がみえてきます。ソ連はこの段階で日本との関係に見切りをつけていたようですが、日本は何とか少しでも有利な条件で終戦に持ち込みたいと最後の望みをかけて戦っていました。

　1945年8月6日に広島に原爆が投下され、すぐにソ連が対日宣戦布告をして対日参戦、9日には長崎にも原爆を落とされる事態となります。日本は14日にポツダム宣言受諾を通告し、15日には敗戦が国民に知らされました。こうした顛末で、最後はあっけなく戦争が終わりました。これはアメリカも意外だったようで、アメリカの対アジア構想がまとまらないうちに終戦を迎えたということだったようです。敗戦国の日本は戦勝した連合国の占領下に入るのですが、連合国といっても事実上はアメリカの占領ということになりました。本講で勉強するのはこのアメリカ（連合国）の占領政策です。

I　アメリカにおける対日政策グループ

1941年12月8日ハワイの真珠湾を日本海軍の戦闘機が攻撃し太平洋戦争

が開戦します。日本はどうしても避けたかった日米戦争に突入してしまいます。短期戦で日本有利な段階で講和に持ち込みたいと一部の指導者が考えていましたが、その機も逃し戦争終結の見通しをもたないまま、無謀な戦争を続けることになっていきます。

　ではアメリカはどうだったでしょうか？アメリカにとって日本は重要な貿易相手国であり、文民政治が根付いていると考えていましたが、1930年代に入るとその膨張主義的行動でアメリカとしても日本が悩ましい存在と考えざるを得なくなっていたのです。日本の文民政府を信じたかったものの、軍が台頭し日米関係も悪化の一途をたどって、日米戦争も想定しなければならない状態になっていきます。このような中で、アメリカは日本に関して考察するいくつかの委員会を発足させています。

　1941年真珠湾攻撃後の12月末に「戦後対外政策諮問委員会（Advisory Committee on Post-War Foreign Policy）」が成立しています。委員は国務省、その他省庁、統合参謀本部、両院議員、民間人から選ばれました。これは翌1942年の2月に発足し、委員長に国務長官がなり、政治小委員会や領土小委員会（Subcommittee on Territorial Problems, TS）も設置されました。さらにこの42年10月には国務省特別調査部極東班で日本の戦後処理案の検討が開始されています。

　これに比べ1942年頃の日本では「鬼畜米英」が叫ばれ、英語が禁止されるなど、欧米のものを排除することが行われていました。感情だけでは戦争に勝つことは出来ないのですが…。戦時中の日本が感情や意識を鼓舞することで戦争を遂行しようとしたことは事実です。

　ところでアメリカの天皇制に対する見解を見ておきましょう。天皇制に関しては二つの異なる見方がありました。いわゆる日本派と呼ばれる知日派の人たちは、天皇制はいわば日本における「女王バチ」のような存在だ、これを潰すことは日本の存在そのものにかかわることになり無理がある、として残存させるべき、としましたが、中国に近い中国派の人たちは、天皇制を諸悪の根源とみなし、廃止させるべきだと考えていました。

　1943年頃には日本の劣勢が明らかになるのですが、1943年7月には国務省極東班が「日本の戦後処理に適用すべき一般原則」を領土小委員会に提出、これを受けて10月初旬には国務省極東地域委員会が活動を開始します。

　1944年 1 月には戦後計画委員会（PWC）が国務省内に設置されました。アメリカの戦術は太平洋上で日本が要塞化した島を避け、占領しやすい島に拠点をおいて攻撃する「飛び石作戦」をとり、日本本土への爆撃を強化していきました。日本本土への攻撃が常態化していく中でPWCを強化する必要がでてきます。国務省のみならず陸軍省・海軍省も加わって研究を進めるようになるのです。

　1944年 5 月には軍が国務省に日本の民生について質問をし、国務省は資料を作ってこれに応えるといったやりとりがなされていました。この他日本の歴史や国民性に関する研究がなされるようになりました。この時期の日本研究の成果として、たとえば外国人が書いた日本論として有名なルースベネディクト『菊と刀』がありますし、この時期に軍でも日本語ができる言語将校の養成がなされるようになりました。

　このような中で国務省（State Department）、陸軍省（War Department）、海軍省（Navy Department）の 3 省調整委員会（SWNCC）が1944年12月に第 1 回会合を開きます。この委員会の下に極東小委員会（SFE）が作られ、1945年 2 月に第 1 回の会合が行われました。

　このような動きの中で占領政策立案の準備が進められますが、終戦の時期はアメリカにとって誤算でした。アメリカはもっと日本がねばると思っていたようです。したがってアメリカの戦後のアジア構想が固まらないうちに、準備不足のまま、終戦を迎えたのです。

II　対日占領

　日本がポツダム宣言を受諾し全面降伏をした段階では、アメリカの戦後アジアの構想はまとまっておらず、対日占領政策もはっきりしたものがあったわけではありませんでした。

1 ）占領案

　戦勝したのは連合国ですから、連合国が日本の占領をすべきである、というのは当然でした。しかし具体的占領となるとやり方は様々あります。

検討された代表的案は次のようなものでした。

①連合国による占領軍

　連合国が一定の占領軍を出して、それが占領政策を行う案。

②地域による分割占領

　各国軍にそれぞれの地域を担当させ占領を行う案。当時次のような分割統治計画がありました。北海道と東北地方はソ連が、本州中央（関東、信越、東海、北陸、近畿）はアメリカが、四国は中華民国が、西日本（中国地方、九州）はイギリスが、占領する、東京は４カ国共同統治にする、という計画です。

③アメリカの単独占領

　日本を敗戦に追い込んだ主役であるアメリカが単独占領する案。

　実現したのは③ですが、有力だったのは②の分割占領案でした。当時同じ敗戦国となったドイツが英米仏ソ４カ国に分割統治されているのですから、日本が同じようになってもおかしくない、否、分割占領となるのが自然だったかもしれません。しかしそうなったら、日本はドイツと同じように分断国家になってしまったかもしれません。その意味では日本は非常に幸運でした。

　ではなぜ分割占領にならなかったのでしょうか。ソ連は1945年２月のヤルタ会談でアメリカのローズヴェルト大統領に対日参戦を約束した時、その見返りとして北方領土を望んだといいますが、８月16日の段階でソ連のスターリンは北方領土のみならず北海道の半分をソ連の占領地とするようトルーマン米大統領に求めたようです。これに対しトルーマンは18日の段階でスターリンの要求を拒否し、分割占領回避を勧告する国務省案に承認を与えたといいます。アメリカの中では、軍の一部や議会で単独占領は経費負担が多くなりすぎる、といった反対意見があったようですが、トルーマンは分割占領に関しては断固回避の方針だったのです。これはソ連の戦後の動向を意識してのことであると思われます。北方領土をソ連に、といったヤルタの約束も、アメリカは無視しました。冷戦がまだ露わになっていなかった時期ですが、アメリカはそれを十分意識していたのでしょ

う。いずれにせよ、日本にとっては幸運なことでした。

2）特徴

日本の占領政策の特徴をまとめます。

①単独占領

　前述のように、日本の占領は基本的にはアメリカが単独で、ということになりました（1部にイギリスも入ったようです）。これを担ったのがGHQ（連合国軍最高司令官総司令部）で、総司令官はダグラス・マッカーサー（Douglas MacArthur）でした。

②間接統治

　統治は間接統治とされました。すなわちGHQと日本国民の間に終戦連絡事務局と日本政府が入り、直接的には国民は日本政府の政策を受けとるという形になったのです。

こうなった要因は、アメリカに日本専門家が圧倒的に不足していて、言語の壁も大きかったことと、ドイツが東西に分かれることになってしまったのを、直接統治の失敗の経験として考え、その反省があったと思われます。冷戦状態に進む中でアメリカとしては、日本国民の心がソ連や共産主義の側にいくことを何より恐れていたのではないでしょうか。

　1946年5月から首相になった吉田茂は「戦争で負けて外交で勝つ」、「戦敗国は戦勝国の不和に乗ぜよ」といったことばを残しています。吉田は米ソの対立を見てとって、冷戦が広まっていく国際政治の流れの中で、日本の存在を不可欠なものとすることを考えていたのだと思います。

3）占領政策の流れ

　では、実際にはどのような政策がとられたのでしょうか。一般に占領政策は次の三つの時期に分けられます。

①第1期（1945年8月〜1947年末）

　この時期は日本の非軍事化と民主化、「非武装化」が進められました。軍隊の解除や天皇制の改革（現人神から象徴天皇となりました）がなされました。また戦前や戦時中に一定の役職に就いていた者の公職追放が行われ、軍国主義教育の廃止や軍需産業の中止が実施されました。

　戦争に対する反省のもとに「懲罰と改革」が進められ、アメリカの理想が込められ、「日本に民主主義の花園を」と謳われました

②第2期（1948年1月〜1950年6月）

　この時期は日本の自立と民主化を目指した「復興と修正」の時期でした。当時は冷戦が露わになり、進展していった時期です。日本に対して経済を強化させ、国内政治を安定化させることが目標となりました。それが西側陣営にとっても大きな貢献になると考えられたのだと思います。

　この時期アメリカの陸軍長官が「日本自身を自立させるばかりではなく極東における防波堤（反共防波堤）」の役割を担わせる、といった発言をしています。

③第3期（1950年6月25日〜1951年9月）

　1950年6月25日に朝鮮戦争が勃発します。それまで冷戦はヨーロッパ中心でありましたが、ここでアジアへの冷戦波及が明らかになりました。この意味するところは大きく、日本もアジアにおけるその役割を意識せざるを得なくなったのです。日本では保守勢力が勢いを増し、政治的強化が進められることになりました。その一つとしてGHQの指令で1950年に警察予備隊が創設されます。朝鮮戦争によって日本にいた連合軍は朝鮮半島に行くことになり、それに代わって日本の治安維持や暴動に備える軍が必要とされたのです。この警察予備隊が1952年に保安隊となり、54年に自衛隊となるのです。

　アメリカの対日政策立案の中心になっていたのは、外交官出身で極東問題担当国務省顧問であったダレス（John Foster Dulles）でした。彼は日本の再軍備を要請します。しかし吉田がこれを拒否したようです。これに関しては次の講で解説予定です。

＜設問＞

　対日占領政策の特徴をまとめなさい（800字以内）。

第**3**講

日米関係・2：サンフランシスコ講和条約

　本講では日本が占領を脱することになったサンフランシスコ講和条約の締結とその過程に関して学びます。この時作られた国際関係の枠組みが戦後日本の外交政策の基本的枠組みとなりました。その意味で非常に大切な事項です。

I　準備

　占領下にあった日本にとって早く連合軍の占領状態を脱し独立をしたい、というのが悲願でした。条約上「戦争が終わった」という状態にするためには交戦国との間に講和条約（平和条約）を結ばなければなりません。そこで日本の国内では講和の準備が着手されていました。

　ではアメリカにとって日本の占領とはどういうものだったのでしょうか。事実上単独で日本の占領を行なってきたアメリカは、そのための人員や物資を確保しなければならず、長く占領を続ければ支出の増大が見込まれます。その上占領軍の士気の乱れが生じ、そうなると日本人の間で占領軍に対する悪感情が出てくるでしょう。それゆえ総司令官のマッカーサーは「いかなる占領も3年以内で打ち切るべき」と述べたといいます。

　しかしこの時期は戦後間もない頃で、世界中で国際政治の新たな秩序の模索が行われている時でもあり、国際情勢の変化が顕著に見られました。たとえば中国情勢です。アメリカが戦後のアジアの平和に対して中心的役割を果たすことを期待していた中華民国（蔣介石）は、国共内戦の末これに敗れ台湾に敗走、1949年10月1日中華人民共和国が成立します。世界

一大きな国・中国が社会主義国家となりました。東側・社会主義陣営と西側・資本主義陣営とが対立する冷戦は容赦なく進んでいきます。

Ⅱ 全面講和か多数講和か

　冷戦の進展を背景として、日本の国内では講和の具体的形として、「全面講和」か「多数講和」かの議論が活発化します。全面講和とは、第二次世界大戦で日本が戦った全ての交戦国と講和をする、というもので、多数講和とは、国際政治の現状に鑑みて西側諸国との講和を優先させる、という考えです。多数講和は片面講和とか単独講和とか言われる場合もあります。

　首相の吉田茂は、全面講和は理想だが、中ソを除外した講和もやむを得ず、という考えでした。日本はアメリカの占領下にあり、アメリカを日本の代弁者としてアメリカの作った条件に則って講和を進めればいい、と考えました。

　講和論議は1949年秋頃から活発化します。当時の第一級の知識人がさかんに議論を展開したのです。代表的なものには次のようなものがありました。政治学者で東大総長を務めた南原繁は平和主義の立場から全面講和を唱え、吉田首相の考えに対抗しました。さらに哲学者で文部大臣まで務めた安倍能成や社会学者の清水幾太郎らが「平和問題懇談会」と称して雑誌『世界』を中心に理想主義的講和論を展開します。

　こうした知識人達の平和主義や理想主義にもとづく全面講和論に対し、吉田は「百年河清を俟つに等しい」（黄河が澄むのを待っていても無駄なようにいくら待っても望みは達せられないだろう）と実現性の乏しいことを指摘しました。

　当時の新聞論調は『朝日新聞』は全面講和論支持で、『毎日新聞』や『読売新聞』は多数講和もやむを得ず、といった立場でした。

Ⅲ　朝鮮戦争

　状況を一気に変えたのは1950年6月25日に朝鮮戦争が勃発したことです。北朝鮮から軍が38度線を越えて韓国側になだれ込んで戦闘状態になったのです。隣の国の非常時に日本にも緊張が走りました。

1）政府

　吉田首相はすぐには談話を出さずに、政府見解として岡崎勝男官房長官がコメントを出しました。すなわちこれは「北朝鮮の南（韓国）に対する侵攻」であり、これによって「対日講和が延期されるとは思わない」というものでした。

　吉田首相はさらに辛辣な表現を使います。曰く「朝鮮戦争は赤色共産主義の魔の手がはっきりあらわれた」ことを示している、このような状況では「全面講和は絵に描いた餅」にすぎない、としたのです。吉田は朝鮮戦争は日本が多数講和に踏みきる絶好のチャンスだと考えました。

2）財界

　財界では当初隣国の戦争勃発に悲観論が多く出ました。このような状況ではアメリカは日本を占領していた方が基地として使いやすく、講和が延びてしまうだろう、と見たのです。しかしそのうち在日米軍の様々な需要が日本にどっと流れ込み、「朝鮮特需」といわれる好景気が実現します。戦後低迷していた日本の経済界は息を吹き返し「朝鮮戦争は昭和の天佑（天からのたすけ）であった」となるのです。これはアメリカ依存の多数講和による独立を是とする考えを国民に広めることになりました。

3）文化人

　知識人・文化人は理想論を変えることはありませんでした。それどころか朝鮮戦争は「全面講和の必要をますます知らしめた」とするのです。す

なわち中ソや北朝鮮との講和の大切さがわかったとしたのです。

4）米国

　ところで占領の当事者であったアメリカはどう考えたのでしょうか。アメリカでも二つの考えがありました。まず国務省は対日早期講和論をとります。早期講和で日本を独立させ、その上で基地の自由使用を確保する、という考えでした。一方、国防省は対日講和延期論でした。日本の占領を継続させ、基地の自由使用を確保しておく、という考えです。

　そんな中で朝鮮戦争が勃発したのです。これによりアメリカは共産主義の防壁としての日本の価値を再認識するようになります。また、戦争をやりながら占領を継続させるというのも、人員やコストの面で負担が大きくかかるため、アメリカとしては早く日本を独立させ、再軍備させる、ということを考えます。トルーマン大統領やダレス国務省顧問は国務省的考えでした。1950年9月14日アメリカは対日講話促進の大統領声明を出し、ダレスが公式使節として予備折衝に入りました。

　11月に「対日講話に関する七原則」が発表されます。これは日本の国連加盟を考慮する、琉球・小笠原はアメリカの信託統治下におき、台湾・南樺太・千島は将来の米英ソ中の決定を承認する、日本の安全保障について国連の取り決めができるまで米軍及び他国の軍との間の協力的責任を継続する、締約国は賠償請求権を放棄する、等の内容でした。1951年1月に来日したダレスは、七原則に基づいて講和を完成することと、希望するなら米国政府が日本に軍隊を維持させることを考慮する、との発表をしました。

Ⅳ　講和会議

　講和会議はアメリカ西海岸のサンフランシスコで行われることになりました。日米戦争を終結させるのに、あえてワシントンD.C.を使うことはないだろうということで、ワシントンよりはるかに日本に近いサンフランシスコにしたのです。51カ国が参加し、日本の独立を話し合いました。

1）日本全権団

　日本としては占領を脱し独立を達成するこの会議に与野党一致した全日本的全権団で臨みたいと考えていました。そのメンバーは次のような布陣でした。首席全権・吉田茂、自由党・星島二郎、民主党・苫米地義三、参議院（緑風会議員総会議長）・徳川宗敬、大蔵大臣・池田勇人、日銀総裁・一万田尚登。すなわち、保守派連合に　政府閣僚と財界人を加えた人員となりました。

　共産党は講和条約そのものに反対であり、社会党も左右に分裂し、左派は中ソ除外の講和条約や安保条約に、右派も安保条約に反対するということで、全権団に加わることはできませんでした。

2）米ソ対立

　会議ではアメリカが中心となってまとめた案が用意されていました。講和の内容はアメリカのアチソン国務長官が根回しをしています。ソ連はこの案に対して様々な反対意見を述べました。特に日本独立後もアメリカが軍を日本に駐留させ、軍事基地を持つことに反対します。さらに日米が軍事同盟を結ぶことには断固反対の態度でした。また賠償問題にも注文をつけました。ソ連としては日本をドイツのように分断させ、共産主義陣営の国家を増やすという戦略だったのかもしれません。日本の独立に条件をつけるべきである、と修正案を提出したのです。これは軍事同盟や外国軍事基地の存在を否定し、賠償問題にも注文をつけてありました。これに勢いづいたフィリピンやインドネシア代表が賠償要求の主張をし、ソ連の引き延ばし作戦もあり、会議は紛糾しました。

　しかし意外な助っ人も表れます。スリランカ代表が「アジア人の日本の将来に対する一般的な感情」として、日本が「自由であるべき」と主張したのです。そこでブッダのことば「憎悪は憎悪によって消え去ることはなく、ただ愛によってのみ消え去るものである」を引用し、スリランカの対日賠償請求権を放棄する、と演説したのです。この演説に会場は感動の声に包まれます。アジア諸国からは他にも賠償放棄を申し出る国が出ました。結局、基本的には条件なしで日本の独立を認める英米案が通ります。

1951年9月7日吉田は受諾演説をしました。この条約は「復讐の条約ではなく和解と信頼の」文書である、としたのです。9月8日に日本を含めた49カ国が署名・調印となります。ソ連、ポーランド、チェコスロバキアは署名しませんでした。

V　日米安全保障条約

　前述のようにダレスは講和の内容をまとめるにあたって、講和プラス日米安全保障条約の考えを明らかにしていました。とはいえアメリカ側の負担を考えると、独立後は日本に再軍備して欲しいと考えるのは、当然でした。ダレスは吉田に日本の再軍備を要請します。しかし吉田はこれに対し、シニカルな対応をしました。吉田は現状の日本には軍を持つ財政的余裕がない、また戦時中の経験から今、日本が再軍備したら近隣諸国の疑惑を招くであろう、さらに憲法上の制約もある、ということを理由にあげ、再軍備を拒否したのです。

　では日本の安全保障はどうやって守るのか—結局、日米安全保障条約を調印してアメリカの軍事力に頼ることにしたのです。「占領軍」は「駐留軍」に変えて存続することになりました。吉田としては、いかに安く日本の独立と安全を保障するかと知恵を出した結果であろうと思います。サンフランシスコ講和条約と同時に日米安全保障条約が結ばれることになりました。吉田は「歴史に対して自分が責任をとる」として、講和条約には全権の複数の署名が残されているのですが、安保条約は吉田単独署名となりました。

　ダレスは再軍備問題には妥協しましたが、軍隊に代わる保安隊の創設－軽軍備の約束をしています。これが後に自衛隊になっていくのです。

　この選択の功罪をどのように評価すべきなのでしょうか。確かに日本は軍隊にお金やエネルギーをかける分を経済にまわすことができ、戦後世界史上まれにみる経済成長をとげました。戦前のように軍部が力を持ち、政治力を独占して無謀な戦争に国家を導くということもありませんでした。しかし近年の東アジア情勢や米国第一主義を掲げるアメリカを見るにつけ、これでいいのか、という不安や疑念は様々浮かびます。吉田が現在生

きていたら、損得を考えて、すぐに現状にあわせた政策を出すのではない
か、とも思うのですが。

Ⅵ　「二つの中国」の選択

　講和の実現と安保条約の結果として、二つの中国問題が残りました。
1949年10月に中華人民共和国（社会主義）が成立して以来、台湾に逃げた
中華民国（資本主義）との間で、互いに「正統性」の争いをしていまし
た。つまり自分たちこそが正統なる中国政府である、という主張をして相
手を認めず引かなかったのです。ソ連は中華人民共和国を支持し、西側で
はイギリスがいち早く中華人民共和国支持にまわりました。アメリカは戦
時中から蔣介石を支援していて、もちろん中華民国支持でした。このよう
に英米の間で中国の扱いに違いがあったため、サンフランシスコ講和会議
には双方呼ばれませんでした。日本は日中戦争を戦っていましたから、中
国は絶対出席しなければならない相手だったのにもかかわらず招聘無し
だったのです。対日講和では中国問題はお預けとなってしまいました。

　日本はアメリカの占領下にあり、アメリカの力を借りつつ講和にこぎつ
けました。安全保障に関してもアメリカ頼みです。それゆえアメリカの意
向は無視できません。しかし現実には広大な大陸には中国共産党の中華人
民共和国があります。この点、吉田はどう考えていたのでしょうか？吉田
茂という人は回顧録や随筆を数多く書いていて、この点どう思っていたの
か、記述を探したことがあります。しかしなかなか出て来ません。現実主
義者の吉田はどうやら本音では大陸中国の方を認め、講和を結びたいと考
えていたのではないか、と思われます。しかしそれをアメリカの下で主張
できなかったのでしょう。当時の吉田の対応は「選択はなるべく先に延ば
して…」といった曖昧なものでした。

　しかし1950年頃からアメリカでマッカーシー旋風（赤がり）が吹き荒
れ、米社会で台湾ロビーが力を持つようになっていきます。これが日本の
対中政策にも影響を及ぼすのです。アメリカはダレスを通じて日本に圧力
をかけてきます。日本が台湾を認めねば上院で講和条約の批准を拒否する
とされました。これでは吉田は妥協するしかありません。吉田は1951年12

月24日付けのダレス宛書簡で、平和条約の相手国として台北の政権を選び、北京の共産政権と「二国間条約を締結する意図を有しない」（第一次吉田書簡）としました。

　そして台湾との間に1952年4月に日華平和条約を結んだのです。この条約も日台双方に思惑の違いがあり、落としどころを探さねばなりませんでした。すなわち日本側は中華民国の範囲として現実に台湾政府が支配している所に範囲を限定するのが当然だと考えていたのに対し、台湾側は近い将来大陸を奪還することを前提として全中国を代表する政権として認められた、と解釈したいわけです。そこで条約が及ぶ範囲として「台湾、澎湖島または将来含みうる地域」としたのです。これだと「または」をどう解釈するかで双方の主張を取り入れうることになります。すなわち日本側は「または」を「or」と解釈したのに対し、台湾側は「and」と解釈したのです。つまり「あっちかこっちのどちらか」と「あっちもこっちも両方」との違いです。条約はこのように双方都合のいいようにとれるようになっている場合も多いです。異なる文化や国益を持つ国家の主張が全く一致することはあり得ないからです。

VII　課題

　最後にサンフランシスコ講和条約締結の課題についてまとめます。次の三点を提起したいと思います。

(1)　これにより日本は完全に西側反共陣営に位置づけられました。このためソ連や中国といった東側陣営の社会主義体制をとる国家との国交は遅れました。日ソ国交回復は1956年、日中国交回復は1972年まで待たねばなりませんでした。

(2)　日米安全保障条約が安易に結ばれてしまったきらいは否めず、真の安全保障論議が日本に巻き起こらなかったといえます。国民の議論に向き合った結果の安保条約締結ではなく、朝鮮戦争を最大限に利用した安保条約締結だったのではないでしょうか。これが長い間日本外交の足かせになってしまいました。歴代内閣は、対米中心外交を推し進めるため、野党をいかにかわすか、ということに力を集中させざるを得

ませんでした。野党も骨抜きになり、外交政策の中身やその意義に対する議論が少ないように見えます。

(3) 再軍備についての議論は未だ尽きないまま今日まで来たといえます。保安隊から警察予備隊になり、自衛隊が出来るのですが、この自衛隊をどう位置付けるのか、憲法との整合性をどうとるのか、常に問題となってきました。安倍晋三政権でその議論を深めようとしたのですが、長期政権であった安倍政権でも、思うような議論ができたとは思えません。この間、日本をめぐる安全保障環境はどんどん厳しくなっているようです。そんな中で、日本では未だ安全保障に関する議論をすることすらタブー視されているように見えます。いずれの国家も自らの安全保障に関して十分な対策をとらねばなりません。それが普通の国家のあり方だということを前提として考えて欲しいと思います。

＜設問＞

1，次の用語の日本外交史上の意味を200字程度で書きなさい。
　①日米安全保障条約
　②日華平和条約

2，サンフランシスコ講和条約の締結過程をまとめなさい（800字以内）。

第4講

日ソ関係〜日ソ国交回復（1）

　本講から2回にわたり戦後の日ソ関係に関して日ソ国交回復の政策形成過程を中心に学びます。

Ⅰ　背景

1）終戦

　話は第二次世界大戦中にまでさかのぼります。すでに述べましたが、第二次世界大戦は日独伊を中心とした枢軸国陣営と英米仏蘭を中心とした連合国陣営とが戦った戦争です。日本は日中戦争で中国（蔣介石の中華民国と中国共産党）と戦い、太平洋戦争でアメリカと戦っていました。ソ連は日本と1941年4月に日ソ中立条約を結んでいました。

　1941年12月に日本がハワイの真珠湾を攻撃し太平洋戦争（日米戦争）が開戦となります。1943年頃には日本の側の敗戦が濃厚になってきます。この段階で、すでにソ連は日本に見切りをつけて戦局を見ていたのではないでしょうか。1943年11月には米英中の首脳が会談をして戦後の日本の領土に関しても話し合われますが、このあたりでローズヴェルト米大統領がソ連のスターリンに、対日参戦すれば千島列島を譲る、という意図を示唆していたとされます。ソ連は領土的野心満々で、千島列島を獲得して戦略的拠点としたい、という強い意志を有しており、対日参戦を約束したとされます。ただ世界規模の戦争中にあり、自らの参戦をなるべく「高く売りつける」ことを考えます。

　1945年2月の米英ソ首脳が集まって決めたヤルタ協定に秘密協定があり、ここでソ連が対日参戦し戦争が終わった後には、日本から樺太の南半分を返還させ、千島を引き渡す、ということが了承されました。ソ連はこの年の初め頃から対日参戦の準備をしてその機をうかがっていたといいます。1945年4月にローズヴェルト米大統領が病気で死去します。

　1945年7月にアメリカで原爆実験が成功し、ポツダム宣言が発出され、日本の全面降伏が勧告されます。しかし日本がこれを受け入れる前の8月6日広島に原爆が落とされてしまうのです。これを見たソ連は自らが参戦する前に戦争が終わっては（日本が降伏しては）参戦の「ありがたみ」が薄れるとあわてます。つまりソ連が参戦したから日本が降伏したのだ、という形にしたかったのです。8月9日ソ連が参戦し、北朝鮮や満洲方面にソ連軍がなだれ込んできたのです。

　1945年8月14日に日本はポツダム宣言受諾を伝え、全面降伏したのです。ソ連はその後も千島列島を南下してきました。アメリカはこの段階でローズヴェルトの約束を無視して占領案を考えたとされています。スターリンはヤルタの約束に加えて北海道の半分を要求したのです。しかしそんなソ連の動きはむしろアメリカに猜疑心を抱かせたのかもしれません。ローズヴェルトの次の大統領であるトルーマンは早い段階でソ連のこの要求を拒否しました。とはいえ千島列島にはソ連の軍が侵攻している状態でした。

　1951年9月に結ばれた対日講和条約において、日本は千島列島を放棄することになりました。しかしいくつかの問題が残ります。まず、千島列島放棄は決まりましたがその領有権まではっきりしていません。その上、千島列島とはどこまでを指すのか、これも明記されてはいません。日本では従来千島列島とはウルップ島までを指し、択捉島、国後島、歯舞群島、色丹島は入れていません。さらに、日本は8月14日にポツダム宣言を受諾し、15日に国民に敗戦を伝え、これを終戦記念日としていますが、ミズーリ号で日本が降伏文書に署名をした9月2日を対日戦勝記念日としているところも多く、ソ連や中国は9月3日をこれにしています。日本にしてみれば無条件降伏のあとにソ連に自国の領土を侵攻され占領されたのですが、ソ連は戦争中のできごとだった、と主張しています。このような点が、現在まで続く北方領土問題の争点になっているのです。

2）国内的背景

　日本はサンフランシスコ講和条約と日米安保条約で西側陣営に位置づけられ、講和条約を締結していないソ連との関係や、中国との関係改善は後まわしになってしまいました。

　当時の日ソ間の懸案にはどのようなものがあったのでしょうか。次にまとめます。

①抑留者の帰還問題

　終戦時満洲や朝鮮にいた日本人をソ連はシベリア方面に連行し、そこで強制労働に従事させるということをやっていました。ソ連はこれらの抑留者をポツダム宣言を無視してなかなか返そうとしませんでした。抑留者の数は推定で57万5000人といわれています。極寒の地でろくな食べ物も与えられず強制労働にあたり、栄養失調や病気で亡くなった人が多数でました。日本には家族もおり、人道的観点からもこうした状況は一刻も早く解消しなければならなかったのです。

②北洋漁業問題

　1928年に日ソ漁業協定が結ばれ、日本の北洋漁業が認められていたのですが、戦後は状況が一変し、ソ連との間は無協定となります。うっかり漁をして、ソ連から領海侵犯でとらえられる日本漁船が多数でました。そこで公海上での日本漁船の自由を確保することが必要でした。

③国連加盟

　日本は独立後、早く国際社会に復帰したかったのですが、日本の国連加盟はソ連が拒否権を発動して妨げられました。したがってソ連から無条件に拒否権を行使しないとの確約をとる必要があったのです。

　1954年12月鳩山一郎内閣が成立します。鳩山は日本自由党を結成し、早くから総理になることが期待されていたのですが、いざその時に公職追放にあってしまいます。そこで吉田茂内閣が成立します。この時吉田は鳩山にすぐに政権を譲るだろう、と言ったとされていますが、そのことばとは

裏腹に吉田政権は長期政権になりました。鳩山は1951年に公職追放を解除されると自由党に復帰、54年には改進党や自由党の反吉田勢力を結集させ日本民主党の総裁になり、造船疑獄事件で退陣となった吉田政権の次の政権をとったのです。

鳩山としては、ようやくまわってきた政権の座です。吉田との違いをアピールする必要を感じていました。ところでこの頃の二人のイメージは吉田は独善的で秘密主義的であり、鳩山は民主的で公開主義的というものでした。文京区の拓殖大学に近い音羽に鳩山邸（現鳩山会館）がありますが、この自宅を記者団に開放して大衆政治家をめざす姿勢をみせていました。ちなみに鳩山家は一郎の父・和夫が法律学者で衆議院議長をやった政治家であり、外務大臣となる長男・威一郎の妻はブリジストンの創業者で資産家の石橋家から嫁いでおり、とても大衆政治家とはいえないのですが。

政策としては吉田の「対米一辺倒」政策の是正を考えます。中ソとの国交回復や憲法改正により正規軍を持つこと、等が吉田との違いを際立たせる政策課題となります。しかしこのうち、中国との国交は台湾問題がからみアメリカの了承が得られないだろうし、憲法改正はハードルが高く、最も実現可能性があるのはソ連との国交回復であろう、と的を絞りました。そしてこの問題を自由党の実力者である河野一郎に依頼したのです。この河野はもと朝日新聞の記者で生粋の党人派とされた人です。安倍晋三内閣で外務大臣や防衛大臣をやり、菅義偉内閣で行政改革・国家公務員制度担当大臣、またコロナ禍のワクチン接種推進担当大臣となり総裁選にも出て話題になった河野太郎の祖父です。

3）国際的背景

1940年代末から50年代にかけては冷戦が進んでいった時代で、最も冷戦華やかなりし頃とされています。ただ、1953年にソ連の指導者だったスターリンが亡くなって、朝鮮戦争休戦協定やインドシナ問題でジュネーブ協定が締結する等、国際政治の上で雪解けムードが広がります。ソ連は平和共存（社会主義体制と資本主義体制の共存）路線を打ち出したのです。そんな中でソ連のモロトフ外相が「日本政府と交渉する用意」がある、と

の声明を発表しました。1954年10月の中ソ共同声明では「平等と互恵の原則に基づいて日本政府と平和共存の時代に入りたい」とされました。

II　ドムニツキー書簡

　1955年1月25日文京区の鳩山の私邸を駐日ソ連代表部の元通商代表ドムニツキーが訪問します。そしてモスクワからの指令として書簡を渡しました。それには「ソヴィエト側は、日ソ関係の正常化を目ざして執りうべき諸措置について意見の交換を行なうことは事宜に適するものであろうと考える」として、「関係正常化の用意」があり「交渉」をしよう、との旨が書かれていたのです。

　当時の日本外務省はソ連が対日講和条約を結ばなかったので、ソ連代表部は消滅した、と考えていました。実態がないものからの書簡は受けとれないとして、書簡を受け取らなかったため、ドムニツキーは総理の自宅に直接書簡をもっていったと思われます。重光葵外相は反ソ親米とされていますが、この段階でソ連との国交回復の必要なしと判断します。外務省は親米路線を、鳩山になったからといってすぐに変えることはしたくなかったのです。しかしモスクワ放送でこれがクレムリン（ソ連政府の諸機関が置かれた所で、ソ連政府を指す）の真意であることが確認されると、外務省も交渉へ参加することになりました。

III　争点

　争点をまとめます。

①議題
　まず議題です。鳩山－河野の考えと、重光－外務省の考えと一致しません。鳩山－河野はとにかく戦争終結と抑留者の帰還が第一だとしたのに対し、重光－外務省は諸懸案（領土・漁業・抑留者）の一括交渉を主張しました。

②交渉地

　交渉地に関してもなかなか決まりませんでした。冷戦下の交渉です。ソ連との国交交渉を行うということで、アメリカが日本に対し疑念を抱くのではないかと、それが心配されました。そこで河野がアメリカに行きダレスに了解を求めますと、ダレスは「ソ連という国は1頭の馬を2回売りつける気だから気をつけろ」と言ったとか。

　交渉の場所ですが日本側はアメリカの懸念を考慮し、国連のある所＝アメリカ・ニューヨークで、と提案するのですが、ソ連はアメリカの圧力を嫌い、これを拒否します。東京は戦後の混乱が残り治安上の問題から否定され、ソ連がモスクワを提案するも、これには日本が大反対して、なくなりました。結局、イギリスのロンドンで行われることになります。

③全権

　全権すなわち代表はどうするのか。これは日本側は衆議院議員の松本俊一元駐英大使になり、補佐役として外務官僚でソ連に詳しい西春彦がつくことになりました。ソ連側はマリク駐英大使が全権となります。

Ⅳ　第一次ロンドン交渉

　第一次ロンドン交渉は1955年6月1日から開始します。日本は交渉の争点として抑留者帰還問題や漁業、国連加盟、相互内政不干渉などの7項目を提示しました。この交渉で特に両国間で主張の隔たりがあったのが、次の二つの点でした。

①抑留者

　まず抑留者問題です。日本側は抑留者を一日も早く返して欲しいとしたのに対し、ソ連側は残っているのは戦犯（戦争犯罪人）であり、一般抑留者はすべて帰した、というのです。

②領土

　二つ目は領土問題です。日本は、歯舞、色丹、国後、択捉、千島列島、

南樺太は歴史的に見て日本の領土だと主張します。しかしソ連は、ヤルタ協定、ポツダム宣言ですでに解決済みとしたのです。すなわち皆ソ連領である、というのです。ちなみに日本はソ連の対日参戦の条件として千島列島のソ連への引き渡しを約した米英ソ3国首脳間のヤルタの秘密協定に関しては、非当事国としてこれに拘束されない、という立場をとっています。

　こうした両国の見解の違いに加え、吉田前首相を中心とする自由党の一部が対ソ交渉を妨害するような行為に出たり、現地大使館が松本全権に非協力であったりして交渉が複雑化していきます。鳩山－河野路線と外務省路線の不一致が交渉の不手際となって表れたのです。

　1955年8月突然ソ連の態度が変化します。歯舞、色丹を条件付きで返してもよいとしたのです。交渉の矢面に立っていた松本全権はこれで妥協すべしという態度に出ます。しかし外務省はこれを拒否し、国後、択捉、南樺太の獲得をも主張したのです。これをあきらめるのは国辱ものである、というのです。結局、交渉は決裂し、無期延期になりました。

　この後の交渉に関しては次週説明いたします。

<設問>

1，次の用語について日本外交史上の意味を200字程度で説明しなさい。
　①ドムニツキー書簡
　②歯舞、色丹

2，1950年代半ばの日本がソ連との国交を必要とした懸案をまとめ、第一次ロンドン交渉での日ソ間の主張の隔たりについて述べなさい（800字以内）。

資料Ⅱ-4-1　日露・日ソ・日口領土問題

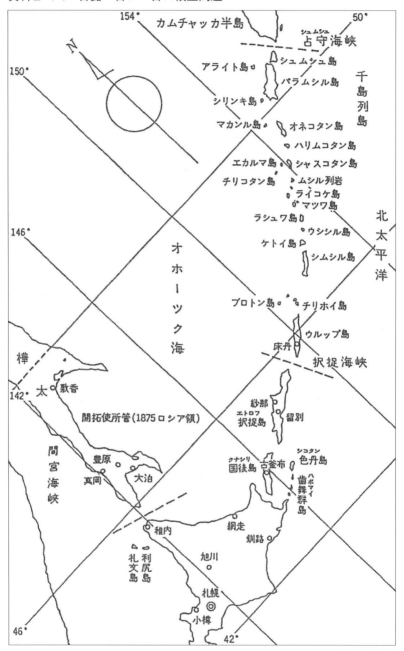

資料Ⅱ-4-2　日露・日ソ領土問題

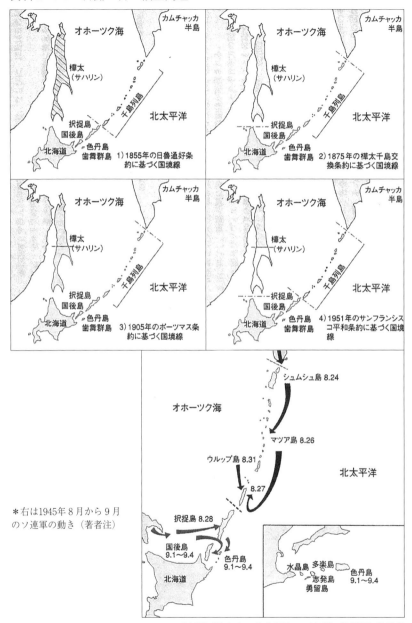

1) 1855年の日魯通好条約に基づく国境線

2) 1875年の樺太千島交換条約に基づく国境線

3) 1905年のポーツマス条約に基づく国境線

4) 1951年のサンフランシスコ平和条約に基づく国境線

＊右は1945年 8 月から 9 月のソ連軍の動き（著者注）

（出所）『われらの北方領土 2020年版・資料編』外務省

資料Ⅱ-4-3

ドムニツキー書簡（1955年1月25日）

　ソ連邦は、対日関係正常化の熱望に促され、周知のごとく、終始一貫して両国関係の調整を唱えてきた。日ソ関係正常化の用意があることは、なかんずく周知の、1954年10月12日付のソ連邦政府と中華人民共和国政府の共同宣言、ならびに、12月16日のソ連邦外務大臣ヴェ・エム・モロトフの声明中に表明されている。

　鳩山総理大臣が、最近の諸演説中において、日ソ関係の調整に賛意を表されたことは世間に知られている。日ソ関係正常化の希望は、また重光外務大臣によって、1954年12月11日の声明ならびにその後の諸声明において表明されている。

　このような諸事情を考慮に入れて、ソヴィエト側は、日ソ関係の正常化を目ざして執りうべき諸措置について意見の交換を行なうことは事宜に適するものであろうと考える。

　ソヴィエト側は、モスコー又は東京のいずれかにおいて行なわれうべき交渉のため代表者を任命する用意があり、この問題に関する日本側の意向を承知したい次第である。

（出所）松本俊一『モスクワにかける虹』朝日新聞社、180頁

第5講

日ソ関係～日ソ国交回復（2）

この講では前講に続き、日ソの国交回復交渉を学びます。

Ⅴ　第二次ロンドン交渉

1）国内状況の変化

　第一次ロンドン交渉は1955年8月の段階で決裂し、無期延期となってしまいました。この年、日本国内では大きな政治的動きがありました。11月の保守合同です。日本民主党と自由党が合流して、自由民主党が結成されました。ここで保守一党優位のもとでの保革対立という政治体制－いわゆる「55年体制」が成立したのです。保守合同は一見政治的安定を促したようですが、党内派閥の争いは激化し、ポスト鳩山をめざす実力者達が日ソ国交回復を阻止するような動きに出るなかで、国交回復は鳩山派が推進していくことになりました。

2）国際的状況

　この時期には関連する国際情勢が動きます。

①西ドイツとソ連の国交回復

　まず冷戦の象徴であった西ドイツとソ連の国交が樹立します。ソ連は実はいろいろな国の人を抑留していました。西ドイツ（資本主義）は東ドイ

190

ツ（社会主義）と対立する分断国家で、冷戦下で社会主義陣営の中心であるソ連との国交は難しいと見られていたのですが、これが成立し、抑留者の送還が実現しました。その際、領土問題に関しては「アデナウワー方式」（棚上げ）として仮協定を結んだのでした。

②日本の国連加盟をソ連が拒否

　もうひとつ日本にとっては大きな出来事がありました。1955年12月初旬に日本が行った国連加盟申請に対し、ソ連が拒否権を発動したのです。このことは日本の為政者達に、日ソ国交回復がないと日本は永久に国連に入れないのではないかとの危機感を抱かせました。また同時にソ連は平和条約が結ばれた際には日本の希望を受け入れるとして、日本国内の対ソ交渉の早期妥結希望を高まらせるよう促したのです。このことにより日ソは再び交渉に臨むのでした。

3）第二次ロンドン交渉

　しかし第二次ロンドン交渉もうまく進みませんでした。第一に、交渉内容に隔たりが予想された領土問題ですが、西ドイツのアデナウワー方式にならって交渉を進めようとしても具体的にはいったいどこまで棚上げにするかで両国間で隔たりが見られたのです。第二に、国内の政局が大きく動いて、鳩山首相は足下がおぼつかない状況になりました。派閥のまとめ役を担った三木武吉が亡くなったことは主流派に痛手で、鳩山内閣は弱体化し、統一社会党との選挙でも保守が圧勝できず、責められます。

　そんな中で、第二次ロンドン交渉も交渉決裂となりました。

Ⅵ　日ソ漁業交渉

　1956年３月第二次ロンドン交渉が決裂するのですが、この時ソ連はモスクワ放送で日本の漁業を制限する「ブルガーニン・ライン」の設定を発表します。オホーツク海、ベーリング海にサケ・マス漁業を制限する水域を設定し、その中での操業はソ連政府の許可が必要であるとしたのです。こ

のような厳しい対応をいきなりしてきたのは、日本側を困らせることにより日本がどうしても国交交渉を必要とする状況を作り出し、日本を交渉の席に着かせ、ソ連ペースで交渉をすることをねらったいわば「リンケージ方式」ではないかと考えられます。

　このソ連の政策に不安をおぼえた水産漁業関係者が河野一郎農林相に圧力をかけ、河野はソ連行きを決意したのです。彼は水産業界代表者を全権顧問として、パリーストックホルム経由でモスクワへ入ろうとしました。ところがパリで外務省がソ連からの情報を握りつぶしていたことがわかり、激怒するのです。河野の行動は、日本外交を担う官庁を自負する外務省との間に確執を生んでいたようです。鳩山の説得で河野はようやくソ連に入りました。

　河野はイシコフ漁業相に会い、日米加三国間の漁業協定をモデルにした案を提出します。しかしイシコフの態度は硬く、これでは限界があると考えた河野はブルガーニン首相と会うことを申し入れました。

　ソ連は意外にもこれを受け入れ、河野は日本側の通訳も帯同せずに一人でクレムリンに乗り込んだのです。ブルガーニン首相と会った河野は国交がないのに漁業の暫定協定を作ってどうするのか、とするブルガーニンに、既成事実を積み上げていくことが国交回復の糸口になる、と説得し、再度イシコフと会談が行われることになりました。7月末日までに日ソ国交回復交渉を再開することを条件に、1956年5月15日に漁業協定と海難救助協定の調印が行われました。ここでブルガーニン・ライン内での漁獲量は6万5000トンとする等が決定しました。これ以降この条約は北西太平洋の漁業資源の保護と管理に貢献することになりました。しかし河野の単独会談外交は、ソ連側の用意した席に着かされ、ソ連側の用意した通訳のみを使った圧倒的に不利な条件の中での交渉で、外務省など外交関係者から「素人外交」と揶揄されました。北方領土（南千島）の放棄に河野が同意したのではないか、といった河野密約説までささやかれたのです。

Ⅶ　第一次モスクワ交渉

日ソ交渉はモスクワで行われることになったものの、対ソ政策で政府・

与党内は混乱していました。早期妥結をめざす鳩山－河野ラインと慎重派が誰を全権にするかで争ったのです。いったんはベテラン外交官で駐ソ大使や外相経験者の佐藤尚武参議院議員が首席全権で、鳩山に近い砂田重政と松本俊一が全権に内定したものの、反主流派の反対にあい立ち消えとなり、結局、重光葵外相が選ばれます。しかし重光は慎重派の中心でした。これでは交渉は容易に成立しないとみて、松本を同時に全権に委任します。重光は「挙国一致の支援」との約束をとってモスクワに行きます。

　案の定重光に対するソ連の印象は芳しいものではなく、またスエズ危機を背景としてソ連が外交姿勢を硬化させたこともあり、ソ連側の態度は厳しいものでした。とはいえ重光は、フルシチョフやブルガーニンから、歯舞・色丹がギリギリの最終的妥協点である旨を示唆されると、この線で妥結しようとします。重光のこの変化は、総裁選挙をにらんだ党内の立場を計算してか、また党人派に牛耳られていた外交のイニシアティブを外務省のラインにもどそうという意向が働いたのか、松本も驚いたようです。しかし、日本政府はこの妥協には反対で、重光をロンドンの国際会議出席のためにと、モスクワから離れさせます。ところがこのロンドンで重光はアメリカからの圧力に遭遇することになったのです。すなわちアメリカのダレス国務長官から、対日講話条約やヤルタ協定などによって日本領とされている国後、択捉をソ連に譲歩するなら、アメリカは沖縄を永久占領する、との見解を告げられます。ここに至って交渉は決裂となりました。

VIII　第二次モスクワ交渉

　重光外相による交渉の失敗は、鳩山に自身で交渉に臨むことを決意させました。鳩山は松本全権等の意見をもとに、領土問題棚上げ、戦争終結、大使館設置、抑留者送還、漁業条約発効、国連加盟承認、といった国交正常化案をソ連側に示し、領土問題に関する交渉を後日継続して行うことを条件に交渉再開を申し出ます。ソ連側は領土問題以外を承諾してきました。そこで松本が先行してモスクワに行き、グロムイコ第一外務次官と書簡でやりとりしました。それが松本・グロムイコ書簡です。

　1956年9月29日付けの松本からグロムイコに宛てた書簡では「日本国政

府は、日ソ両国の関係が、領土問題をも含む正式の平和条約の基礎の下に、より確固たるものに発展することがきわめて望ましい」「領土問題を含む平和条約締結に関する交渉は両国間の正常な外交関係の再開後に継続せられるものと了解」している、との表現が入っています。これに対しグロムイコは「ソヴィエト政府は、前記の日本国政府の見解を了承し、両国間の正常な外交関係が再開された後、領土問題をも含む平和条約締結に関する交渉を継続することに同意」する、と返しています。

　ここで重要なのは、「領土問題を含む」という表現です。現在では、ソ連−ロシアが長く国後、択捉を占領し、ロシアの人たちも住んでいる状態であるため、ロシア側は北方領土は交渉の余地なく、もともとロシアのもの、という態度ですが、日本は北方領土は日本固有の領土である、という立場をとっています。日本はなんとかこれも含めた交渉にもっていきたいわけですね。松本・グロムイコ書簡は、ソ連がそれを了承していた、という証拠の一つになるものです。

　このような準備の末、鳩山自身がモスクワに出向いて交渉を行いました。そして、領土問題はアデナウワー方式で棚上げとし、戦争終結を宣言し、大使館の相互設置、内政不干渉、抑留者送還、日本の国連加盟に対するソ連の支持、請求権の相互放棄、漁業条約発効、等の内容の日ソ共同宣言が1956年10月19日に調印されたのです。

　しかし平和条約交渉の継続については「両国間に正常な外交関係が回復された後、平和条約の締結に関する交渉を継続することに同意する」として条文に入ったものの、「領土問題を含む」の文言が消えました。そして歯舞・色丹の引き渡しは平和条約締結の後に、とされました。日本側は当然、歯舞・色丹の引き渡しの他に、国後・択捉についても了解をとりつけたかったのですが、ソ連はこれを突っぱねます。10月16日の河野・フルシチョフ会談で、フルシチョフは「歯舞・色丹以外は受け入れない」としています。また、10月18日にはソ連側が「『領土問題を含む』を除去してほしい」と言い出したのです。「歯舞・色丹以外になお領土問題が存在するかのよう」だというのです。結局、鳩山−河野はこれを削ることにしました。ただし日本側は共同宣言と松本・グロムイコ書簡は一体である、との解釈ですが、ソ連側は2島決着論だったと考えられます。

　こうした交渉を経て日ソ共同宣言が調印され、日ソ国交回復が実現し、

1956年12月日本はようやく国連加盟を果たしたのです。

Ⅸ　領土問題のその後

ソ連との間で国交が正常化されたものの、現在に至るまで領土問題の解決はなされず、平和条約の締結はできていません。振り返ると、ソ連が解体し中ソ（中ロ）がまだ対立状態にある時代が最も領土問題解決に近かったのではないかと思われます。

ゴルバチョフがソ連の元首として初めて来日した1991年頃、日本は日ソ共同宣言の承認を迫っています。当時のソ連は２島最終決着という解釈を強引に通すという雰囲気ではなかったようです。来日は４月で当時の海部俊樹首相が共同声明に署名しました。ところがこの８月にソ連でクーデター未遂事件が起こり、ソ連は解体に向かいます。

1993年にロシア大統領エリツィンが来日し細川護熙総理と「東京宣言」に署名します。ここでは国後・択捉も含めた四島の帰属を交渉の対象とすることが承認されました。ただ、96年にはロシア側から56年の共同宣言に至る会談の記録が発表され、２島で決着というロシア側の意図が再度打ち出されます。

2000年９月にはプーチン大統領が来日、56年宣言を口頭で認めます。それは翌年３月にイルクーツク合意として文書化されました。そこでは56年宣言と東京宣言の両方を認めると解釈できますが、56年の日ソ共同宣言を平和条約交渉の出発点となる基本文書としています。しかしこの日ソ共同宣言の解釈に両国の隔たりが見られるのです。日本側は歯舞・色丹は平和条約締結の後には日本に返ってくるもの、として、国後、択捉の帰属交渉を考えているのに対し、ロシア側は日本が４島返還を主張することで56年宣言から離れた、としたりします。そして共同宣言を前面に出し、４島の主権はロシアが保持する－つまり56年宣言では歯舞、色丹にしてもどういう条件で日本に引き渡すかを明記しているわけではないので、主権はロシアのまま、「賃借」するなどという解釈もある、としてくるのです。これでは日本にとってはたまったものではありません。ここは何とか東京宣言を盾に４島の帰属交渉をして欲しいと思うのですが。

　2006年にはロシアが4島の大規模開発計画を示し、これを進めています。プーチン大統領は2008年に中国との懸案であった大ウスリー島の中ロ国境を確定し、2010年にはノルウェーとのバレンツ海での境界を画定させました。このような空気にのって北方領土の解決も、と一時期待されましたが、いっこうに事態は進みません。日本側は経済協力を誘い水として領土交渉を進めたい考えですが、道半ば…否、逆もどりしているような状態です。機を逃すと取り返しがつかなくなる外交交渉の難しさです。

＜設問＞

次の用語の日本外交史上の意味を200字程度で書きなさい。
　①日ソ共同宣言
　②松本・グロムイコ書簡
　③東京宣言

資料Ⅱ-5-1
　日ソ共同宣言（日本国とソヴィエト社会主義共和国連邦との共同宣言）

　1956年10月19日モスクワで署名
　1956年12月12日発行
　（中略）
1　　日本国とソヴィエト社会主義共和国連邦との間に戦争状態は、この宣言が効力を生ずる日に終了し、両国の間に平和及び友好善隣関係が回復される。
2　　日本国とソヴィエト社会主義共和国連邦との間に外交及び領事関係が回復される。両国は、大使の資格を有する外交使節を遅滞なく交換するものとする。また、両国は、外交機関を通じて、両国内におけるそれぞれの領事館の開設の問題を処理するものとする。
3　　日本国及びソヴィエト社会主義共和国連邦は、相互の関係において、

国際連合憲章の諸原則、なかんずく同憲章第2条に掲げる次の原則を指針とすべきことを確認する。

(a) その国際紛争を、平和的手段によって、国際の平和及び安全並びに正義を危うくしないように、解決すること。

(b) その国際関係において、武力による威嚇又は武力の行使は、いかなる国の領土保全又は政治的独立に対するものも、また、国際連合の目的と両立しない他のいかなる方法によるものも慎むこと。

　　日本国及びソヴィエト社会主義共和国連邦は、それぞれ他方の国が国際連合憲章第51条に掲げる個別又は集団的自衛の固有の権利を有することを確認する。

　　日本国及びソヴィエト社会主義共和国連邦は、経済的、政治的又は思想的のいかなる理由であるとを問わず、直接間接に一方の国が他方の国の国内事項に干渉しないことを、相互に、約束する。

4　ソヴィエト社会主義共和国連邦は、国際連合への加入に関する日本国の申請を支持するものとする。

5　ソヴィエト社会主義共和国連邦において有罪の判決を受けたすべての日本人は、この共同宣言の効力発生とともに釈放され、日本国へ送還されるものとする。

　　また、ソヴィエト社会主義共和国連邦は、日本国の要請に基いて、消息不明の日本人について引き続き調査を行うものとする。

6　ソヴィエト社会主義共和国連邦は、日本国に対し一切の賠償請求権を放棄する。

　　日本国及びソヴィエト社会主義共和国連邦は、1945年8月9日以来の戦争の結果として生じたそれぞれの国、その団体及び国民のそれぞれ他方の国、その団体及び国民に対するすべての請求権を、相互に、放棄する。

7　日本国及びソヴィエト社会主義共和国連邦は、その貿易、海運その他の通商の関係を安定したかつ友好的な基礎の上に置くために、条約又は協定を締結するための交渉をできる限りすみやかに開始することに同意する。

8　1956年5月14日にモスクワで署名された北大西洋の公海における漁業に関する日本国とソヴィエト社会主義共和国連邦との間の条約及び海上において遭難した人の救助のための協力に関する日本国とソヴィエト社会主義共和国連邦との間の協定は、この宣言の効力発生と同時に効力を生ずる。

　　日本国及びソヴィエト社会主義共和国連邦は、魚類その他の海洋生物資源の保存及び合理的利用に関して日本国及びソヴィエト社会主義共和国連邦が有する利害関係を考慮し、協力の精神をもつて、漁業資源の保

存及び発展並びに公海における漁猟の規制及び制限のための措置を執るものとする。

9　　日本国及びソヴィエト社会主義共和国連邦は、両国間に正常な外交関係が回復された後、平和条約の締結に関する交渉を継続することに同意する。

　　ソヴィエト社会主義共和国連邦は、日本国の要望にこたえかつ日本国の利益を考慮して、歯舞群島及び色丹島を日本国に引き渡すことに同意する。ただし、これらの諸島は、日本国とソヴィエト社会主義共和国連邦との間の平和条約が締結された後に現実に引き渡されるものとする。

10　　この共同宣言は、批准されなければならない。この共同宣言は、批准書の交換の日に効力を生ずる。批准書の交換は、できる限りすみやかに東京で行わなければならない。

　　以上の証拠として、下名の全権委員は、この共同宣言に署名した。

　　1956年10月19日にモスクワで、ひとしく正文である日本語及びロシア語により本書2通を作成した。

　　　　日本国政府の委任により

　　　　　　　　　　　　　　　　　　　　　　　鳩山一郎

　　　　　　　　　　　　　　　　　　　　　　　河野一郎

　　　　　　　　　　　　　　　　　　　　　　　松本俊一

　　ソヴィエト社会主義共和国連邦最高会議幹部会の委任により

　　　　　　　　　　　　　　　　　　　　N.　ブルガーニン

　　　　　　　　　　　　　　　　　　　　D.　シェピーロフ

（出所）鹿島平和研究所編『日本外交主要文書・年表（1）　1941-1960』（784-786頁）原書房、1983年

第6講

日韓関係・1：国交正常化までの道程(1)

本講から2回にわたり日韓国交回復までの道のりをふり返ります。

I 戦後日韓関係の出発点

朝鮮半島は1910年8月の韓国併合条約調印以来、日本の領土であったのですが、戦後これをどうするかというせめぎ合いの中で、南北分断ということになってしまいました。まずこの経過を簡単にふり返ります。

第二次世界大戦は1943年頃には戦局の行方が見えてきました。連合国が戦後構想を明らかにした「カイロ宣言」（1943年11月）では、朝鮮半島に関して、当時日本の統治下にあった「朝鮮の独立」を謳い、これが米英中ソの四大国の統一目標として掲げられました。その後米英中の首脳が日本に全面降伏を勧告したポツダム宣言（1945年7月）では、このカイロ宣言の条項を履行することが再確認されました。

すでに指摘したように、アメリカにとって日本の降伏は予想より早く、アメリカの戦後のアジア構想が固まらないうちのできごとで、原爆投下直後より満洲や北朝鮮方面に侵攻したソ連の動きに遅れをとります。米軍は朝鮮半島に関して、とりあえず北緯38度線以南は米軍が、以北はソ連軍が日本軍の武装解除を行う、としたのですが、米ソ対立が次第に明らかになっていく国際情勢下で、この38度線を撤廃することができず、朝鮮半島の分断が固定化していくのです。1948年8月大韓民国（韓国）が成立を宣言し、9月には朝鮮民主主義人民共和国（北朝鮮）が樹立宣言をします。双方、自分たちこそが朝鮮半島における唯一の正統なる政権であると主張

し譲らない、いわゆる「正統性」の争いをくり広げることになるのです。双方とも国号と統治権は法的に朝鮮半島全域に及ぶ、としたのです。

　1948年10月ソ連が北朝鮮を承認し大使交換を行うと、東欧諸国等共産圏の諸国家がこれに従います。1949年1月米国が韓国を承認し、自由主義陣営22ヵ国もこれにならって韓国を承認します。この当時日本は米軍の占領下にあり事態の推移を見守るしかありませんでした。もちろん日本としても韓国を承認せざるを得ない状況でした。

　1949年4月韓国政府とGHQとの合意により在日韓国外交代表部が設置されました。そして貿易協定・金融協定も成立しました。そんな中で1950年6月25日に朝鮮戦争が勃発します。アメリカの態度は硬化し、中ソにそそのかされた北朝鮮の侵略行為である、として日本政府は南（韓国）を正統政府として認め、軍事的政治的支援をすべきだと、圧力をかけたのです。

　日本は1951年9月にサンフランシスコ講和条約を調印し、占領下から脱し独立国として認められることになりました。しかしこのサンフランシスコ講和会議には南北朝鮮代表は招かれていません。朝鮮半島は日本の植民地下であって、日本の交戦国ではないという理由からです。したがって講和条約の調印国にもなりません。ただこのサンフランシスコ講和条約で「日本国は朝鮮の独立を承認し…朝鮮に対するすべての権利・権限および請求権を放棄する」とされ、この他に財産処理、漁業協定の締結、貿易・海運・通商協定締結のための交渉を開始することが規定されました。後にこれに在日朝鮮人の国籍及び処遇についても取り決める、ということが加えられました。終戦直後日本には200万人といわれる在日朝鮮人がいました。1946年3月頃までに130万人が帰国したのですが、朝鮮半島も不安定な状況で、朝鮮戦争も始まってしまい、故国で自身の夢が実現しそうにないと約60万人の人が在日を希望したのです。

Ⅱ　日韓会談（1）日韓予備会談

　これにしたがって1951年10月に初の日韓会談（予備会談）が東京で行われます。これはGHQの積極的斡旋のよるもので、対日講和条約発効前

に、①在日朝鮮人の法的地位、②基本関係樹立、③実務協定等に関して合意をとりたい、ということで、冷戦下の戦略が働いたものでした。

　しかし結論は見えず、本会談に切りかえられることになりました。

Ⅲ　日韓会談（2）日韓第一次会談

　1952年2月より第一次日韓会談が行われます。双方で根本的に対立したのは請求権問題と漁業問題でした。

①請求権

　請求権に関する日韓の主張は以下のようでした。韓国側は日本は36年朝鮮半島を搾取してきた。韓国にはその賠償請求権がある、というものです。これに対し日本側は、日本人で財産を置いて引き上げた者がいる、これについては逆請求権がある、というのです。法的には対日講和条約の規定に「日韓双方の財産および請求権の処理は、双方の特別取極の主題」とする、とされていました。この「特別取極」の主題となるのが、韓国の対日請求権のみなのか、日本側にも対韓請求権があるのか、という問題でした。

②漁業

　漁業問題に関してはGHQが日本漁船の操業区域を指定したマッカーサー・ラインが問題となりました。韓国側はマッカーサー・ラインを越えた日本船をしばしば拿捕したのです。日本は1951年9月の対日講和条約調印で日本の独立が認められ、52年4月の発効でマッカーサー・ラインが消滅することを前提にしていました。ところが韓国は講和条約発効直前の1952年1月18日に突如一方的に「隣接海洋に対する主権宣言」を明らかにして、韓国周辺の公海上に一定の線を引き、日本漁船の立ち入りを禁止したのです。これがいわゆる「李承晩ライン」です。李承晩（イ・スンマン、りしょうばん）は親米反日の民族主義者で独立運動家、この時の韓国の大統領です。「反共反日」を国是とし、厳しい反日教育をしたことで知られています。

　韓国の日本漁船拿捕に対し、日本は海洋自由の原則を主張して抗議したのですが、韓国は応じず、日本漁船が次々拿捕されるという事態になりました。会談は歩み寄りのないまま決裂します。

Ⅳ　日韓会談（3）日韓第二次会談

　韓国は李ラインは「平和ライン」――つまり韓国の平和と安全のために必要であると言い出し、日本漁船に対する操業禁止措置を強化していったのです。日韓のとげとげしいやりとりについにアメリカが仲介に乗り出します。1953年1月クラーク国連軍司令官が李承晩を個人的に招聘し、吉田首相に会わせて、事態の打開をとりもちました。

　1953年4月に第二次日韓会談の交渉が再開します。しかしここでも、請求権や漁業問題の溝は埋まらず、それどころか竹島問題も浮上してきたのです。竹島は1905年に日本政府が島根県に編入しています。しかしGHQが行政権停止区域に含めたため、日本漁船の操業許可区域から除外されました。韓国は対日講和条約発効直前の李ライン設定で、竹島を李ライン内に含め、1953年からこれを占領し、実力で支配する態度に出ています。日本は再三抗議しているのですが、聞き入れません。

　その後竹島問題は、日韓双方の見解の食い違いから、日本側が国際司法裁判所に提訴することを提案したのですが、韓国はこれを拒否、1965年に妥結した日韓会談でも解決せず、今日に至っています。

　こうした問題のために、第二次会談も決裂となりました。その後朝鮮戦争の休戦協定締結などがあり冷却期間をおいて、第三次日韓会談となります。

Ⅴ　日韓会談（4）日韓第三次会談

　第三次会談は朝鮮戦争休戦をはさみ1953年10月から行われました。ここで大きな問題となったのが「久保田発言」でした。請求権委員会日本代表・久保田貫一郎が会議の席上、私見であるとしながら「日本のかつての

統治は必ずしも悪い面ばかりではない。韓国の経済力を培養した」と述べたのです。その根拠としてあげたことは次のようなものでした。

①終戦後連合国軍が在韓日本人財産を軍命令で没収し、韓国に引渡したのは国際法違反である。

②朝鮮の鉄道・港湾建設・農地造成等日本の大蔵省は当時多い年で2000万円も持ち出していた。

③あの当時（1910年の韓国併合時を指す）の状況では日本が韓国を併合しなかったら他の国が占領したであろう。

　久保田代表が後に語ったところによると、韓国側のあまりに頑なな原則論による一方的日本批判に、会議進行がどうにもならなくなり、「私見」とことわって別の見方もある、と提起したのだそうです。しかしこの発言は韓国の反日感情を逆なでし、激怒した韓国は発言の撤回を要求してきました。日本はこれを拒否し、結局、会談は決裂し、以降4年半中断することになってしまいました。

　会談中断中、韓国は対日態度を硬化させ、韓国による日本漁船拿捕の数も増加します。しかも拿捕した漁民をなかなか返さない、という状態になったのです。この事態に日本政府は第三国経由で打開の道を探るのですが、うまくいきません。

　その上、鳩山一郎内閣が課題として掲げた政策が社会主義陣営の中心であるソ連との国交＝「日ソ国交回復」でした。「反共」を国是として掲げ、北朝鮮と正統性の争いをしている韓国にとっては、実にいやな国際環境となります。韓国は激怒し、その態度は硬化する一方でした。韓国人の日本往来禁止、対日貿易停止、等を打ち出し、加えて李ラインを侵犯した日本漁船を砲撃するとの声明まで出すに至ったのです。

　日本では、鳩山一郎内閣の後を受けた石橋湛山内閣が2カ月ほどの短命に終わり、1957年2月に岸信介内閣が成立しました。岸は米国に対する配慮からも日韓会談を軌道に乗せたいと考えます。韓国の頑なな態度で、すぐにこれが実現したわけではありませんが、韓国側も岸の台湾寄りの姿勢を認め、ようやく1957年12月に抑留者の相互釈放と会談再開で合意ができました。こうして会談はやっと再開になったのですが、その際日本は久保田発言の撤回と在韓日本財産に対する請求権を放棄する、という大きな譲歩をしたのです。

＜設問＞

次の用語の日本外交史上の意味を200字程度で説明しなさい。

①李ライン

②竹島問題

③久保田発言

日韓関係・2：国交正常化までの道程(2)

Ⅵ　日韓会談（5）日韓第四次会談

　1958年４月およそ４年半ぶりに日韓会談が開催されました。基本関係、韓国請求権、漁業及び平和ライン、在日韓国人の法的地位の４分科委員会が設置され、討議を開始しました。

　ところが、ここでも大きな問題が起きたのです。それが「北朝鮮帰還問題」です。在日の韓国人・朝鮮人の中には北朝鮮に帰りたいという人もいました。当時、北朝鮮は社会主義建設のための人員を必要としていました。このため、在日朝鮮人の団体である朝鮮総連等を通じて、在日韓国人・朝鮮人の北朝鮮帰還を促してきたのです。

　北朝鮮は国交のない国であり、日本で得られる情報も非常に少ない中で、一部のマスコミにより社会主義建設に燃える「地上の楽園」という宣伝文句で紹介されていたのです。曰く、「社会主義」だから医療費、教育費はかからない、とか、人々は皆幸福に生活している、とか…後から事情が伝わるにつれ、それがいかに実状と異なっていたかわかったのですが、そんなことは当時はわかりませんでした。日本にあって「差別されているのでは」と感じていた在日韓国人・朝鮮人の人々が、帰国して祖国のためにつくそう、と考えても不思議ではありません。

　日本政府は赤十字国際委員会を仲介として、在日韓国人・朝鮮人の北朝鮮への帰国を実施することにしました。そこでジュネーヴで日本・北朝鮮の赤十字会談が開始されたのです。

　韓国は当時、北朝鮮と「正統性」の争いをしており、北朝鮮の存在すら

正式には認めていない状態でした。韓国にしてみれば、共産主義侵略者の元に我が同胞をやるのか、このような行為は日本政府が北（北朝鮮）の南（韓国）への侵略に加担していることである、と激しく抵抗しました。

　これに対し日本政府は、誰でも「居住地選択の自由」がある、という原則を掲げ、人道的観点から希望者は帰国させるとしたのです。

　両者の溝は埋まらず、会談は2回にわたり決裂してしまいます。しかし1960年になると韓国の方から事態を動かします。韓国が韓国米3万トンを日本が買い付ければ、抑留日本人漁夫と密入国の韓国人の相互送還に応じてもよい、としたのです。当時、韓国の経済事情が非常に悪く、日本に余剰米を売って経済を回復しようと考えたようです。日本側はこれに応じ1960年4月に会談が再開しました。

　ところがこの会談再開直後の1960年4月19日に韓国で学生革命が起こります。3月の選挙で4選をねらった李承晩大統領に対し、その独裁的政治に学生が反発し蜂起したのです。混乱状況にアメリカも韓国の政権を見放し、李承晩政権は崩壊、李大統領はハワイに亡命しました。日韓会談は中断を余儀なくされます。

Ⅶ　日韓会談（6）日韓第五次会談

　第五次会談は政権交代の合間をぬって予備的交渉が行われました。政局混乱の中で許政（ホ・ジョン）大統領代理から、尹普善（ユン・ポソン）大統領、張勉（チャン・ミョン）内閣となります。この内閣は「経済再建第一主義」を掲げました。このあたりでようやく韓国の側に李承晩政権の対日強硬策を改善する動きが見られるようになります。経済再建のために日本の経済力が必要と見て、対日交渉にも意欲を示し始めたのです。

　韓国は「対日関係改善をはかり、さしあたり韓国米の輸出を含め、対日貿易を改善」する、として日本人記者団の入国許可を発表しました。一方日本ですが、日本も1960年7月に成立した池田勇人内閣が「所得倍増政策」を掲げ、その一環として日韓交渉にも積極的な態度をみせていました。また、特にこの時期、財界が積極的に動き、韓国への経済視察団の訪韓も行われています。

　そんな中で日本では対韓親善使節の派遣が検討され、日本統治終了後初の公式使節として小坂善太郎外相がソウルを訪問したのです。しかし一般国民の間の反日意識はそう簡単に変わるものではありません。小坂外相が車で滞在先のロッテホテルから中央庁（当時の韓国政府）に行く間に、反日デモ隊に囲まれ、通常ほんの10分もあれば到着できるところを、1時間以上かかってしまうという異常事態となりました。奥からくさったキャベツを車に投げつけるおばあさんがいたりして、反日の根深さが露わになります。しかし双方の必要性から政府間では歩み寄りが見られるようになりました。

　そんな中で1961年2月の韓国国会で「対日復交四原則」が決議されます。それは次のようなものでした。

①対日国交は漸進的に（制限国交から全面国交へ）進めていく。

②国防、水産資源の保存、漁民保護のために李承晩ライン（平和ライン）を維持させる。

③請求権問題等重要懸案解決後に国交回復をする。

④日韓経済提携は、国内産業を浸食しない範囲で、国内経済発展と対照させながら行う。

　国会レベルではこのようにまだまだ厳しい決議がされましたが、一般国民の間では、日本の書籍や歌謡曲が輸入され、スポーツ交流もさかんになり、いわば「日本ブーム」が起きたのです。このようなことは李承晩時代には考えられないことでした。

　しかし1961年5月16日に軍部によるクーデターで張勉内閣が倒れ、日韓会談は中止となりました。

Ⅷ　日韓会談（7）日韓第六次会談

　日韓第六次会談は1961年10月に開催されます。この間韓国において大きな政治的な変動がありました。1961年5月の軍事クーデターです。その中心人物は朴正煕（パク・チョンヒ、ぼくせいき）でした。

　朴正煕という人は興味深い人物です。日本統治下の朝鮮半島に生まれ、師範学校卒業後、1940年代初めに満洲国軍官学校から日本の陸軍士官学校

に学びます。その後関東軍（満洲に配置された日本陸軍）に配属され、「高木正雄」という日本名も持っていました。考えてみると、北朝鮮の金日成（キム・イルソン、現在の北朝鮮の朝鮮労働党総書記である金正恩の祖父）もこの当時満洲を舞台に抗日運動で勇名を轟かせていましたから、後に北と南のトップになる者達が、抗日運動家とそれを取り締まる側として満洲国で対峙していたわけです。

　朴正熙は戦後韓国陸軍士官学校を卒業し陸軍軍人として歩んでいます。そしてこのクーデターを起こしたのです。経歴からわかるように、戦前の日本の教育を受けており、その言動は時に日本的死生観や一種の合理性が垣間見られ、また立ち振る舞いなどが日本陸軍を彷彿とさせるように見えることがあります。しかしこのような経歴が、近年大統領であった娘の朴槿惠（パク・クネ）女史をも「親日派」として貶めるような風潮を生んでしまったのではないかと思うと、ちょっと朴槿惠さんが気の毒です。戦後の韓国における経済成長などの実績からすると、朴正熙大統領の功績は非常に大きなものがありました。

　クーデター後に出現したのは、朴正熙を国家再建最高会議議長とする軍事政権でした。朴正熙は日韓国交正常化を最重要課題としました。日本の力を韓国の経済発展に利用したいという強い意志があったのです。アメリカも朴政権を支持し、諸外国からも支持をとりつけ、日韓会談に積極的姿勢を示しました。

　次に朴時代から明らかに日本に好意的になった主たる理由をまとめます。

①経済要因：当時の韓国は一人あたりGNPが92ドル程度であったとされます。その上、台風や干ばつで米が凶作で、為替レートは切り下げざるを得ない、まさに危機的状況にありました。大統領としてはまず、国民を食べさせることが先決で外資導入は何としてでもやらねばならないと考えたのです。

②米国要因：アメリカは当時ベトナム戦争に介入しています。その状況で日韓が角を突き合わせているのは本当に困る、ということです。したがって、日韓を何としてでも和解させ、同盟国として強固な関係を築いて欲しい、と考えていました。

　朴正熙の決意は義兄の陸寅修が証言しています。それによれば、朴は軍

事革命当時からどんなことをしても日韓国交樹立をやりとげなければならないと思っていたということです。軍事革命の目標は北の脅威に対する軍事的側面と韓国経済の復興にあり、北の共産主義と国民の反日感情－この二つの敵をもってどこに韓国の立つ瀬があるのか、何より資金が必要だが、「日本からは交渉によって堂々と韓国が受け取るカネがあるではないか。それを反日感情とか、国辱とかいって日韓交渉をぶちこわしていることは大変な国家的損失だ」と常に思っていたとあります。そして「第二の李完用（韓国併合当時の韓国総理・韓国では売国奴の代名詞）」といわれようとも所信を貫く、という覚悟であったということです。

　このように朴正熙大統領の大きな覚悟があって第六次会談となりました。日本側は首席代表に杉道助大阪商工会議所会頭を内定します。財界人をもってきたのは、あまり政治的な交渉にせず、経済を前面に打ち出そうと目論んだからとされます。

　最も難題の一つであった請求権問題で、金鍾泌（キム・ジョンピル）中央情報部長と大平正芳外相が折衝を行います。1962年10月と11月のことです。ここで有償・無償あわせて5億ドルで妥協することになりました。これは正式な文書ではなく、「大平－金メモ」でしか残っていません。しかしこれによって日韓妥結の道筋ができた非常に大切なメモです。

　韓国では1963年10月に大統領選挙があり、朴正熙は大統領に当選し、軍政から民政への移管がなされました。

　一方日本では1964年11月に佐藤栄作内閣が発足します。

IX　日韓会談（8）日韓第七次会談

　第七次会談は1964年12月から行われました。日本側主席代表は三菱電機相談役の高杉晋一と、やはり経済人になりました。ここで双方早期妥結を確認し、政治家に後が委ねられました。

　1965年2月17日椎名悦三郎外相が訪韓します。ここで基本条約案について可能ならば仮調印まで進めたいと考えていました。ところが訪韓直前になって韓国の国民感情が非常に悪く、「36年間悪かった」とひと言謝罪の意味のことを述べて欲しい、という話になりました。当初日本側はこれを

拒んでいたのですが、このようなことを椎名外相のラウンディング・ステイトメント（到着した飛行場での挨拶）に入れて欲しい、と強い要請が準備にあたっている外務官僚から進言されました。椎名外相に相談すると、全くこだわることなく「うん、それならそれでいこう」として、自身でその場で付け加えたということです。佐藤総理も「そんなにまでして行く必要があるのか」という反応だったようですが、椎名は責任をとるから、ということで有名なラウンディング・ステイトメントとなったのです。

　椎名外相は金浦空港到着後「両国の永い歴史の中に不幸な期間があったことはまことに遺憾な次第でありまして深く反省するものであります」と言う文言を入れた声明を発表しました。これは韓国で「日本代表正式に謝罪」と報道され、交渉の雰囲気が変わったとされています。椎名は後にタカ派に追求されますが、個人的問題として議論をすり替えてやり過ごしたようです。ともあれ、この椎名のラウンディング・ステイトメントはこの後の日本の政治家や天皇の韓国や中国に対する謝罪のことばの原型となっていくのです。

　韓国側の交渉相手は李東元外相、まだ39歳でしたが朴大統領の秘書室長をやっていて、大統領の意を受けて交渉妥結に向けて動きます。「国のためにやりましょう。これで私は李完用になるでしょう」という決意だったそうです。

　椎名という人は、決して外交が専門という人ではないのですが、前期の講義で扱った後藤新平の遠縁にあたり、岸信介とともに満洲国の建国政策に携わった経験を持つ大物政治家で、「おとぼけの悦三郎」といった異名を持ち、ひょうひょうとしてとらえどころがないようなところがありました。交渉は反日デモが頻発する最中で行われ、両国の関係者はハラハラしていたようです。外相の車には卵やトマトが投げつけられますが、外相はたじろがず、これが韓国側の新聞に好意的に報道されたとか。また、レセプションの場で、韓国の一記者から「大臣、デモの印象は」と厳しい質問を投げかけられ、「びっくりしたよ、デモ隊の先頭にオレがいるんだものなあ」と笑わせたとか。当時の野党の党首である尹普善が椎名によく似ていたのです。「尹氏と大臣はどっちが年上ですか」との問いが出て、尹氏の方が年上とわかり、「それならオレの方が弟分だよ」としたらしい。こ

のやりとりには様々な反応があるのですが、椎名のとぼけたやりとりは難しい局面で厳しい反日感情をかわすことに大いに貢献したようです。

　ところで実際の交渉ですが、双方知恵をしぼります。最後まで難しかったのが韓国政府の管轄権が及ぶ範囲をどう表現するかでした。韓国が朝鮮半島の南の部分を支配しているのが現実です。日本はこの現実にあわせた解釈をしたいのですが、韓国の主張は朝鮮半島全体に管轄権が及ぶ、というものです。この解釈のギャップをどうするのかに手間取りました。両外相は、翌日椎名が帰国するという日の夜、椎名のお別れパーティーを抜け出し、話しあいます。椎名が「何とかならんかね」と切り出すと、李東元外相は、かねて外務部アジア局長に検討させておいた国連決議をもちだしたのです。「国連195号決議」です。そこにはこんな表現がなされていました。「全朝鮮の人民の大多数が居住している朝鮮の部分に対して、有効な支配と管轄権を及ぼす合法な政府（大韓民国政府）が樹立され…」これを検討して、双方「何とか説明がつくだろう」ということでした。李外相は深夜朴正熙大統領に電話して了解をとり、椎名は深夜３時まで団員と協議し、翌日の朝６時から電話で佐藤栄作総理ら関係者と連絡をとり、了解を得て、帰国直前の２時に仮調印、３時半にソウルを発つというぎりぎりの調整が続いたのでした。

X　日韓基本条約

　1965年６月22日日韓基本条約調印となりました。大きな問題点は二つありました。それは①1910年の韓国併合条約など、戦前のいわゆる旧条約の無効をどのような形で確認すべきか、②北朝鮮の存在、韓国政府の管轄権の及ぶ範囲をどう規定するか、です。

　①に関しては、韓国が、韓国併合は日本側の不当な圧力によって、一方的に行われたもので、旧条約は締結の時からすでに無効である、とするのに対し、日本は、旧条約が有効に存在していた歴史的事実は客観的に見て否定することができない、とします。

　②に関しては、韓国が、韓国政府の有効な支配権は朝鮮半島と付属の島々の全土に及ぶ、とするのに対し、日本は韓国政府の管轄権はあくまで

も休戦ライン以南に限られる、とするのです。

　そこで双方の解釈が可能な妥協案が作られました。条文では①に関しては、「もはや無効であることが確認される」との表現がとられ、②に関しては「国連総会決議第195号（Ⅲ）に明らかに示されているとおりの朝鮮にある唯一の合法的な政権」とされたのです。

　こうして1965年6月22日にやっと日韓基本条約調印にこぎつけたのです。ここで、両国間に外交領事館の開設が決まり、国連憲章の原則の尊重や、通商関係協定・航空協定の締結交渉の開始が謳われました。その他の具体的懸案ですが、次のようになりました。

①漁業協定に関しては、李ラインは実質的に撤廃となりました。

②請求権に関しては、大平－金メモにあるように、日本から韓国に10年にわたり3億ドルの無償供与を含む償還期間20年の2億ドル長期低利借款（年利3.5％、7年の据え置きを含む）、この他にも3億ドル以上の民間信用を供与する、ことが規定されました。

③在日韓国人の法的地位・永住権範囲について合意しました。

④竹島問題は棚上げとなりました。

　なお、近年もめている賠償問題ですが、これらの会談の過程で、日本側が、徴用工などを想定して個人賠償をしようともち出したところ、韓国側が、一括して韓国政府に渡して欲しい、それを韓国政府から該当者に配分する、という申し出があり、日本はこれにしたがいました。そのようなことでこの条約により「すべて決着した」というのが日本側の見解です。そこで日本政府は現在韓国が主張している徴用工に対する賠償は、日韓基本条約で解決ずみ、としているのです。慰安婦問題に関しても、日本側は基本的には同様の立場なのですが、慰安婦に関しては日韓会談で想定されていなかったので、基本条約外ということで韓国側が責めているのです。

　とにかくこの段階でようやく日韓間に国交が樹立したのです。冷戦下で同じ西側陣営にあるとなりの国でありながら、14年もの歳月をかけ、のべ1500回の会談が行われた末の条約締結でした。このように時間がかかってしまったのは、何といっても日本の植民地支配に対する韓国の方々の不信の根深さに原因があると思われます。また李承晩政権時代以来の反日教育の影響は現在まで続いています。私には韓国の日本に対するコンプレックスの表れのように見えるのですが、どうでしょうか。日本の経済協力は功

を奏して、韓国はすばらしい経済発展をとげるのですから、もっと自信を
もって対等で柔軟な国際関係を築くよう、韓国の方こそ歴史を直視して事
実を事実として把握して欲しいと考えるのです。

<設問>

　　日韓基本条約締結にあたって、日韓の主張の隔たりがどういう
　もので、それをどう乗り越えて締結に至ったのか、まとめなさい
　（800字以内）。

資料Ⅱ-7-1　盧政権、歴史清算アピール（新聞記事）

2005年（平成17年）8月26日（金曜日）

盧政権、歴史清算アピール

これが「大平・金メモ」　62年11月に大平正芳外相と金鍾泌・韓国中央情報部長が作成した対韓経済協力に関する「大平・金メモ」写し

日韓条約 文書公開

戦争被害者 救済策を発表

【ソウル＝池田元博】韓国政府が二十六日、日韓国交正常化交渉に関する外交文書の全容を公開した背景には、歴史清算を主要課題に掲げる盧武鉉（ノ・ムヒョン）政権の政治的思惑がある。韓国内では植民地支配に伴う補償要求や日韓基本条約の再交渉を求める声が強まる可能性があるが、韓国政府は文書公開に併せて被害者救済の総合対策も打ち出し、歴史清算に取り組む「民主政権」を誇示するとみられる。（1面参照）

韓国政府は今年一月、日韓交渉に関する外交文書の一部を公開したが、これは戦争被害者らが公開請求訴訟を起こしたのがきっかけだった。今回の全容公開は政府の自主決定で、過去の植民地支配や軍事政権時代の過去の暗部、真相を明らかにすることで、国民を和解させる盧政権の路線にその評価を委ねようとする姿勢の表れとの評価もある。

特に今年は日本の植民地支配からの解放六十年でもあり、韓国内では「屈辱外交」ともいわれてきた日韓国交正常化の判断を下す。

日韓国交正常化をめぐる動き

1945年8月	● 日本敗戦、朝鮮半島解放
50年6月	● 朝鮮戦争ぼっ発
51年10月	● 日韓会談の予備会談開始
52年2月	● 第1次日韓会談開始
53年4月	● 第2次日韓会談開始
10月	● 第3次日韓会談開始
	→植民地支配を肯定する日本側発言で紛糾
58年4月	● 第4次日韓会談開始
60年10月	● 第5次日韓会談開始
61年5月	● 朴正煕少将主導の軍事クーデター
10月	● 第6次日韓会談開始
	→請求権金額、竹島問題で対立
62年11月	● 金鍾泌中央情報部長が訪日。対日請求権問題で大平外相と合意メモ作成
63年10月	● 朴氏が5代大統領に当選
64年春	● 野党や学生が「屈辱外交反対」など激しいデモ
6月	● 6・3事態。朴政権は戒厳令要求・国交正常化反対デモに対し非常戒厳宣布
12月	● 第7次会談開始
65年2月	● 椎名悦三郎外相が訪韓。過去を「深く反省」と表明
6月	● 日韓基本条約調印
12月	● 日韓基本条約発効

日韓では竹島（韓国名・独島）をめぐる領有権問題が国際司法裁判所では、日本が領有権を主張するのに対し、韓国は「独島は韓国固有の領土」だとしてつっぱね、問題解決は棚上げされた経緯が明らかになった。在日韓国人の地位や補償の問題でも、当初は普通の外国人と同等の扱いをめぐって交渉が難航した経緯をめぐる一連の交渉経緯を「頑張った」とみるか、「軟弱」とみるか。補償問題では、戦争被害者らの補償要求とともに請求権の解釈をあいまいにした韓国側を主張し、日本が、永住権付与を求めた形で決着した。

一方、日本に対しては韓国人のシベリア抑留者、従軍慰安婦、原爆被害者など、当時の交渉で補償問題に入れなかった被害者救済対策チームを作った被害者救済問題が高まる可能性がある。日韓交渉の経緯がくまなく明らかになったことで、日朝交渉の正常化交渉に影響が出る懸念もある。二〇〇二年九月の日朝平壌宣言では、過去の清算問題を韓国同様、経済協力方式で解決するとで合意したが、北朝鮮が補償問題などで解決方式を再び求めてくることとも予想される。

日本側の文書は外相「公開せず」

町村信孝外相は二十六日の閣僚後の記者会見で、韓国の外交文書公開について「それに合わせて日本側が公開する予定はない」と述べた。韓国の文書公開で「特段のコメントをする必要はない」と言及を避けた。

「再交渉の検討 現段階はない」

【ソウル＝池田元博】韓国外交通商省の李慧植次官は二十六日、日韓国交正常化交渉に関する外交文書の全容公開に際して記者会見し、「一部の部分で足りないという問題も起きているが、政府は現段階では再交渉は検討していない」と述べた。

資料Ⅱ-7-2
日本国と大韓民国との間の基本関係に関する条約

1965年 6 月22日調印、12月18日発効

　日本国及び大韓民国は、両国民間の関係の歴史的背景と、善隣関係及び主権の相互尊重の原則に基づく両国間の関係の正常化に対する相互の希望とを考慮し、両国の相互の福祉及び共通の利益の増進のため並びに国際の平和及び安全の維持のために、両国が国際連合憲章の原則に適合して緊密に協力することが重要であることを認め、1951年 9 月 8 日にサン・フランシスコ市で署名された日本国との平和条約の関係規定及び1948年12月12日に国際連合総会で採択された決議第195号（Ⅲ）を想起し、この基本関係に関する条約を締結することを決定し、よって、その全権委員として次のとおり任命した。

　　日本国外務大臣　　　　椎名悦三郎
　　　　　　　　　　　　　高杉　晋一
　　大韓民国外務部長官　　李　東　元
　　大韓民国特命全権大使　金　東　怍

　これらの全権委員は、互いにその全権委任状を示し、それが良好妥当であると認められた後、次の諸条を協定した。

第 1 条　　両締約国間に外交及び領事関係が開設される。両締約国は、大使の資格を有する外交使節を遅滞なく交換するものとする。また、両締約国は、両国政府により合意される場所に領事館を設置する。

第 2 条　　1910年 8 月22日以前に大日本帝国と大韓帝国との間で締結されたすべての条約及び協定は、もはや無効であることが確認される。

第 3 条　　大韓民国政府は、国際連合総会決議第195号（Ⅲ）に明らかに示されているとおりの朝鮮にある唯一の合法的な政府であることが確認される。

第 4 条(a)　両締約国は、相互の関係において、国際連合憲章の原則を指針とするものとする。

　　　(b)　両締約国は、その相互の福祉及び共通の利益を増進するに当たつて、国際連合憲章の原則に適合して協力するものとする。

第 5 条　　両締約国は、その貿易、海運その他の通商の関係を安定した、かつ、友好的な基礎の上に置くために、条約又は協定を締結するための交渉を実行可能な限りすみやかに開始するものとする。

第 6 条　　両締約国は民間航空運送に関する協定を締結するための交渉を実行可能な限りすみやかに開始するものとするものとする。

第 7 条　　この条約は、批准されなければならない。批准書は、できる限りすみやかにソウルで交換されるものとする。この条約は、批准書の

　　　交換の日に効力を生ずる。

　以上の証拠として、それぞれの全権委員は、この条約に署名調印した。
　1965年6月22日に東京で、ひとしく正文である日本語、韓国語及び英語に
より本書2通を作成した。解釈に相違がある場合には、英語の本文による。

　　　　　　　　　　　　日本国のために　　椎名悦三郎
　　　　　　　　　　　　　　　　　　　　　高杉　晋一
　　　　　　　　　　　　大韓民国ために　　李　東　元
　　　　　　　　　　　　　　　　　　　　　金　東　祚

（出所）鹿島平和研究所編『日本外交主要文書・年表（第2巻、1961-1970)』原書房、1984年、
　　　　569-572頁

第8講

日米関係・3：経済摩擦－オレンジ交渉

本講では日米間の経済摩擦について、オレンジ交渉を事例として学びます。

I　日米経済摩擦とは

　まず日米経済摩擦とはどういうものであったのか、その説明をいたします。日米経済摩擦の原因ですが、日本とアメリカとの貿易関係において、日本からアメリカに輸出されるものの総額が、アメリカから日本に輸入されるものの総額よりも大きいというところからきます。すなわち日本側の出超、対米黒字です（日→米＞日←米）。

　そもそも日米間の貿易量は1960年代から80年代にかけ大きく伸びました。1960年にはアメリカの対日輸出額がおよそ14億ドル、日本の対米輸出額がおよそ11億ドルと、ここではアメリカの方が多く日本に輸出しています。ところがこれが1980年頃にはアメリカの対日輸出額が208億ドル、日本の対米輸出額が307億ドルと大きく逆転しています。1960年代半ばに日米間の貿易収支の逆転が起きたとされ、それ以後も日本は順調に対米輸出を増やしていったのです。

　日本の経済はこのおかげで大きく成長したといわれます。1960年から1980年代にかけてアメリカの実質GNPは約2倍に増えたとされるのですが、日本は実質GNPを5倍にしたとされています。日本は世界第2位の経済大国として存在感を示すようになっていったのです。

　アメリカの貿易収支において日本からの輸出構成が大きく変化しまし

た。繊維のシェアは1960年には30.4%だったのですが、1975年には6.7%になり、鉄鋼は60年には9.6%だったのが75年に18.7%に、機械・自動車・船舶などが60年25.3%から75年53.8%と、大きな変化をとげました。なかでも自動車のアメリカ市場での販売台数は、1960年代は約2000台、1970年約31万3000台、1980年約190万台と飛躍的な伸びがありました。一方、アメリカから日本への輸出構成にはあまり変化がなく、農産物など一次産品が中心でした。

　日本にとって黒字はありがたいことですが、アメリカにとっては入超、つまり対日赤字であります。あまりにこれが大きくなると、やはり問題が起きます。アメリカから日本に入ってくる物は、主として農産物が多く、日本からは家電や機械、自動車などが輸出されましたので1件の金額が大きく、いくらたくさんアメリカの農産物を買っても、収支のバランスをとるまでにはなかなか追いつきません。それに日本にも国内の農民がいますから、彼等を保護するために無制限に多くの農産物を輸入することはできません。とはいえアメリカは無視できない友邦国であります。アメリカの農産物を買え、という日本との攻防には激しいものがありました。

　日米経済摩擦には時期によって主懸案の変遷がみられます。1960〜70年代は繊維をめぐって厳しいやりとりがあり、1970年代には鉄鋼、1980年代以降は自動車、半導体に関する摩擦がクローズアップされました。ここではオレンジ交渉を例にとって、アメリカとのやりとりを考えます。

Ⅱ　オレンジ交渉の経過

　1971年佐藤栄作内閣がグレープフルーツの自由化を行います。ところで皆さんはグレープフルーツは日本のスーパーで普通に買えると思っていますよね。私の子供の頃は、そうではありませんでした。日本にはない果物だったのです。私はたまたま祖父の知り合いがカリフォルニアにいて、そこからどっさりグレープフルーツを送ってきてくれたので、我が家ではそれを食べることができました。黄色い皮の下にある果肉は、濃い葡萄色で、まさにグレープの色でした。食べると酸味がなく、落ちついたノーブルな味わいで、日本の夏みかんとは全く異なったおいしさでした。

現在日本のスーパーで売られているグレープフルーツは果肉の色が薄くなって、あるいは黄色になっていますが、これは日本の消費者にあわせてアメリカの生産者が改良したのではないでしょうか。1960年代半ばに当時小学校低学年だった妹が、お弁当にグレープフルーツを持って行ったところ、クラスメートが葡萄色の果肉を気味悪がって「腐ってる」と騒ぎ出したとか。妹は「グレープ色だからグレープフルーツっていうんだよ！」と反論したのだそうです。日本人にとって葡萄色の果肉をした夏みかんのような果物は、気味が悪かったようです。

　そんな日本も、1971年の自由化以降、グレープフルーツが店頭に並ぶようになりました。グレープフルーツの輸入自由化に成功したアメリカはそれ以降、オレンジの「輸入割当」廃止を日本に求めてきます。輸入割当とは特定の業者のみが取引できる状態にして、量や輸入時期も制限する輸入のやり方です。オレンジはグレープフルーツと違って、国内でミカンのようにオレンジと似たものを生産している業者が多くあり、自由化は簡単ではありませんでした。また、思い出話を書きますと、私の子供の頃、オレンジは高級贈答品のイメージで、スーパーで安く買うものではありませんでした。化粧箱に入れて包んでお土産にする、というイメージです。たぶん国内のみかん生産者を保護するため、輸入の量を制限し、関税をかけて高く市場に出回るようにしていたのだと思われます。

　1977年秋にはアメリカのカーター政権と福田赳夫内閣の間で合意が成立します。すなわち1978年第一回目が輸入枠を従来の 3 倍・45000トンとし、その半数を温州みかんの端境期である 6 ～ 8 月に輸入することにしたのです。日本ではみかんはこたつに入って食べるイメージで、冬が最も出回る季節ですが、夏にはあまり出ません（最近はハウスみかんが出ますが）。そこで日本のみかんがあまり出ない 6 ～ 8 月に多くオレンジを入れることにしたのです。

　1978年12月には第二回合意が成立しました。すなわち輸入枠を1983年度分82000トンまで毎年増加させる、その半数は 6 ～ 8 月に集中して入れることにする、となりました。

　日本政府はアメリカの自由化要求を拒否する一方、輸入枠を拡大することで、アメリカの攻勢をのりきったのです。

Ⅲ　なぜオレンジが政治問題化したのか

　オレンジを完全に自由化したとしても１億ドルにもならない額であり、金額からすると日米間の貿易不均衡の是正にはほど遠いものです。なぜこれが政治問題化したのでしょう？

　一般にオレンジが政治問題化する理由として次の何点かが考えられます。

①衆参両院あわせて700名余りいる国会議員の半数近くを占める与党自民党議員のおよそ３分の２が農村地域を選挙地盤としていること。

②その自民党の票田であるみかんを中心とする生産者達が生産過剰を主たる理由にオレンジの自由化・輸入枠拡大に反対していること。

③みかん生産者が全国農業協同組合（農協）中央会を通して全国規模の反対運動を展開していること。

④全国の生産者には牛肉、落花生などみかん以外にも多数の生産者が含まれているので反対運動は高まらざるを得ないこと。

⑤生産者団体は自民党国会議員への投票と引き替えに自由化・輸入枠拡大反対の約束をとりつけていること。

　要するに選挙に落ちてまで国際社会の「正論」＝自由化、に組みすることはしない、ということです。大野伴睦という大物政治家が「猿は木から落ちても猿だが、政治家は選挙に落ちればタダの人」といっているのですが、政治家は選挙票が絡むとどうしようもありません。

　ところで政府・自民党はこうした説で一本化していたのでしょうか？また、この問題は「日本　対　アメリカ」という対立構図のみで解釈しうる問題なのでしょうか？実は日本側もアメリカ側もいろいろな立場の動きがあり、複雑でした。それを詳しく見る前に、日本の農業政策の決定過程を考えます。

Ⅳ　農業政策の決定過程

　日本の政策形成過程は通常、以下の図のように、政府・与党と財界と官

僚が影響しあい、この3者の間にコンセンサスがあってはじめて政策決定
が行われるとされます。

〔通常のモデル〕

政府

↗　　　↘

財界　　⇔　　官僚

　しかし、農業政策の場合、少し様相が異なります。先にみたように、政
府自民党は農村票を基盤にしているため、農業生産者からの要求を無視す
ることはできません。生産者からの要求を無視できずに国内農業の保護の
立場を取らざるを得なくなります。
　一般に官僚は政府寄りの立場をとり、財界は農業生産者の立場に批判的
ではあるのですが、これに政府・与党が歩み寄るとは限りません。いきお
い、政策の方向は保護主義的立場の生産者寄りとなっていくのです。農業
政策の政策形成過程を単純化して図式化すると下図のようになります。

〔農業政策のモデル〕

与党

↗　　　↘

生産者団体　　⇔　　農水省
（農協）

　この3者の間のおおまかなコンセンサス形成によって農業政策が決定さ
れ、展開されるのです。

第8講

Ｖ　アクター

１）政府与党

　生産者団体の圧力は、一般に「農林議員」を通じて政治に反映されます。「農林議員（農林族）」とは生産者の利益を代弁する存在でした。この農林議員にはおおまかにいって、次の二つのタイプがありました。

①生産者団体出身の参議院議員を中心とするグループ：

　彼等は農産物の自由化には大反対でした。ただ参議院議員だったこともあり、自民党内の影響力はそれほど大きいとはいえません。

②党農林部会長、総合農政調査会会長、農水政務次官、等の経験者の衆議院議員：

　例えば、中川一郎（オレンジ交渉時の農水相）、渡辺美智雄、浜田幸一、　江藤隆美、等名前をあげると思い浮かぶ大物政治家がいます。

　彼等は実行力に富み、党内の影響力は①のグループよりはるかにあり、総じて合理的農政観の持ち主でした。具体的には「食管赤字」（食糧管理制度の赤字、食糧需給安定のために、米などの主要穀物の生産・流通・消費を国が統制する制度が食管だが、この実行のための財政的赤字）を増やしても生産者米価の値上げに応じるべきではない、といった考えを持ち、経済摩擦問題にも広く柔軟な態度をとることができ、場合によっては対米譲歩もいたしかたなし、とするのです。

　与党自民党はこの問題の対応では、一枚岩ではなかったのです。

２）輸入業者

　それでは日本のオレンジ輸入業者はどうだったのでしょうか？オレンジは輸入数量が限られているため、高級贈答品に使われ、もうかる商品として高価格で取引されるものでした。このため輸入割当を受けている業者＝つまり政府からオレンジ輸入について割当をもらった特定の業者と、受けていない業者の自由化に対する対応が異なります。ちなみにオレンジ以外ではこんにゃくやピーナッツ、等が商社割当制をとっていました。

①輸入割当を受けている業者

　彼等はもうかるのです。オレンジの利益率は常に100％以上、場合により200％以上を記録することもあったとか。これではやめられませんね。自由化すればオレンジの値段は安くなるでしょうから、利益率は下がります。この業者にとって既得収益をおびやかす可能性のある自由化には反対なのです。

②輸入割当を受けていない業者

　彼等はもうかるオレンジは扱えませんので、レモンやグレープフルーツなどの輸入にまわらざるを得ませんでした。レモンやグレープフルーツでは利益率は5％以下だといわれ、オレンジの場合とは比べものになりません。この業者は、新規参入をねらうため自由化を促進することを望むのです。

　つまり業界内で立場により自由化への賛否に違いが見られたのです。

第 8 講

3）米国側　柑橘生産者

　それではアメリカの柑橘生産者はどうだったでしょうか。彼等が一致して日本のオレンジ輸入自由化を望んだかというと、そうでもありません。ここでも立場による違いが見られます。下の表は、オレンジとグレープフルーツの生産量と対日輸出額を、二大産地のカリフォルニア州とフロリダ州で比較したものです。それぞれ10のうちどのくらい生産・対日輸出しているか、その割合を表しました。

	カリフォルニア州	:	フロリダ州
オレンジ生産量	3	:	7
グレープフルーツ生産量	1	:	9
オレンジ対日輸出	10	:	0
グレープフルーツ対日輸出	3	:	7

　オレンジ生産量はフロリダが7でカリフォルニアが3ですから、圧倒的にフロリダが上です。しかし対日輸出では、カリフォルニアが10でフロリダが0ですから、対日輸出はカリフォルニアが独占していたのですね。と

ころがすでに輸入自由化されているグレープフルーツについては、生産量でカリフォルニア対フロリダが1対9で、対日輸出は3対7となっていて、フロリダもかなり健闘しているではありませんか。そこから考えると、フロリダとしては、自由化さえすればオレンジの対日輸出についてもカリフォルニアに負けないと考えたのではないでしょうか。これに対しカリフォルニアとしてはフロリダの追撃をかわそうという思惑があり、自由化されては困るということになります。

　つまりアメリカの生産者の間でも自由化に対する見解が一本化しているわけではなかったということです。

　これらを簡単にまとめると、下図のようになります。

	＜日本＞	＜米国＞
自由化 反対	みかん生産者 輸入業者 （割り当て有）	カリフォルニア州・ サンキスト社
	×	×
自由化 促進	輸入業者 （割り当てなし）	フロリダ州・ シールズスイート社

　このように日本でも、アメリカでも、輸入業者や生産業界の中で自由化に対する見解がそれぞれの立場によって、分かれていたということです。国際交渉の裏にはこのような国内各処のせめぎ合いがあるものです。政府の交渉をこのような視点で見るのも面白いかもしれません。私見では、現在コロナ騒動の最中ですが、これに対する日本の対応にもそのようなせめぎ合いが見られるように感じている次第なのです。

＜設問＞

次の用語の日本外交史上の意味を200字程度で書きなさい。
　①日米経済摩擦
　②輸入割当

第9講

日中関係・1

　本講から４回ほど戦後の日中関係を学びます。戦後中国が中華人民共和国として社会主義国家となったのは1949年10月１日のことでした。当時日本は占領下にあり、ようやくそれを脱したのが1952年４月のサンフランシスコ講和条約発効でした。しかし冷戦下で日本は西側資本主義陣営に位置付けられます。社会主義国であった中国との講和と国交はお預けとなり、1972年まで待たねばなりませんでした。

I　国交回復以前の基本関係

第9講

　日中間では20年以上もの国交なき関係が続いたのですが、この間両国はどのような関係だったのでしょうか。簡単にまとめます。

1）規定するもの

この間の日本の対中関係を規定したものをまとめます。

①サンフランシスコ講和条約：日本はサンフランシスコ講和条約により、独立を果たし、西側資本主義陣営の一員となりました。冷戦下でそうした役割を期待されたのです。

②日華平和条約：大陸の中国は社会主義国となりましたが、実際に日中戦争で日本が対峙していた蔣介石率いる中華民国は台湾に逃げ、そこで中華民国の旗を掲げていました。そして中華人民共和国と正統性－つまり自分たちこそが正統なる中国の政府である、という争いをしていたので

す。この中華民国（台北）対中華人民共和国（北京）の争いの中で、ど
ちらを承認するか選ばねばなりませんでした。日本はアメリカの圧力も
あって、台湾の中華民国を選んで承認し、台湾と平和条約を結びます。
日華平和条約（1952年）です。

③吉田書簡：台湾を選ぶ際に、アメリカのダレスから、台湾を選ばねば上
院で対日講和条約の批准を拒否する、といわれ、吉田茂首相がダレス宛
に平和条約の相手国として台湾を選び北京とは「二国間条約を締結する
意図を有しない」という手紙を出します。これが第一次吉田書簡といわ
れているものです。1951年12月24日のこの手紙は、長く日本の対中政策
の方向づけをしました。

2）基本政策

ではこうした中で日本はどのような対中基本政策をとったのでしょう
か？次にそれをまとめます。

①中国未承認：台湾の国民政府が中国を代表する唯一の合法的な政府であ
る、としましたから、大陸中国は認めませんでした。

②政経分離による貿易促進：政治と経済は分けて考え、政治的には大陸中
国と外交関係はありませんが、経済的には関係をもちたい、としたので
す。実際貿易関係は早くからあります。中国側はこの逆で、基本的に
「政経不可分」つまり政治と経済は分けられないとして経済関係の発展
を政治的に利用しようとします。

③国連中心主義：日本外交は常にこれを掲げていました。1971年まで台湾
が国連の議席を持っていました。中華人民共和国は国連に未加入だった
のです。日本はこれを日本が中華人民共和国を認めない理由の一つにし
ていました。

II　貿易関係

1）日中貿易協定

　日本は中国との間で政治的関係はありませんが「政経分離」原則を掲げ、中国大陸との貿易は行っていました。1952年から民間貿易協定を第1次から4次まで結んでいます。

　第一次貿易協定は1952年6月に結ばれました。サンフランシスコ講和条約締結直後に訪中した野党の国会議員が中国国際貿易促進委員会の南漢宸主席との間で成立させたものでした。ただ日本政府の措置は緩和されず、予定取引額3000万ポンドに対し、遂行率はわずか5％にとどまりました。

　第二次貿易協定は1953年10月に成立します。西欧諸国が対中貿易促進を図ったこともあり、日本政府も漸次措置を緩和し「積み上げ方式」による経済交流が進み、予定取引額3000万ポンドに対し遂行率38.8％となりました。

　第三次貿易協定は1955年5月に成立します。中国で第一次五カ年計画が始まり中国側の需要が増大し、日本からの輸出商品も多様化しました。遂行率は156.4％と跳ね上がりました。

　第四次貿易協定は1958年3月に一応調印されます。7000万ポンドと従来の3000万ポンドを大幅に上回る額を予定していたものの、中国の内外の事情や岸信介内閣の親台湾姿勢もあって、日中関係が冷却化していました。結局、歩み寄りが見られず、5月2日の長崎国旗事件（長崎のデパートの中国切手展で会場の中国国旗を日本の右翼青年が引き下ろした事件）の発生を契機として、5月10日に日中貿易全面中断となってしまいました。

　この間、政治的にも若干の動きが見られました。1955年4月のバンドン会議において戦前満洲重工業開発株式会社総裁となり戦後衆議院議員で通産相・経済企画庁長官等を歴任し、この時経済審議庁長官だった高碕達之助と周恩来首相が会談しています。周は高碕に「過去のことは忘れましょう」といったということです。また1955年9月には国慶節（中国の建国記念日）にあわせて日本の国会議員が全人代の招聘で初の訪中を果たしました。その際、毛沢東が彼等と会談し「過去のことは過ぎたこと、重要なの

第 9 講

は将来の問題」だと言ったのです。このようなことから考えて中国が1950
年代半ばから対日国交に意欲をもやしていたことは明らかです。

2）友好取引（友好貿易）

　着実に増やしていた貿易も長崎国旗事件をきっかけとして途絶えてしま
いました。しかしどうしても対中貿易が必要な業者の要望を受け、日本社
会党や総評が中国側に要請して、1959年から「配慮物資取引」が行われる
ことになりました。扱ったのは甘栗、うるし、中華料理材料等で30万ドル
程度の取引がなされました。

　さらに1962年には「友好取引」の議定書が締結されます。これは中国国
際貿易促進委員会と日本側友好３団体との間に締結されたものです。中国
側に友好団体などから希望商社やメーカーを推薦すると、中国が友好商社
として指定公表したものとの間に取引を進めるというものでした。この方
法では中国の指定する企業だけが取引可能となり、中国のイニシアティブ
による貿易形態のようですが、このような形でも貿易可能となったのは、
中国側の必要性が増したということかと思われます。中国では1950年代末
から60年代初めにかけて「大躍進政策」の失敗や、自然災害、中ソ対立に
よるソ連の援助打ち切り等が続き、経済の立て直しが急務だったのです。

3）LT貿易

　友好貿易はややもすると中国側の意向を忖度しすぎることになり、国
内に取引経路をもたない新設中小企業が主として関わることになり、貿
易規模の拡大に支障をきたす傾向がみえたため、高碕達之助衆議院議員
らが訪中し、準政府間協定ともいえる覚書を、廖承志中国アジア・アフ
リカ連帯委員会主席との間で結びました。廖はかつて中国の革命家であっ
た廖仲愷の息子で日本生まれ、中華人民共和国では対日工作の中心となっ
ていた人物です。1962年11月に廖承志事務所と高碕達之助事務所との間で
日中長期総合覚書が調印されました。廖と高碕の頭文字をとって「LT貿
易」と称されます。これは４年半ぶりの日中貿易再開の基礎となりまし
た。

　このLT貿易は1968年 3 月からMT貿易（覚書貿易）と名称を変えます
が、友好貿易と両輪で国交のない日中間の貿易をつなぐものとなりまし
た。

4 ）日中貿易の障壁となったもの

ここで日中貿易の障壁となったものをまとめます。

①国による保障がない

　なんといっても正式な外交関係をもたない国どうしの貿易です。不安定
な基盤にもとづくものであったことは貿易には大きなマイナスでした。

②第二次吉田書簡

　これは吉田茂が1964年に台湾の総統府秘書長官であった張羣に宛てた手
紙を指します。全文は未だ不明ですが、この当時ニチボーがビニロン・プ
ラントを大陸中国に輸出しようとしていました。プラントの輸出とは大き
なプロジェクトで、工場一式を輸出する、というイメージを思い浮かべて
ください。なにしろビッグプロジェクトですから、多額の資金が動きま
す。台湾にしてみれば日本が正式に中国として認めているのは台湾であ
る、という認識ですから良い顔はしません。この輸出に際し、日本輸出入
銀行の資金を使用して延べ払いにするか、という問題に対し、吉田は日本
としては輸銀資金使用を認めず「大陸との貿易は民間で、日本政府は大陸
への経済援助をつつしむ」との内容の手紙を台湾に送った、とされていま
す。
　大陸中国側はこれを知って非常に怒り、同書簡の破棄を迫ると同時に、
予定していた大陸へのプラント輸出は破棄され、約20件あった大口プラン
トの成約もこれによって中断される、という事態になりました。

③COCOM（ココム、対共産圏輸出統制委員会）

　資本主義国が社会主義諸国に対して輸出をする場合、これを統制する委
員会です。戦略物資を中心に禁止品目リストがあり、加盟国が社会主義国
にそのリストにある物を輸出する場合には、事前に委員会の全会一致の承

認をとることになっていました。

Ⅲ　自民党の対中国政策

1）自民党の外交政策決定機関

　ところで日本の対中政策を担っていた自民党の政策決定機構がどうなっていたのか、そしてどういった政策がなされていたのか、ここで見ていきたいと思います。

　自民党の党則によれば党の政策に関する「調査研究及び立案」を行うところは政務調査会になります。この調査会の中で実際の調査や立案作業にあたるのは行政官庁及び国会両院の常務委員会に対応する部会と政務調査会長の下に設けられる各種調査会ということです。この調査会の一つに外交調査会が通常設けられおり、党の外交政策を考え練ることになっています。政務調査会で立案された政策は、その上部決定機関である政務調査審議会の議を経て、総務会に提出され、その審議決定によって正式な党議となります。特に重要な問題の場合は、さらに両院議員総会や党大会の承認を得なければなりません。

　　　　　政務調査会－外交調査会
　　　　　　└党の政策に関する調査研究及び立案
　　　　→政務調査会審議会　→　　総務会

　つまり政務調査会とその下の外交調査会は党の外交政策立案のおおもとであって、きわめて重要な役割をもっているはずなのです。ただ実際の活動は貧弱で、政務調査会が現実には無力で、党の政策は、実は党執行部・幹部と反主流派実力者達との力関係で決定されてきたといわれています。また、政務調査会の名で発表された自民党の外交政策が、実は外務省作成の政府政策の引き写しにすぎないことが問題にされてきました。

　党の外交政策立案の中心的機関であるべく外交調査会は設置以来1960年代くらいまでは一貫して「タカ派」議員により支配されてきたとされています。たとえば1964年末の段階で同調査会がまとめた日本外交に関する中

間報告では、中国がアジアの平和に対する脅威となっていることを指摘し、日本は「自由陣営の優位を基調とした両陣営間のバランスを堅持」して、中国の国連加盟を阻止することを主張していました。これはだいたいにおいて当時の外務省の路線と一致するものでした。

　このように外務省追随になった原因は、外交調査会が政策の調査・研究・立案に必要な情報収集・分析を行うための人も組織も持たないことにあります。複雑な国際関係に対処するためには、何百人単位の外交専門家が必要であったのでしょうが、とてもそのような人員はいませんでした。こうした人手不足が外交調査会の政策の独自性の欠如や官庁依存となったのです。それは、党執行部の保守性と官庁追随によって一層補強されてきたといえます。

2）党内派閥

　こうして決定された外交政策が、党で一致した政策となるかというと、実際には党執行部の外交路線が挙党的支持をとりつけるのは非常に難しいことでした。その最大の理由は、自民党が思想や政策という点で様々な立場の人材を擁している多様な集団であるということにあります。それからもうひとつ、党内派閥の存在があります。

　外交問題について党内で論争があるとき、その意味するものが実は反主流派による主流派批判の手段であることも多かったのです。

　たとえば、1964年の佐藤栄作内閣成立直後に生まれた、アジア問題研究会（A研）とアジア・アフリカ研究会（AA研）との論争です。アジア問題研究会（A研）はタカ派の賀屋興宣らを中心とするもので、中国は好戦的で侵略性の強い国であると規定し、日中国交正常化や対中貿易における輸銀資金使用に反対の立場をとりました。一方、アジア・アフリカ研究会（AA研）はハト派の宇都宮徳馬らを中心とし中国は基本的には平和的民族主義国家であるとし、国交正常化をはじめ日中貿易や人的交流の促進を唱えたのです。

　両者の党内論争の激しさは、一時「一つの中国、二つの自民党」と揶揄されるほどに高まり、党執行部を追い込むこともありました。このような論争の底流には、外務省の現状維持路線に乗った党執行部・外交調査会の

政策と、これに対抗する反主流派の動きがありました。こうした派閥抗争の色彩を伴った党内論争の激化は、党の外交政策立案過程を不毛な混乱に陥れ、結果として自民党の対中政策はますます外務省依存型の政策になったのです。

＜設問＞

次の言葉の日本外交史上の意味を200字程度で説明しなさい。
　　①ＬＴ貿易
　　②第二次吉田書簡
　　③自民党外交調査会

第10講

日中関係・2：日中国交正常化

本講では1972年 9 月の日中国交正常化に至るまでの政策形成過程を学びます。

I　国際的背景

すでに前講で説明したように日本は戦後の冷戦下で1952年に日華平和条約を結び、台湾の国民政府（中華民国）を中国の正統な政権であるとして認めました。アメリカの極東政策に追随したのです。

しかし1960年代後半には国際状況が大きく変化していきました。それが日中関係に変化を促す最大の契機となりました。まずその国際情勢の変化をまとめます。

1）米中接近

1971年 7 月には「ニクソン・ショック」として世界を驚かせた出来事がありました。アメリカのニクソン大統領の補佐官であるキッシンジャーが極秘に北京に入り中国の周恩来総理と会談して、翌年のニクソン大統領の訪中が決定したと伝えられたのです。

日本の外務省にとってこれは寝耳に水の話でした。ワシントンにいた牛場信彦駐米大使から、国務省から翌年 2 月のニクソン訪中が伝えられたとの報告は受けたのですが、事前に相談や連絡もなく、アメリカの圧力で台湾を選び、アメリカに追随して対中政策を行っていた日本の外務省として

は「裏切られた」との思いを強く感じたようでした。

マスコミはいっせいに政府の外交政策を批判しました。当時は佐藤栄作政権の末期で、世界的に大陸中国が認められていく中で、台湾に固執して遅れをとった、と批判したのです。

本当に日本は米中接近を予測していなかったのです。中国は1960年代半ば頃から文化大革命（文革）で国内外の政策で極端な革命路線をとり、混乱していました。それが一段落したと中国政府が宣言したのが1969年です。とはいえ、混乱がすぐにおさまるわけではありませんでした。ただそんな中でも米中接近のわずかな兆しはあったようです。

中国側としては米中接近にはどのようなねらいがあったのでしょうか。

①ソ連の脅威：当時は中ソ対立が激しく、中ソの国境紛争であるダマンスキー島事件（1969年）等もあり、中国はソ連を主要敵に設定するのです。ソ連も中国も核兵器を持つ国ですが、一時、ソ連の核は中国に向けられ、中国の核はソ連に向けられている、といわれたくらい、緊張していました。中国の北の方の都市には、核シェルターが整備されているそうです。

②国内体制整備の必要：文革により国内経済は混乱し、すっかり落ち込んでしまいました。当時の中国は何よりそれを修復させる必要があったのです。このような状況で、中国としては二つの敵（米ソ）を抱えることはできないと判断したのでしょう。

③アメリカのアジアからの撤退：アメリカは1969年にグァム・ドクトリンを出し、アジアから引いていくことを宣言しました。実際70年代初めにはベトナム戦争から撤退します。こうなると中国にとってははるかにアメリカに対処しやすくなります。

④台湾の国際的孤立化：中国としては当時対立関係にあり、正統性を競っていた台湾を孤立化させることは国家的な戦略でした。

これらに加えて中国で毛沢東の後継者とされた林彪がクーデター計画に失敗しソ連に逃げる途中で墜落死した林彪事件（1971年9月）があったり、建国以来対外関係を一挙に司っていた周恩来の健康問題もあり、この時期に動いたようです。

ところで、アメリカ側はどう考えていたのでしょうか？アメリカはアジアからの撤退を宣言して、対中政策では動きやすくなりました。アメリカ

としても、中国とていつまでも「米帝国主義批判」はできないだろう、という読みがありました。実はそうしたシグナルを出し始めていたのです。

　例えば中国の呼称ですがこれまで、「Red China」（赤い中国）とか、「Communist China」（共産主義中国）としていたのを、中華人民共和国（People's Republic of China, PRC）と正式名称で呼ぶようになり、中国製品を200ドルまでアメリカに持ち込み可としたり、ルーマニアを通じて中国に接近を促したり、といった動きを見せていました。

　そして1971年4月に名古屋で行われた世界卓球選手権大会に文革後初めて中国チームが参加し、その最終日に中国がアメリカ卓球チームを中国に招待して関係改善のメッセージを伝えました。これは「ピンポン外交」と称されます。いわばアメリカのシグナルへの中国の回答でした。

2）中国の国連加盟

　もうひとつの大きな国際情勢の動きは中国の国連加盟です。それまで国連の議席は台湾が占めていました。これはもちろんアメリカの後押しがあったからです。

　この状況にアルバニア等が中国を加盟させようとしていました。中国の加盟は「重要事項指定」となっていました。重要事項に指定されると議決には過半数ではなく3分の2以上の票が必要となります。中国加盟には3分の2以上の賛成が必要だったのです。

　1970年頃には半数以上が中国国連加盟に賛成しました。71年には3分の2に迫ってきます。アメリカとしては台湾問題を考えないといけないということで、「逆重要事項決議案」を提案しようとします。この意図は3分の2以上の賛成がない限り台湾（中華民国）の国連脱退はできないとするものでした。アメリカとしては「台湾脱退」というマイナス面を強調し、それをしにくくする方が通り易いと読んだのでしょう。日本政府は「中華人民共和国の国連加盟には賛成するが、中華民国の議席追放には反対する」と表明していました。そこでこの「逆重要事項決議案」について、アメリカの共同提案国となり、アメリカに協力しました。しかしこの案は国連総会であっさり却下されてしまいます。

　結局、1971年秋に中国国連加盟が決定となり、台湾は脱退宣言をして退

場しました。日本外交はアメリカに追随したとはいえ、判断の甘さは明白
で恥をかいた、と国民から責められることになりました。

　日本外交は戦後はアメリカ追随で事なきを得ていたのですが、そのアメ
リカが変わり、また、「国連中心」を唱えていたのですが、国連の事情も
変わりました。日本外交の甘さを露呈したとはいえ、二つの足かせがとれ
た形となったのです。世界的流れに遅れをとった日本外交の対応を責めら
れた当時の福田赳夫外相は「表面ではわからないが、アヒルは水面下で足
をしきりに動かしているのだ」といった「アヒルの水かき」答弁をしてい
ます。日中国交正常化の流れは整ったといえましょう。

Ⅱ　国内的背景

1）ポスト佐藤

　佐藤栄作政権は以前本書でも指摘しましたが、この2020年8月に安倍晋
三政権に抜かれるまで日本の憲政史上最長不倒政権でした。それだけ長期
に政権を維持できたのは、佐藤の政治手法にあったと言われます。佐藤栄
作は「早耳の栄作」とか「人事の佐藤」とかいわれ、人事に気を配り、派
閥均衡の力学で長期政権を支えました。「待ちの政治」とか「天皇制リー
ダーシップ」などとも言われます。要するに自身は動かず、人を使うのが
うまかったということです。しかし佐藤政権も長期化し、国際情勢の変化
に遅れ気味であり、念願の沖縄返還を実現したことで佐藤内閣の命脈が尽
きたとされるのです。後継は誰になるのか？当時「三角大福の争い」とさ
れました。有力者－三木武夫、田中角栄、大平正芳、福田赳夫の4人の名
前の一部を並べたのです。

　　　　　　三　角　大　福　　　　の争い
　　　　　　木　栄　平　田

　佐藤栄作は後継総裁として福田赳夫を考えていました。福田は東大出の
大蔵官僚出身で、国会答弁のうまさでは定評があり、経歴・人脈共に申し
分ありません。次の首相の呼び声も高く、慎重派の佐藤は当然のように福
田を後継者にと考えていたようです。この時期日中関係を考えなければな

らないことは必然でしたが、佐藤にしてみれば「福田なら日中を慎重にや
るだろう」と考えていたはずです。佐藤内閣で福田は外相、田中は通産相
でした。外務省はアメリカとの関係を重視してきた都合上、対中慎重政策
でしたが、通産省は中国市場を考えて対中積極策でした。それらの官庁の
トップですから、福田と田中の対中姿勢は対照的でした。佐藤としては外
交は「これまでの政策の継続」が大切、と主張してきており、特に日中関
係に関しては、中国に足元を見られるような交渉は避けたいと考え、福田
に期待をしていたのです。

　ところが総裁選の結果は三木と田中と大平が三派協定を結び、福田の総
裁就任を阻止し、田中の勝利となりました。巷（ちまた）では福田有利と伝えられて
いたにもかかわらず、この結果となったことに福田は選挙という「民主主
義的」手段に対し「天の声にも変な声がある」と言ったとか。とにかく、
エリート福田は小学校卒で土建屋から政治家になり「今太閤」（いまたいこう）（下足番か
ら太閤にまで出世した豊臣秀吉になぞらえた表現）と称された田中角栄に
敗れたのです。

　ところで中国は田中総理誕生を歓迎しました。通産大臣として対中関係
改善の姿勢を見せていた田中だったら、国交回復をやりやすい、と考えた
ようです。

２）国内世論

　1972年に入る頃には日本社会はまさに「中国ブーム」到来、という雰囲
気にありました。朝日・毎日・読売・日経等の大新聞がことごとく中国と
の国交回復ムードを煽る報道をします。この年の元旦には各新聞がいっせ
いに「今こそ日中国交回復へ」といったキャンペーン記事を掲載しまし
た。中でも熱心だったのが『朝日新聞』で、朝日は他社に1年ほど先がけ
て日中国交回復のキャンペーンを行っています。こうした状態は、国際情
勢の変化の影響もありますが、中国側の日本のマスコミ操作の成果でもあ
ります。社会主義の中国は情報統制が厳しくいわばclosed society（閉ざ
された社会）でありますが、日本は情報が雑多に広まり統制もあまりなく
基本的にはopen society（開かれた社会）です。こうした社会が対峙する
時、情報操作をされやすいのは日本の側となります。つまり日本の方が中

238

国に操作されやすいということになるのです。この問題は次講でも具体例
をあげて触れようと思います。

Ⅲ　田中内閣成立

　1972年7月7日に田中角栄内閣が発足しました。田中は日中国交回復実
現に意欲満々で、「日中正常化への機は熟している」との田中談話を発表
しました。中国もこれにすぐに反応し、同日夜、周恩来首相がイエメン代
表団歓迎夕食会の席上でこれに触れ、「歓迎すべきこと」と述べたのです。
　さらに7月16日北京を訪れた佐々木更三社会党委員長に周は「田中首相
が北京を訪問することを歓迎」するとしています。貿易弁事処東京連絡処
を窓口として情報を集め、自民党内では「自民党日中国交正常化協議会」
が発足することになりました。

1）与党内親台湾派説得

　正常化を促進させるためには、まず自民党内の合意をとりつけねばなり
ません。そこで自民党内の親台湾派をどうにか説得する必要がありまし
た。
　日本人には「蔣介石総統恩義論」－つまり蔣介石に恩がある、という気
持ちを持っている人が多くありました。終戦時、蔣介石が日本に寛大で
あった、というのです。蔣介石は日中戦争で日本と戦った相手ですが、日
本が戦争中犯した数々の悪行に対し「報怨以徳」（うらみに報いるに徳を
もってせよ）と対日寛大政策をとった、日本の天皇制に対し日本人に任せ
るとしてその維持に貢献した、北海道へのソ連進駐に反対した、賠償金を
放棄した、等の数々の政策が日本の今日あることにつながっているのだか
ら、その恩を裏切ってはならない、という考えがあります。蔣介石には対
日寛大政策をとることにそれなりの計算があったのですが、日本にとって
これはとてもありがたいことであったことは確かです。大陸中国との国交
は台湾との断絶となる可能性が高く、台湾をどうするのか、という問題が
あるのです。

　さらに日台関係は非常に良好で、特に経済関係が太く、これをどうするのか、ということがありました。日本ではMade in Taiwan製品が多く出回り、例えば雑誌を台湾で印刷する、等ということも普通に行われていました。これに関しては従来の日台実務関係を維持させる、ということで説得します。結局、台湾との関係は「従来の関係が継続されるよう十分配慮のうえ交渉すべき」との前文を入れた正常化の基本方針を党議決定したのです。

2）台湾の説得

　その台湾自体の説得は難航が予想されましたが、日韓基本条約締結をまとめた「おとぼけの悦三郎」こと椎名悦三郎が特派されることになりました。田中首相も大平外相も、この難しい役割を椎名に任せる、となったのです。外務省の中江要介アジア局長が同行し台湾訪問となりました。中江さんには後に駐中大使となった時にこの時のお話をうかがいましたが、「いや〜あの時は大変でした。デモの中を通って、台湾の人々から卵を投げつけられましてね〜」と顔に投げられた卵をとるしぐさを何度もなさっていたのが印象的でした。台湾の人々からすると、台湾は見捨てられた、裏切られた、との思いがあったのだと思います。

　椎名は蒋介石の息子である蒋経国行政院院長と会談し、日本の事情を説明して台湾との関係維持を力説したのです。その際、高雄の高速道路建設援助の申し出をしました。蒋経国院長は「我々が今欲しいのは物でも金でもありません。真の友情であります」と応えたということです。

3）米国の説得

　アメリカも説得しなければなりませんでした。8月末から9月にかけてハワイで行われた日米首脳会談で、田中はニクソン米大統領と会談し、日米安保条約維持を再確認し、訪中がアジアの緊張緩和を促進すると力説したのです。

Ⅳ　田中訪中

このような段階を経て1972年9月末に田中総理訪中となりました。

1）懸案事項

懸案事項は具体的には次のようなものがありました。

①正常化の形をどうするのか、「平和条約」を結ぶのか、「共同声明」にするのか。

②台湾（日華平和条約）の扱いをどうするのか。

③賠償問題をどうするのか。

④日中関係の将来に関して、どうするのか。

このような問題はいずれもかなり調整が必要であったのです。実はこうした問題はすでに予想されていました。そこで動いたのが野党の公明党・竹入義勝委員長です。竹入が事前に訪中して、中国側の原則を探りました。この年竹入は田中総理誕生直前の5月に訪中し、7月には2度目の訪中を果たしています。そうした動きの中で、中国側の空気が厳しいということや、復交三原則（中国は一つ、台湾問題は中国の内政問題、日台条約＜日華平和条約＞は破棄すべし）の確認が行われました。この7月の訪中で周恩来は「中日共同声明」草案を示しています。コピーを求めた竹入に中国側は筆写を求め、これが「竹入メモ」として持ち帰られ、共同声明のベースとなりました。

2）日中共同声明

1972年9月29日「日中共同声明」が調印されました。懸案は条文で次のようになりました。

①戦争状態の終結：これについては「これまでの不正常な状態はこの共同声明が発出される日に終了する」とされました。

②中国政府の代表権：中国政府の代表権に関しては、日本政府が「中華人

民共和国政府が中国の唯一の合法政府」であることを認める、としま
す。

③台湾問題：台湾に関しては中華人民共和国政府は「台湾が中華人民共和
国の領土の不可分な一部」であると表明し、日本政府はこれを「十分理
解し、尊重」する、とします。日華平和条約については、条文では入れ
ず、大平外相が調印後の記者会見で日中国交正常化成立の結果として、
「その存続の意義を失った」とみなす、と日本政府の立場を表明するに
止めました。

④賠償問題：賠償に関しては、中華人民共和国が、「日本国に対する戦争
賠償の請求を放棄する」と宣言しました。

⑤将来の両国関係：これについては、主権及び領土保全の相互尊重・不可
侵、内政不干渉、平等及び互恵並びに平和共存の諸原則の基礎の上に平
和友好関係を確立し、国連憲章にもとづき平和的手段により紛争を解決
することを謳いました。

　しかし中国側の強硬な主張により「覇権条項」が入ってしまいます。ア
ジア・太平洋地域で覇権を求めるべきではなく、「このような覇権を確立
しようとする他のいかなる国あるいは国の集団による試みにも反対する」
とされました。当時は中ソ対立が激しかった時代で、これは明らかにソ連
を意識した条文とみられる恐れがあり、そのようにソ連を刺激するような
条文は、日本としては入れたくなかったのです。

　また、尖閣問題にはふれない予定でした。しかし交渉の席で良い気分に
なった田中首相が周恩来にこれを持ち出してしまいます。日本は尖閣諸島
は日本の固有の領土である、という立場で、実効支配しているのですか
ら、「問題にすらする必要がない」というのがたてまえです。周恩来総理
は日本の京都大学の井上清教授の見解を持ち出し、軽くいなしてこれに深
くは関わりませんでした。

第10講

Ⅴ　意義

　ここで日中国交正常化の意義をまとめます。まず一つは、日本における
中国論議に終止符を打ったことです。台湾との間で戦争終結を謳い、大陸

との関係が宙ぶらりんだったのですが、これでようやく大陸中国との関係を正常化し、隣の国家として関係を作っていくことができるようになりました。

二つ目は、台湾との関係が政治的に決着した、ということです。無論、台湾は表面的には激怒しました。しかし日本との間の実務関係の存続は台湾こそ望んでいて、それができることになり安堵したようです。

日本側には「交流協会」が作られ、それが2017年には「公益財団法人日本台湾交流協会」となりましたが、通常の大使館のような役割を果たして台湾との関係をつないでいます。また、台湾側には「亜東協会」が作られ、これは2017年に「台湾日本関係協会」となり、やはり双方の交流を行っています。日台関係はおおかた良好で、中国との距離に悩みながらも友好的関係を保っています。

全体的には、日中国交正常化は国際情勢の流れの中で、日本はこれに乗って勢いで成し遂げたようなところがありますが、冷静に見れば状況としては、中国側の方が日本との国交の必要性があり、真剣だったように思えます。当時の中国にとって、日本の経済力や技術力に期待するものは非常に大きかったのです。それなら日本はもっとうまく交渉出来たのではないか、とも感じますが、どうでしょうか。

＜設問＞

日中国交正常化過程を、日本をめぐる国際情勢や国内状況に留意しつつ、まとめなさい（800字以内）。

資料Ⅱ-10-1
日中共同声明（日本国政府と中華人民共和国政府の共同声明）

　日本国内閣総理大臣田中角栄は、中華人民共和国国務院総理周恩来の招きにより、1972年 9 月25日から 9 月30日まで、中華人民共和国を訪問した。田中総理大臣には大平正芳外務大臣、二階堂進内閣官房長官及びその他の政府職員が随行した。

　毛沢東主席は、 9 月27日に田中角栄総理大臣と会見した。双方は、真剣かつ友好的な話合いを行なつた。

　田中総理大臣及び大平外務大臣と周恩来総理及び姫鵬飛外交部長は、日中両国間の国交正常化問題をはじめとする両国間の諸問題及び双方が関心を有するその他の諸問題について、終始、友好的な雰囲気のなかで真剣かつ率直に意見を交換し、次の両政府の共同声明を発出することに合意した。

　日中両国は、一衣帯水の間にある隣国であり、長い伝統的友好の歴史を有する。両国国民は、両国間にこれまで存在していた不正常な状態に終止符を打つことを切望している。戦争状態の終結と日中国交の正常化という両国国民の願望の実現は、両国関係の歴史に新たな一頁を開くこととなろう。

　日本側は、過去において日本国が戦争を通じて中国国民に重大な損害を与えたことについての責任を痛感し、深く反省する。また、日本側は、中華人民共和国政府が提起した「復交三原則」を十分理解する立場に立つて国交正常化の実現をはかるという見解を再確認する。中国側は、これを歓迎するものである。

　日中両国間には社会制度の相違があるにもかかわらず、両国は、平和友好関係を樹立すべきであり、また、樹立することが可能である。両国間の国交を正常化し、相互に善隣友好関係を発展させることは、両国国民の利益に合致するところであり、また、アジアにおける緊張緩和と世界の平和に貢献するものである。

1　日本国と中華人民共和国との間のこれまでの不正常な状態は、この共同声明が発出される日に終了する。

2　日本国政府は、中華人民共和国政府が中国の唯一の合法政府であることを承認する。

3　中華人民共和国政府は、台湾が中華人民共和国の領土の不可分の一部で

第10講

244

あることを重ねて表明する。日本国政府は、この中華人民共和国政府の立場を十分理解し、尊重し、ポツダム宣言第八項に基づく立場を堅持する。

4　日本国政府及び中華人民共和国政府は、1972年9月29日から外交関係を樹立することを決定した。両政府は、国際法及び国際慣行に従い、それぞれの首都における他方の大使館の設置及びその任務遂行のために必要なすべての措置をとり、また、できるだけすみやかに大使を交換することを決定した。

5　中華人民共和国政府は、中日両国国民の友好のために、日本国に対する戦争賠償の請求を放棄することを宣言する。

6　日本国政府及び中華人民共和国政府は、主権及び領土保全の相互尊重、相互不可侵、内政に対する相互不干渉、平等及び互恵並びに平和共存の諸原則の基礎の上に両国間の恒久的な平和友好関係を確立することに合意する。

　両政府は、右の諸原則及び国際連合憲章の原則に基づき、日本国及び中国が、相互の関係において、すべての紛争を平和的手段により解決し、武力又は武力による威嚇に訴えないことを確認する。

7　日中両国間の国交正常化は、第三国に対するものではない。両国のいずれも、アジア・太平洋地域において覇権を求めるべきではなく、このような覇権を確立しようとする他のいかなる国あるいは国の集団による試みにも反対する。

8　日本国政府及び中華人民共和国政府は、両国間の平和友好関係を強固にし、発展させるため、平和友好条約の締結を目的として、交渉を行なうことに合意した。

9　日本国政府及び中華人民共和国政府は、両国間の関係を一層発展させ、人的往来を拡大するため、必要に応じ、また、既存の民間取決めをも考慮しつつ、貿易、海運、航空、漁業等の事項に関する協定の締結を目的として、交渉を行なうことに合意した。

1972年9月29日に北京で

日本国内閣総理大臣　　田中角栄（署名）
日本国外務大臣　　　　大平正芳（署名）
中華人民共和国国務院総理　周恩来（署名）
中華人民共和国外交部長　　姫鵬飛（署名）

第11講

日中関係・3：国交回復と財界・世論

本講では日中国交回復時の財界の動きと世論の役割に関して見ていきます。

I　財界の対応

1）財界の範囲

　まず「財界」といった場合、何を指すのかということを考えたいと思います。通常、財界という場合、企業や実業家、金融関係の社会をイメージしますが、それではあまりにも漠然としすぎていて、政策形成過程の分析には不向きです。具体的にイメージできるように、次のような範囲を考えました。すなわち、日本の経済四団体（経団連、日経連、経済同友会、日本商工会議所）を中心とする企業、業界指導者、経営者、です。このような団体は、何かあるとその会長が公にコメントを発表したりしていますので、政策に影響を与えているイメージがつきやすいのではないでしょうか。

　ところで、前々講で日中貿易に障害となるもの－国の保障がない、吉田書簡、ココム－を指摘しました。しかしそのような状態であるにもかかわらず、日中間の貿易は徐々にではありますが、増加していったのです。特に1960年に中ソ対立が世界的に明らかになって以降、増加のペースが速まります。そして1970年頃には往復7億ドルに達していました。特筆すべきはその貿易の伸びの多くが中国側の意向を反映する「友好貿易」によるものだったことです。準政府間貿易とされた「LT貿易」「MT貿易」は低迷しています。こうしたことは中国が「次の手」を誘発する下地となったと思われます。

246

資料Ⅱ-11-1　友好貿易とLT・MT貿易の推移

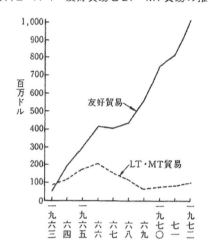

（出所）池井優先生還暦記念論集刊行委員会編『アジアのなかの日本と中国―友好と摩擦の現代
　　　史』（山川出版社、1995年）253頁

2）周四原則（周四条件）

　日本の貿易額全体からすると往復7億ドルというのは特に多い数字では
ありません。国交のない中で貿易を順調に伸ばしているように見えても、
中国としてはより多くのことを期待していたようです。貿易額もさること
ながら、日本が国交のない中国を相手に「政経分離」（政治と経済を分け
る、政治的に国交はないが、経済では交流をする）の方針で貿易を続けて
いたのに対し、中国の方針は逆に「政経不可分」で、経済的な交流から政
治的にも近接して関係打開の道を探りたい、というものでした。ところが
中国側の意向が色濃く反映するやり方である「友好貿易」がかなり増えて
いったのにもかかわらず、準政府間貿易の伸びは低迷していました。

　日本が政経分離原則で政治的に許す範囲で日中問題に対応しようとした
のに対し、中国側は貿易による政治的効果を期待していたのです。日本が
なかなか中国の戦略にのってこないことに業を煮やしたのか、1970年4月
に中国は突然「周四原則」（周四条件）なるものを日本に突きつけたので
す。それは次のような内容でした。

以下の商社との取引を拒否する。

1　南朝鮮（韓国）・台湾を助けようとするもの

2　南朝鮮（韓国）・台湾の企業に投資しているもの

3　ベトナム・ラオス・カンボジアへの米国の侵略戦争のために武器を送っているもの

4　日本における米系企業

　この発表において、住友化学工業が台湾と「大陸反攻」支援の共同声明に調印したとして攻撃、中国市場からの追放を指摘するとともに、三菱重工、帝人、旭ダウとの商談中止を明らかにしました。

　この時期、アメリカがアジアからの撤退を表明し、対中関係緩和のシグナルを送り初め、カナダやイタリアが中国承認に向けて交渉に入る等、中国にとって国際情勢が好転していました。中国としてはこの期に乗じて日本に揺さぶりをかけるねらいがあったと思われます。

　しかし政経分離で対中貿易を拡大してきた日本の企業にとって、いきなり一方的にこうしたことを宣言され、青天の霹靂だったようです。企業側は対応に追われます。

　周四原則の受け入れに関して時期を何段階かに分けて説明します。

①第一段階

　まず「周四原則」を発表と同時に受け入れた企業です。

　名指しされた住友化学をはじめ、鉄鋼・繊維・産業機械等、中国貿易の依存度が大きい企業のみがこの段階で受け入れを表明しました。鉄鋼では住友化学と同じく住友系の住友金属が受け入れを表明、これに日本鋼管、川崎製鉄、神戸製鋼が続きます。新日鐵は政治的配慮からか、周四原則を「尊重」するという表現にとどめたため、中国市場から一時期しめだされることになりました。

　肥料や鉄鋼の他、中国と取引の大きかった繊維、産業機械においてもいくつかの企業が受け入れました。

②第二段階

　第二段階は米中緩和等の国際情勢の変化の後追いという形で受け入れた企業です。中国をめぐる国際関係は大きく動きます。1970年秋には国連で

第11講

アルバニア案（中国招請・台湾追放）が過半数の賛成を得ています。71年4月米国が対中通商声明を行い、同年7月にはニクソン訪中発表がありました。このような情勢で、日本の企業にも「中国傾斜現象」が見られるようになるのです。

　トヨタ自動車は1970年12月には韓国企業との合弁会社設立を断念、社内で中国問題研究会や中国語の講習会を開いて準備しました。1971年4月に中国の卓球チームを率いて来日した王暁雲に自社工場の見学をさせ、ほどなく周四原則受け入れを表明しました。本田技研、スズキ自動車、ヤマハ発動機といった大企業がこれに続き受け入れを決定しました。注目すべきはこのあたりで中国側が態度を軟化させ、周四原則の適用範囲を緩和してきたことです。すなわち「台湾・韓国へ今後投資しない限り従来どおりの取引を認める」としたのです。こうなると日本企業にとってはずいぶん動きやすくなります。

　1971年7月のニクソン訪中発表をみて、新日鐵も周四原則受け入れを決定しました。

③第三段階

　第三段階は国連で中国が代表権を獲得して以降に受け入れを発表した企業です。ここまで周四原則を受諾していないのは、大手商社や経団連首脳でした。

　1971年10月25日国連で中国代表権が決議され、台湾は国連を脱退しました。これを見て、大手商社が動きます。同年12月伊藤忠商事が周四原則受け入れを声明しました。最大手の三井物産や三菱商事は社長談話で中国の国連加盟を歓迎し、中国貿易復帰の意向を表明しました。ただし周四原則に関してはふれないまま、台湾や韓国との取引を続け、結局これを受け入れるとしたのは翌1972年6月でした。

　また経団連は、71年12月の段階で、植村甲午郎会長がはじめてこの問題に触れ、「国連加盟が実現した以上、中国との国交の正常化ができるだけ早く進むことを期待している」と挨拶をしました。

　経団連が最後になった理由としては、会長レベルの首脳が、台湾や韓国と親しかったこと、中国貿易の利害を配慮しなければならない企業ではなかったこと、財界最大の利益代表機関として、国家の対外政策に反対した

行動を取りにくかったこと、等が考えられます。

3）財界の対応の特徴

ここで財界の日中国交回復時の対応の特徴をまとめます。

第一に、財界全体が巻き込まれた、ということです。このことは日ソ国交回復の場合と比較すると、顕著です。日ソ国交回復の場合には、水産業界が動き、農林大臣であった河野一郎に圧力をかけています。日中国交回復の場合、財界全体が動いたことによって、政策決定過程における極めて大きな圧力団体となったといえます。

第二に「中国主導型」であったことです。中国側の貿易は「友好貿易」のように政治的目的をはっきり打ちだしていることがわかります。また、周四原則を一方的に宣言するといった強引な手法は、日本では考えられないでしょう。もともと中国のように社会主義でclosed society（閉ざされた社会）と日本のように資本主義でopen society（開かれた社会）が交流する場合、情報操作の面でも政治的な操作の面でも、closed society　の方が、メッセージ性を強く打ち出せることがあります。こうしたことは善悪では判断ができませんが、日中国交回復に関しては、見事に中国主導で動いたということができるでしょう。

第三に、日本国内の地域差に関して触れておきます。周四原則を最初に受け入れた企業が住友化学や住友金属だったことでもわかりますが、従来から関西系の企業が中国貿易に熱心でした。関西は中国大陸に近いこともあり、戦前から中国との取引がさかんだったのです。このため関西では中国との貿易に早くから意欲をもやしていた企業が多く、国交回復過程でも関西系の企業が先んじて動いた傾向があります。

第11講

II　世論

1）世論と政策

次に日中国交回復における世論の役割に関して考えたいと思います。

D.C.ヘルマンという学者は世論を2種類に分けて考えるべきだとしています。2種類とは「世論の風潮」と「意識的世論」です。世論の風潮とはいわゆる大衆的雰囲気、ムードを指します。なんとなく皆が中国にいい印象をもったり、好きになったりすることで、とらえどころがないようなムードです。意識的世論とは、新聞や雑誌やしかるべき会合を通して表明される意見です。こちらの方は政策に一定の影響を与えるものである、とするのです。

　この見解には、ある程度説得力があると思いますが、日中国交正常化の場合、ここでいう「世論の風潮」によるムード作りが大きな役割を果たした、と感じています。

2）戦後の対中世論

　ところで世論の風潮の「世論」をどのようにとらえるのか、これはとても難しいのです。新聞社が行っている世論調査等はありますが、こうしたものは質問の仕方によってずいぶん答えが変わってきてしまうのです。たとえば、「あなたは中国と仲よくしたいですか？」と聞けば、「仲よくしたい」という答えは多くあるでしょう。しかし、「あなたは台湾やアメリカとの関係を切っても中国と仲よくしたいですか？」と聞いたら、答えはずいぶん違ってくるのではないでしょうか。つまり、誘導や操作が行われる可能性を排除することができず、また、感情的になりやすい問題に対して、その実際の傾向をとらえるのはとても難しいといえます。これはいわばアンケート調査の落とし穴であると思います。

　今回使うのは、長年行われている「好きな国、嫌いな国」という世論調査です。質問がシンプルですから、感情や複雑な事情を考える余地がなく、全体の傾向をつかむのに最適と思われます。

　次頁の資料Ⅱ-11-2で、日本人が嫌いな国をみると、ソ連が常に最も嫌いな方にきます。中国も嫌いが相当多くて、特に1966年くらいから68年くらいまで、最も嫌いな国になっています。これは中国の政策が極端に左傾化した文化大革命期にあたります。日本でも連日テレビニュースで文革の混乱が報道されていましたから、しかたないです。ところが1970年頃から急に中国が嫌いな人が減少し、73年にはこの4国（ソ連、中国、韓国、ア

資料Ⅱ-11-2　日本人が嫌いな国

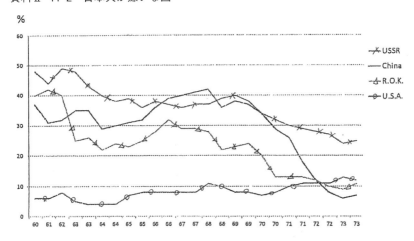

（出所）Robert A. Scalapino ed., The Foreign Policy of Modern Japan, Berkeley, University of California Press, 1977, p.124. より作成

資料Ⅱ-11-3　日本人の好きな国

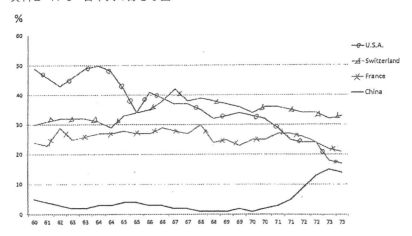

（出所）Robert A. Scalapino ed., The Foreign Policy of Modern Japan, Berkeley, University of California Press, 1977, p.125. より作成

第11講

メリカ）の中で最も少なくなっています。

　一方好きな国ですが、1960年代半ばまではアメリカが好きな人が多く、スイスやフランスといった国が上の方に来ていますが、中国は５％を下回る程度でうろうろしています。それがやはり70年くらいからぐっと上がってくるのです。なんだか国交回復の動きと歩調を合わせたようなグラフの傾向です。

３）マスメディアの役割

　このように世論の動向が動いたのはマスメディアの役割が小さくなかったと思われます。新聞が日中国交回復を盛り上げたことは前講で指摘しました。なかでも熱心だったのが朝日新聞です。朝日新聞は他社に先駆けて日中国交回復を主張しています。こうした朝日に代表される中国傾斜報道が確実に世論を盛り上げ、今こそ日中国交回復を！といったムードを作り上げていきました。

　朝日の場合、日中国交回復に関しては1970年頃からイニシアティヴを採り始め、報道を牽引していきます。これは明らかに世の中のムードを盛り上げ、それがまた、政府と大衆世論の双方に影響を与えたと考えられます。こうした動きに加え、財界の圧力があり、日本政府としても国交回復へ舵を切らざるを得なくなったのです。

４）中国報道の問題点

　しかし、中国報道には明らかに問題がありました。最後にこれをまとめます。

　第一に、すでに指摘していますが「閉ざされた社会」（中国）と「開かれた社会」（日本）との交流です。これはどうしても閉ざされた社会の方が主導権をとるようになりがちです。なにしろ情報量が圧倒的に違いますし、中国側は情報統制や政治的意図でのコントロールを行ってきます。日本のマスコミの操作すら、彼等はやってくるのです。

　第二に、この点、つまり中国側のマスコミ操作に関して触れます。有名な例ですが、産経新聞が「蔣介石秘録」というコラムを連載し始めたとこ

ろ、中国が、政治的正統性を競う「対抗馬」である台湾の蔣介石をとりあげるとはけしからん、ということで圧力をかけてきました。結局産経新聞の記者（特派員）は中国からしめだされることになり、産経新聞は中国に特派員をおけない時期が続きました。特派員をおくためには中国側の主張を書くしかない、という話になってしまいます。これは極端な例ですが、外国のマスコミの報道に対して中国が反論を加えることはよくあります。

　第三に、日本の新聞は多くは全国紙です。これでは数社の紙面が世論を主導することになってしまいます。一時いっせいに、新聞が中国との国交回復をすべしとの論調を載せ、国際情勢に遅れをとった日本政府の批判をしたことをよくおぼえています。佐藤栄作総理は「外交は簡単に路線を変えられるものではない、継続性が重要」といったことを説明するのですが、聞く耳をもたない記者達に嫌気がさしたようです。記者に「出て行け！」と言って、誰も記者のいない場所での記者会見を行っていました。今になり、佐藤政権の時にも日中打開ができないかさぐったことが明らかになってきましたが、当時そんなことはわかりませんでした。血も涙もなく、ただただ政府批判をしてくるマスコミに本当に嫌気がさしたのでしょう。ジャーナリストのあり方は現在も問題になっていますが。

　日中国交回復は、大衆的世論が政策決定過程に影響を与えた例であると結論づけてよいと思います。

＜設問＞

１，次の言葉の日本外交史上の意味を200字以内で説明しなさい。
　①日中友好貿易
　②周四原則（周四条件）

２，日中国交回復の際の財界の対応をまとめなさい（800字以内）。

第12講

日中関係・4：国交回復以降

　この講では日中国交回復後の日中関係について、特に日中平和友好条約の締結に焦点をあてながら解説します。

　国交回復以降の懸案には主に二つが大きな課題としてありました。一つは、実務協定の締結で、二つ目は、平和友好条約の締結です。実務協定の締結に関しては、国交正常化の際の日中共同声明で貿易・海運・航空・漁業等の協定締結に合意してあり、具体的な協定内容のつめが急がれました。平和友好条約に関しては、やはり日中共同声明に「両国間の平和友好関係を強固にし、発展させるため、平和友好条約の締結を目的として交渉を行なうことに合意」とあり、こちらもすぐにでも交渉を始めるかまえでした。

I　実務協定

　実務協定の一環として1974年1月に貿易協定が締結されました。そして、4月20日には航空協定が締結をみたのです。ただ、こちらは簡単にはいきませんでした。主に台湾との関係をどうするかに関して紛糾しました。

　航空協定交渉過程において、中国側が台湾の航空会社の飛行機である中華航空の同時乗り入れを拒否したのです。その上、中国は「中華航空」の社名変更と機体の青天白日旗（国民党の旗）を除去することを要求してきました。日本はこれに対し、日本としては中華航空を国家を代表する航空会社として認めていないし、青天白日旗を国旗と認めているわけではな

い、と表明し、なんとか条約調印となったのでした。

　しかしこのようなやりとりには、台湾の方が反発しました。台湾は協定調印日の４月20日に日台航空路線の停止を通告します。台湾との間は、外交関係は日中国交回復時に断絶しましたが、経済関係は日本にとっても台湾にとっても極めて重要でした。日台は交渉を重ね、１年以上たった1975年８月にようやく日台航空路線再開に漕ぎつけました。ただしその際、台湾の航空会社は、日本の正式の国際空港と認められている成田空港は使うことができず、羽田空港の発着のみが許されたのです。もっとも成田より羽田の方が都心に近く、使い勝手がいいとする人が多くいましたが。しかしこうした交渉過程と台湾に対する措置は、日本の中の親台湾派の反発を招きました。

Ⅱ　日中平和友好条約

1）争点

　このような航空協定交渉時の親台湾派の反対に直面し、日本政府は平和友好条約締結は時間をかけて行う必要がある、と考え始めます。ただ、中国側は早期締結を望んでいたようです。1974年11月中国外交部次官・韓念竜が来日、予備交渉を申し込んで、交渉を開始することになりました。

　この時には最大の争点が台湾問題になるだろうとの予想でしたが、これには触れないことで合意がなされ、締結は時間の問題だろうと思われました。ところが交渉は「覇権条項」をめぐって紛糾し、なかなか進まないということになったのです。

　中国側は「覇権反対」を条約に明記せよ、と求めました。このような覇権条項は1972年９月の日中国交正常化の際の共同声明にも、その前の２月に発表された「米中上海コミュニケ」にも含まれている外交の基本原則です。しかし中国はその後「覇権」をソ連の対外進出として反ソの意味で使い始めたのです。当時は中ソ対立が激しい時で、中国がこれに固執するのは、日本を反ソ勢力に引き込むといった意味が明らかでした。

　日本としては、中ソ対立に加担し対ソ関係悪化を引き起こすような条項

は入れたくない、というのがその立場です。事実ソ連は日中間の条約に関して、「覇権」のもつ意味には再三警告を発していました。交渉は難航します。

　この当時の国際情勢は、アメリカが1960年代末よりインドシナから撤退、75年にはベトナムから完全に手を引き、米中国交正常化を考える状態になったのです。アメリカとしてはこれに日中平和友好条約締結を加え、ソ連に優位に立つという戦略を考えていました。

　中国は中国で、ソ連のインドシナに対する進出に危機感を募らせていたのです。実際、中国は日中平和友好条約締結後にベトナムに侵攻して中越紛争が深刻化するという事態を引き起こしています。日中平和友好条約は、その名前の響きとは裏腹に、極めて政治性の強いものだったといえます。

2）日本国内の動き

　日本国内では、条約締結促進派と慎重派が入り乱れて対立していました。外務省は「全方位外交」（どの国とも友好関係を結ぼうとする外交）の立場から、覇権条項挿入に一貫して反対していました。

　政治家は、促進派は今こそ日中関係の安定化を図るべきとしますが、慎重派は覇権条項で中ソ対立に巻き込まれる恐れがある、台湾との関係はどうするのか、尖閣諸島（列島）の領有問題はどうするのだ、といった懸念を指摘してきたのです。この尖閣列島問題ですが、日本は歴史的に一貫して日本の領土としており、沖縄の一部であるとしていました。1971年沖縄が米国より返還されたことに伴い、完全な日本領となったのですが、1970年に同列島付近に石油資源が存在していることが発表されると、突然、中国と台湾双方が領有権を主張してきたのです。

　1975年1月に発表された中国新憲法に「超大国の覇権反対」が明記されており、ソ連をはっきり仮想敵国視するものとして、日本の対中態度を消極化させることになりました。

　覇権条項問題で動かない状況に、1975年11月に当時の外務大臣宮沢喜一が「覇権反対」に対する四原則を出しました。それは次のようなものでした。

第12講

①特定の第三国を対象とするものではない
②アジア・太平洋地区に限定しない
③共同行動を意味しない
④国連憲章の精神と合致する

　以上の認識が中国側に確認されれば、条文に明記してもよい、としたのです。しかし中国側はこれには応ぜず、強硬姿勢を崩しませんでした。当時中国は反ソ世界戦略を強化していたことや、中国指導部内の急進派（四人組）対実務派（周恩来ら）の対立があったことから、中国が柔軟な路線をとることはできなかったと思われます。

3）1976年の状況変化

　1976年は中国にとって大きな変化の年でした。1月には中国の対外関係を一手に取り仕切ってきた実務派の周恩来首相が亡くなります。そこで鄧小平副首相が失脚し、華国鋒首相が就任することになりました。

　9月には毛沢東主席が亡くなります。中華人民共和国建国の生みの親でずっとトップに君臨してきた毛の死で、情勢が一気に変わります。毛を後ろ盾としていた急進派の四人組が10月に逮捕されました。これ以降中国は実務的な路線へと動いていくのです。

　日本でも政権の交代がありました。この年の12月に福田赳夫内閣が成立します。福田はもともと親台湾派とみられていたのですが、就任早々日中平和友好条約の早期締結に意欲をみせるのです。1977年1月訪中した河野謙三参議院議長と、竹入義勝公明党委員長を通じて中国にその意思表示をします。

　1978年1月の福田の施政方針演説では「交渉の機は熟しつつある」とされ、これを受けて交渉再開の準備が整えられました。この時、日本では不況の最中で、対中貿易拡大を望む声があり、中国には文革による遅れをとりもどすためにも日本の科学技術や資本を導入する必要性がありました。

4）尖閣列島事件

　そんな時に水をさす出来事が起こります。中国漁船の尖閣列島付近の領

海侵犯事件です。1978年4月12日の出来事です。中国漁船100隻以上が同列島付近に領海で操業し、うちおよそ40隻が日本領海を侵犯したのです。彼等は「釣魚台是中国領」（尖閣列島は中国領だ）というプラカードを掲げるものもあり、上海や天津等遠隔地からの漁船も含まれていて、明らかに意図的侵犯であると思われました。

　日本はこれに抗議しますが、駐日中国大使館は「尖閣列島は中国領であり、侵犯はありえない」と突っぱね、漁船の退去に応じませんでした。

　しかし4月14日になり、王暁雲アジア局次長から「事実関係調査」をして、「日中友好に悪影響がないよう期待」する旨の発言があり、翌15日には耿颷副首相から「偶然の出来事」で「平和条約とは無関係」と伝えられます。結局16日から中国漁船の移動が始まり、4月18日には全て退去するに至りました。

　この事件で、日本では福田政権に対する揺さぶりであり、条約締結を早くなすべし、とする意見が出る一方、日本の領有を明確にしないまま条約締結を急ぐのはどうかといった慎重論も出て、交渉は停滞を余儀なくされました。しかし中国側が偶発事件として処理すると再三提示してきたこともあり、日本も尖閣列島事件を条約交渉から切り離すと決定したのです。

5）平和友好条約締結

　こうした交渉の停滞はありましたが、経済的立て直しを急ぐ中国と外交上の成果が欲しい福田赳夫政権との間で条約交渉が進み1978年8月12日に日中平和友好条約締結となりました。争点だった「覇権条項」は第二条として入れられました。

　「第二条　両締約国は、そのいずれも、アジア・太平洋地域においても又は他のいずれの地域においても覇権を求めるべきではなく、また、このような覇権を確立しようとする他のいかなる国又は国の集団の試みにも反対することを表明する」

　そして第四条にいわゆる「第三国条項」がつきました。

　「第四条　この条約は、第三国との関係に関する各締約国の立場に影響を及ぼすものではない」

　日本としてはできるだけ反ソ的なものにしたくなかったのですが、結果

第12講

として覇権条項が入り、かつその直後に第三国条項を置くこともできず、二条と四条で切り離されてしまいました。覇権条項では中国の強硬な主張に譲った形になりました。

　これに対し、ソ連は態度を硬化させ、「日本は中国に屈服して反ソを意味する反覇権条項を含む条約を締結した」と強く非難してきました。

　アメリカ政府関係者ははっきりしたコメントは避けましたが、日中米三国が提携してソ連に対抗できる協力関係の具体化として基本的には歓迎します。

　しかし尖閣列島問題はこの条約ではふれられず、後に残されることになりました。

Ⅲ　その後の問題

　その後の日中関係に関して、教科書問題とプラント輸出の問題のみ、簡単にふり返ります。

1）教科書問題

　1982年6月26日の日本の新聞で、社会科の教科書検定で「侵略」を「進出」に改めさせたり、天皇への記述の敬語使用が強調されるようになった旨が報道されました。中国では、当初は6月30日の『人民日報』に「歴史を歪曲し、侵略を美化する教科書検定」という簡単な記事が載った程度でした。ところがその1カ月後の7月26日に中国外交部が北京の日本大使館へ「歴史の真相を歪曲するものであり同意できない」と、正式に抗議したのです。

　これに対し日本は教科書の記述は民間の著作者に委ねられている、と中国に伝えます。しかし中国はこれに不満を表し「検定は日本政府の意思である」と述べます。日本は外務省と文部省の高官を中国に派遣し交渉しました。結局、中国は教科書検定制度は日本の主権にもとづくものであり、中国は口出ししない、としながらも、中国は過去の日本の行動により甚大な被害を被った、この認識で一致すべきであると表明しました。

　日本は宮沢喜一官房長官談話で「わが国としては、アジア近隣諸国との友好親善を進める上で、これらの批判に十分耳を傾け政府の責任において是正する」として記述修正に応ずる方針を明らかにしました。ですが、検定済み教科書については修正の方向を示すことを避けました。これに対し中国側は同意できない、としたため、日本は補足説明をして、中国はこれを受け入れ、ようやく決着となったのです。

　中国側がこの問題にここまでこだわったのは、中国の内政問題がからんだためと言われます。すなわち、国内向けに「独立自主の対外政策」を示すことや、青少年の歴史教育、共産党への支持獲得のために利用する、といった意味があったものと思われます。

2）プラント輸出とトラブル

　日中国交回復以降、日本と中国の間の経済関係が飛躍的に進展します。1972年以降大型のプラント契約が成立していましたが、そんな中で「四人組」といわれる極左グループが台頭し、周恩来ら実務派の政策を批判、75年から貿易の伸び率が大幅に落ち込むという事態になりました。しかし76年の毛沢東の死後、四人組が逮捕され極左路線は是正されることになりました。

　1978年2月日中長期貿易取りきめ書が調印されます。ここで1978〜85年にかけて中国から日本に原油等100億ドル前後が輸出され、日本から中国にプラント及び技術を70〜80億ドル、建設用資材等を20〜30億ドル合計100億ドル程度を輸出する、となりました。

　中国は1978年後半以降日本や西側諸国との間に巨額のプラントを契約していたのですが、特に日本とは日中平和友好条約締結という追い風もあり、国交回復前後の第一次中国ブームをはるかにしのぐプラントの成約がなされました。しかしこのような立て続けの巨額プラントの契約は、当時の中国の支払い能力を超えるものであったのかもしれません。問題が起きたのです。その最大のものが、新日鉄が受注した宝山製鉄所でした。

第12講

①宝山ショック

　宝山製鉄所は上海市郊外の宝山に、日中合弁で大型一貫製鉄所を建設し

ようというものです。第二期分を含め総額5200億円にのぼる巨額のプロ
ジェクトで、国交回復以来の日中友好のシンボルとして注目を集めていた
ものでした。

　ところが1981年１月中国側が宝山製鉄所第２期工事の他、石油化学プラ
ント等の契約を破棄すると一方的に通告してきたのです。突然のキャンセ
ルに日本をはじめ西ドイツやフランスなど関係諸国の反発は大きく、中国
も一律キャンセルという強硬策を緩和せざるをえなくなりました。日本に
とっても友好のシンボルであったプロジェクトの破棄は政治的にも経済的
にも望ましいものではなく、破棄された契約再開のためにも対中経済協力
を、という意見も出されました。結局日本は中国の資金協力要請を受け入
れ、さらなる3000億円の借款を供与することにしたのです。

②宝山ショック後

　宝山プロジェクトのキャンセル問題は、対中進出の難しさを認識させる
ことになり、これ以降日本企業の中国熱は急速に冷めていきます。しかし
1982年を底として再度貿易拡大に転じました。これ以降、貿易額は再び拡
大していったのです。また貿易の質にも変化が見られるようになります。
1980年代後半からは日本の対中輸入が増加する傾向に転じます。そして90
年代に入ってから円高を背景として、日本企業の生産拠点の移動の対象と
しての対中進出が一層進みます。機械、機器、自動車などから流通小売業
まで多様な企業が中国に進出するようになりました。

　ただこうした進出の一方で、現場のトラブルは増加しました。また、
2000年代に入ると中国の労働者の賃金が高騰し、対中進出のうまみが薄れ
たとして、中国以外のベトナムやインド、他の東南アジア諸国への進出を
考える企業も多くなっているのです。

　現在は中国は世界第二位の経済大国になって、お金の力もあって政治的
にも経済的にも世界中でその存在感を高めています。中国とどう向き合う
か、これは現在も未来も日本にとって大きな課題なのであります。

＜設問＞

次の用語の日本外交史上の意味を200字程度で書きなさい。

① 覇権条項

② 尖閣列島（尖閣諸島）

資料Ⅱ-12-1

日中平和友好条約（日本国と中華人民共和国との間の平和友好条約）

1978年（昭53）8月12日署名，同年10月23日発効

日本国及び中華人民共和国は、

1972年9月29日北京で日本国政府及び中華人民共和国政府が共同声明を発出して以来、両国政府及び両国民の間の友好関係が新しい基礎の上に大きな発展を遂げていることを満足の意をもつて回顧し、

前記の共同声明が両国間の平和友好関係の基礎となるものであること及び前記の共同声明に示された諸原則が厳格に遵守されるべきことを確認し、

国際連合憲章の原則がジュに尊重されるべきことを確認し、

アジア及び世界の平和及び安定に寄与することを希望し、

両国間の平和友好関係を強固にし、発展させるため、

平和友好条約を締結することに決定し、このため、次のとおりそれぞれ全権委員を任命した。

日本国　　　　　外務大臣　　園田直
中華人民共和国　外交部長　　黄華

これらの全権委員は、互いにその全権委任状を示し、それが良好妥当であると認められた後、次のとおり協定した。

第1条

1　両締約国は，主権及び領土保全の相互尊重，相互不可侵，内政に対する

第12講

相互不干渉，平等及び互恵並びに平和共存の諸原則の基礎の上に、両国間の恒久的な平和友好関係を発展させるものとする。

2　両締約国は，前記の諸原則及び国際連合憲章の原則に基づき，相互の関係において，すべての紛争を平和的手段により解決し及び武力又は武力による威嚇に訴えないことを確認する。

第2条　両締約国は，そのいずれも，アジア・太平洋地域においても又は他のいずれの地域においても覇権を求めるべきではなく，また，このような覇権を確立しようとする他のいかなる国又は国の集団による試みにも反対することを表明する。

第3条　両締約国は，善隣友好の精神に基づき，かつ，平等及び互恵並びに内政に対する相互不干渉の原則に従い，両国間の経済関係及び文化関係の一層の発展並びに両国民の交流の促進のために努力する。

第4条　この条約は，第三国との関係に関する各締約国の立場に影響を及ぼすものではない。

第5条

1　この条約は，批准されるものとし，東京で行われる批准書の交換の日に効力を生ずる。この条約は，10年間効力を有するものとし，その後は，2の規定に定めるところによって終了するまで効力を存続する。

2　いずれの一方の締約国も，1年前に他方の締約国に対して文書による予告を与えることにより，最初の10年の期間の満了の際又はその後いつでもこの条約を終了させることができる。（中略）

　　　　　　　　　　　日本国のために　　　　　　　　園田　直
　　　　　　　　　　　中華人民共和国のために　　　黄　　華

（出所）『外交青書 23号』、363-364頁

第13講

日韓関係・5：国交回復以降の主要問題

　この講では1965年の日韓基本条約締結以降の日韓関係に関して特に1970年代80年代を中心としていくつかの主要問題をまとめます。

I　経済協力問題

　朴正煕（パク・チョンヒ）大統領が韓国国内世論の強い反対をおさえて1965年に日韓国交正常化にふみきった最大のねらいは国民経済の再建にありました。すでに日韓国交正常化過程を学んだ講で指摘していますが、当時の韓国は一人あたりGNPが92ドル程度（１年間です。為替レートや物価の違いを考えても貧しさは明らかで１年間これでどうやって生きていくのでしょう？）で、しかも台風や干ばつで米が凶作、為替レートを切り下げざるを得ない状況でした。大統領としては国民をいかにして食べさせるか、これを考えるのが先決でした。

　つまり「国力培養」が必要で、そのために高度経済成長政策をとることにするのです。これを実行するためには日韓の経済協力が不可欠であると考えます。すでに紹介していますが、朴大統領は高度経済成長政策遂行に必要な資金として「対日請求権」により日本から得られる資金を考えていたのです。「日本からは交渉によって堂々と韓国が受け取るカネがあるではないか。」と朴大統領が義弟に述べていたことは紹介しました。

　結局、1965年の日韓国交正常化の一環として「財産および請求権問題の解決ならびに経済協力に関する協定」が結ばれ、当時のお金で有償無償あわせて５億ドルが韓国へ支払われることになったのです。この請求権協定

にもとづく有償資金協力は1975年11月の浦項総合製鉄第二期工事関連調達費の貸付2億1400万円をもって全額の供給が終了しました。

その後は漸次民間ベースに切りかえられ、1970年代後半からも毎年200億円弱程度の資金協力がなされています。こうした資金協力は、韓国の農業振興、超高圧送電施設、ダム建設、医療施設、教育施設、の拡充などを対象としていました。このような経済協力は概して順調に進んで、韓国の経済発展と民生の安定に寄与したといえ、韓国がNIES（新興工業経済地域）と呼ばれるようになる工業発展に貢献したといってよいと思います。その反面、「日韓癒着問題」（日韓の政治家がつながっていて双方で利権をむさぼっている問題。金大中事件の決着やソウルの地下鉄建設の際にお金が動いたとされるが、真相は不明な点が多い）が指摘され、批判の対象にもなりました。

Ⅱ　貿易不均衡

韓国の高度成長政策は「外資の導入」と「輸出の伸長」、を柱としたものでした。そのこともあり、日韓間は常に日本から韓国にいくものが、韓国から日本にくるものよりも多い（日→韓＞日←韓）という状態でした。つまり韓国側の入超、日本側の出超、です。結果的に韓国は対日赤字を抱え込むことになったのです。韓国の1966〜80年の貿易赤字累積額は300.6億ドルで、そのうち日韓貿易の赤字が200.6億ドルとなっており、68.7％にのぼりました。

このように対日赤字が増えた要因はどこにあるのでしょうか？この頃の日韓関係を考えた場合、次のような要因が考えられます。

①韓国の重化学工業化政策：後発の資本主義国家である韓国は重化学工業化の推進にあたり、機械類・工業原料の輸入で日本に依存せざるを得なかった。

②対日輸出品が日本と競合：韓国の日本向け輸出品の大部分が第一次産品および軽工業品であったため輸出面では日本と競合してしまう。一方で日本からは機械類や工業原料が輸出されるため、貿易不均衡が生まれる。

③地理的・文化的近接：韓国は地理的にも近く、文化的にも日本に近いものがある。工業製品はメンテナンスが欠かせないが、日帰りで行き来できる位置にあることは大きな強みである。また、日本語を解する人が多く、交渉も楽である。

　このような貿易不均衡は一気に解決することは難しかったのです。1985年6月に韓国政府が発表した対外債務の総額は443億ドルで、この段階の韓国の日本経済への依存度は、GNPの17％が対日輸出で、輸出総額の40〜42％が対日輸出となっていました。韓国はアメリカに対する貿易は好調で、貿易黒字となっていましたが、この頃には対米黒字と対日赤字が30億ドル前後と同額程度になっていて、対日赤字を対米黒字で埋めているようなことになっていました。そこで韓国政府は、強引に対日赤字を解決しようと、日本に依存している輸入品の輸入先を欧米に振りかえようとしたことがあります。政府主導でこれが行われたのですが、結局あまりうまくいかず、いつのまにかもどってしまいました。

　近年は韓国が発展し、自国で素材や部品を輸出できるようになり、東南アジア等の第三国での日韓の競合が激しくなっています。日韓間の貿易は一時と比べ停滞しており、日本の対韓直接投資の質が、それまでの製造業の第三国輸出拠点をつくることから、韓国企業の需要に対応するためのものや、韓国国内消費市場をターゲットにするものへと変化してきています。

Ⅲ　金大中事件

1）経過

　実は韓国に無関心という日本人が多かったのですが、金大中事件で大きく取り上げられ、一気に日本人の間に韓国という国に対する関心が高まりました。その顛末はまさに何かのスパイドラマをみているかのような…現実にこのようなことが起きるのだろうか、と思うようなものでした。

　1973年8月に新民党所属大統領候補・金大中（キム・デジュン）氏が東京のホテル（グランドパレス）から拉致されたという事件です。後に金大

中氏が自ら流ちょうな日本語で語ったところによると－ホテルの部屋でいきなり誰かにハンカチのようなもので口をふさがれ、意識を失った。気づいたら海の上だった。フェリーのような小さな船でどこかに運ばれていた。周りを囲んだ男達が、何やらやろうとしていて、海の上で死を覚悟したところ、遠くから飛行機が飛んできた。それを見た男達はちりぢりに逃げ出し、自分は救出された－この飛行機は日本の海上保安庁の飛行機だったようです。おそらく金氏は東京のホテルで麻酔をかがされ、気を失っているうちに日本海側に運ばれ、日本海を船で韓国方面に運ばれる途中だったと思われます。金氏の話では途中の海上で金氏は殺され、海に放り込まれるところだったようだが、日本の飛行機に救われた、ということです。

　金大中氏は当時の韓国大統領・朴正熙の対抗馬でした。国民に人気もある人で、朴陣営の側が選挙の前に彼を無き者にしようとしたのではないか、と、あまり政治に興味がない人でも憶測してしまいそうです。ともあれ、こんな事件を起こされた日本は、日本にいた者を出入国の管理を無視して連れ出して大きな事件としたということで「主権侵害」として韓国に抗議、外交問題になったのです。

　この事件は日本で大きく報道され、それまであまり話題にならなかった韓国の事に日本人の関心を集めることになりました。事件は1973年11月に金鍾泌（キム・ジョンピル）国務総理が朴大統領の親書をもって来日し陳謝するということで一応の決着をみたのです。その際、「金大中氏は出国を含めて一般市民なみに自由である。日米両国に滞在中の言動について韓国は責任を問わず」ということで、両国間で了解されました。このように一応の政治決着がつけられたのですが、日本国民には朴正熙政権に対してあまり良くないイメージが植え付けられました。

2）朴大統領狙撃事件

　金大中事件からちょうど1年ほどたった1974年8月に今度は朴大統領が狙撃され、夫人が殺される、という事件が起きました。韓国の8月15日は日本の植民地支配から解放された日ということで「光復節」という祝日になっています。この行事に参加していた朴正熙夫妻が狙撃され、夫人の陸英修女史が亡くなったのです。犯人はその場で捕まったのですが、在日韓

国人青年「文世光」でした。文は北朝鮮系の在日青年で、朝鮮半島の「赤化統一」をめざして大統領暗殺を計画したとか、大阪の朝鮮総連が暗殺を指示したとか、されていますが、本当のところはよくわかりません。とにかく犯人が在日であったことから、韓国ではたちまち反日運動が激化し、ソウルの日本大使館乱入事件にまで発展し、日韓関係は一時断行寸前とされるほど緊張しました。ですがこれも1975年7月までに外交レベルでの決着がなされました。

　このように外交レベルではなんとか決着をさせてきたのですが、日本においてはこれらの事件の後に一定のイメージが定着することになりました。それは朴正煕＝独裁者で、金大中＝民主主義者、といったイメージです。日本ではこれらのイメージにしたがって金大中氏支援運動が拡がっていったのです。これが単純な色分けだったので、韓国の現状からずれてしまったきらいがあります。朴正煕の後に誰が政権の座に就くのか、というときに、当時3金といわれていました。すなわち、金大中と金鍾泌と金泳三の3名が有力とされていたのです。その中で日本人に人気がある金大中氏は最も「過激」路線ということでした。またこの3名では支持層や地盤が異なり、単純に金大中を応援する人のみが多いわけではありません。穏便な路線を願う者も多くいました。日本人の中に起きた熱心な金大中支援運動は、時には韓国国民と日本人のイメージの乖離を知らしめることにもなってしまったのです。

Ⅳ　安全保障問題

1）日本政府の基本認識

　日本政府の基礎的な認識は一貫して日韓の安全を一体とみる、というものでした。それはたとえば1969年11月日米会談（佐藤－ニクソン）における共同声明に「韓国の安全は日本自身の安全にとって緊要である」として表明されています。これがいわゆる「韓国条項」です。

　その後1975年8月の三木・フォード会談、1977年3月福田・カーター会談等を経て「朝鮮半島における平和と安定は日本自身の安全にとって緊要

である」と、地域が拡大されて「朝鮮条項」となりました。こうした認識
はことあるごとに日本は発信しています。

　たとえば1969年7月にニクソン・ドクトリン（グァム・ドクトリン）が
出され、アメリカがアジアからの撤退を表明します。実際、アメリカはイ
ンドシナ半島から引いていったのです。これにもとづいて1977年1月にア
メリカは在韓米軍撤退計画を表明しました。韓国は朝鮮戦争以降、北緯38
度線で北朝鮮と対峙している状態なのですが、これを支えているのが米軍
です。米軍がいなくなったらどのようにして韓国という国が存在できるの
か、韓国人はこのように考えるのです。いきなり出された在韓米軍撤退表
明に韓国人は仰天します。韓国では大騒ぎになりました。

　日本はこの状況に「この地域の平和と安全を損なわないような形でとり
進められることが重要である」とコメントしています。

2）南北対話促進の環境作り

　もうひとつ日本が一貫して表明してきたことが、南北対話の促進のため
の環境作りに努力する、ということでした。たとえば1971年7月に米中接
近が発表された時のことです。アメリカ大統領が中国を訪問するという突
然のニュースに、日本が事前にこの情報をもらえず大きなショックを受け
たことはすでに日中国交回復のところでやりましたが、韓国のショックは
それ以上のものがありました。古来から大国の恣意的振る舞いに翻弄され
てきたという思いを持つ韓国としては、「またも大国に翻弄されるのか！」
といった感情や疑念が突き上げたようです。これを契機として、それまで
停滞していた南北接触をさぐる動きが出て、1971年9月から南北赤十字予
備会談となり、1972年7月には南北共同声明が出され、ここで朝鮮半島の
「自主的平和統一」が掲げられました。危機意識が朝鮮戦争後初の南北会
談の道を開いたのです。こうした動きに対し日本でも1972年9月第六回日
韓定期閣僚会議以降「南北対話の促進」が強調されるようになりました。

V　その後の流れ

　ここでは主として1980年代の動きをみます。1979年にそれまで大きな権力をもって韓国の経済発展を牽引してきた朴正煕大統領が側近に至近距離から撃たれ、暗殺されるという衝撃的出来事がありました。この年、韓国の貿易額は大きく落ち込み、日韓関係は冷却化しました。朴暗殺後臨時大統領になったのは国務総理（首相）をしていた崔圭夏（チェ・ギュハ）です。この崔圭夏さんも日本との関係が深く、日本統治時代の朝鮮半島で生まれ、高校まで出た後、東京高等師範学校（現筑波大学、当時は茗荷谷の拓大のすぐ近くにありました）を1941年に卒業しています。その後満洲国の大同学院で学び、終戦前後に京城師範大学教授となったのですが、戦後すぐに官僚となり活躍しました。外務部次官や外相をやったことから、外交分野に強いイメージがあります。

　その経歴から日本人の知人が多く、穏健派でしたから、混乱の中で彼が大統領に就いた時には、ほっとした日本人が多かったと思われます。私は韓国に1983年に留学していましたが、留学中に下宿していた家の周りを散歩していたところ、とてもきれいで立派な家があって、「は〜、立派だな〜」と思って表札をみたら「崔圭夏」とあったので、びっくりしたことがあります。それでも崔圭夏さんは歴代の大統領の中では質素で穏健な人柄で知られ、韓国の大統領は在任中に暗殺されたり亡命したり、また大統領を退くと急に摘発され親族や本人が逮捕や自殺に追い込まれるといった厳しい立場に置かれる者が多い中で、ほぼ唯一難を逃れたとされている人物です。

　この崔圭夏さんの後に大統領に就いたのが軍人の全斗煥（チョン・ドファン）です。軍内部で反乱が起きてクーデターを起こしたのです（粛軍クーデター）。1980年5月に非常戒厳令が敷かれ、崔大統領は8月に辞任、9月に全斗煥が大統領に選出されます。大統領選挙が行われたのは翌1981年2月で3月に第12代大統領としての全斗煥政権がスタートしたのです。これらの混乱の中で日韓関係は冷却化し、韓国経済は低迷しました。これ以後ようやくそれを修復する軌道にのせるべく時がきたのです。

　1981年5月鈴木・レーガンによる日米首脳会談の際、鈴木善幸首相は

「韓国に軍事援助はできないが、技術、経済協力を一層努力する」旨を述べ、西側諸国全体の政治的役割の分担として対韓援助を拡大していく方針を表明しました。この一見何気なく見える発言は、その内容をめぐって議論となっていくのです。

1）安保経協論

　全政権にとって経済再建は喫緊の課題でした。そこで韓国側は安保認識に基づく対韓経済協力を日本に要請してきました。どういうことかというと、韓国の存在は日本の安全保障にとって非常に有益なのだから、日本はお金を出してくれ、という論理です。こうした議論は安全保障がらみの経済協力＝「安保経協論」であります。この論理で韓国は1980年から実施している第一次５カ年計画の５年間にわたり60億ドルの公共借款を日本に要求してきたのです。これに対し日本は安保がらみの経済協力には応じられない、として双方の見解は平行線をたどりました。

　こうした日韓双方の見解のズレは、日本が日韓関係を従来の関係の延長線上としてとらえ、対応しようとするのに対し、韓国は日韓を日米韓３国関係の一環としてとらえ、役割分担を強調しようとする傾向があることや、韓国で日本統治時代に日本語で教育を受けた世代が少なくなり、米国で学んだ者が政治を動かす時代になって、強烈なナショナリズム教育が前面に出るようになったこと、等からきていたようです。

　何より全政権にとって経済再建は極めて重要で、政権の安定・強化のために何としてでも日本の経済協力を得たい、と考え、日本のウィークポイントともいえる「安保カード」を切ってきたといえます。

　このような韓国側の無理難題ともいえる要求に対し、日本側はねばり強い交渉で妥協点を見出していきました。たとえば、韓国が韓国の存在が日本の安全保障にとって重要なのだから○○億ドルくらい出してくれと、おおざっぱに責めてくるところを、○○プロジェクトにいくら、××援助にいくら、と懸案をしぼって交渉をしたようです。

　1982年11月に中曽根康弘政権成立後、中曽根総理は最初の外遊先に韓国を選び、訪韓して40億ドルの経済協力を約束しました。これは間接的に東アジアの安全保障に対するアメリカの負担を減らすねらいがあったとされ

ます。日本の総理が最初に訪問する国はだいたいアメリカなのですが、この時は韓国で、大きな話題になりました。これは韓国人のプライドを刺激し、とてもうれしかったようで、私はちょうどこの時に韓国にいましたが、中曽根人気は大変なものでした。

２）天皇の謝罪

　1984年９月に全斗煥大統領が訪日し、宮中晩餐会で昭和天皇が歓迎の辞を述べられ、その中で謝罪のお言葉が入りました。

　「永い歴史にわたり、両国は深い隣人関係にあったのであります。このような間柄にもかかわらず、今世紀の一時期において両国の間に不幸な過去が存したことはまことに遺憾であり、再び繰り返してはならないと思います」

　こうしたお言葉があり、日韓関係はこの1980年代半ばにはこれまでで最も友好的段階へ入った、とされました。ちなみにこの昭和天皇のお言葉ですが、どちらがやった、というようなことにはなっていません。この点は平成天皇のお言葉ではこれをはっきりさせています。たとえば平成天皇になってから1990年５月盧泰愚（ノ・テウ）大統領が来日した際、「我が国によってもたらされたこの不幸な時期に、貴国の人々が味わわれた苦しみを思い…痛惜（つうせき）」の念をおぼえる、といった表現をなさりました。

　さて、1980年代にはこのように友好関係が進んだ日韓関係ですが、近年は非常に悪化しています。慰安婦問題が声高に叫ばれるようになり、その歴史的検証もないまま、世界各地に慰安婦の像（日本バッシング）が建てられている状態は、異様に思えます。そればかりか、韓国では法律でかつて親日だった者の財産をとりあげることにしたり、次には親日派の墓を掘り起こして別のところに移動させる、等という正気の沙汰とは思えない法律まで国会に出るとか？？

　一方で、韓流ドラマやアイドルはなかなかの人気なのですが、皆さん方は今の日韓関係をどのように考えますか？少なくとも日韓基本条約調印の際に、個人賠償に関しては、韓国側の希望で一括して韓国政府にこれを托したことで合意していたこと、慰安婦に関してはこの授業では触れられま

せんでしたが、日本側は基金を作って首相の手紙をつけてお金を払い、また最近もその解決のために資金を出し解決ということで合意したこと、さらにサハリン残留韓国人のために日本の国会議員が動いて韓国帰国を実現させ、日本の資金でアパートを20棟以上建てて利用されていること、竹島を国際司法裁判所に提訴することを拒んでいるのは韓国側であること、等々についての事実を知って欲しいと思います。

　かつては韓国には日本統治時代に日本の教育を受けた日本語ができる人がたくさんいました。彼等は日本が朝鮮半島を植民地化した事については、決して許さないでしょうが、しかし日本や日本人のよい所もわかっていました。日本批判をしながらも、日本に住み着いてしまった韓国の方を何人も知っています。現在難しいのは、教育によって反日を植え付けられた人が大部分になっていることです。彼等の日本観は「観念的反日」で、事実もかえりみず、反日が絶対的価値観のようになってしまっています。日本の側も、たとえば外務省の若い方と話すと、「僕らは日本が韓国に悪いことをした、という意識はあまり持っていない」としていました。実際政策を作る官僚は、戦後生まれしかいなくなりました。政治家もほどなくそうなるでしょう。日韓のギャップを埋めるのは簡単ではありません。皆さん方には、きちんとした歴史や事実を学び、それにもとづいて日本の主張を述べることができる人間になって欲しいと願っています。

＜設問＞

　次の用語の日本外交史上の意味を200字程度で述べなさい。
①金大中事件
②朴正煕

第**14**講

日朝関係

　日本はいまだに正式な外交関係が無い国があります。それは北朝鮮－朝鮮民主主義人民共和国です。かつて日本外務省発行のパスポートには、「このパスポートで、北朝鮮以外の世界中どこでも行けます」といった文言が書かれていました。

I　北朝鮮の基本的対日態度

　朝鮮半島は1910年から1945年まで日本に併合され、その支配下にありました。戦後は日本が去り、朝鮮の独立が認められたのですが、北緯38度線を挟んで、北には社会主義国家である朝鮮民主主義人民共和国が、南には資本主義国家である大韓民国が存在するという状況が続いています。日本は1951年にサンフランシスコ講和条約を調印し、占領から脱したのですが、サンフランシスコ講和条約調印国以外の国との国交正常化には、多大な苦労があったことはこの授業で学んできました。北朝鮮と韓国の2国は中国と台湾の場合と同様に、「正統性」の争いをしていました。すなわち自分達こそが朝鮮半島における唯一の合法的な政権である、と互いに主張してきたのです。日本は同じ西側資本主義陣営にある韓国とは簡単に国交正常化ができそうでしたが、韓国の人たちの中にある対日不信感は根強く、交渉が難航し、ようやく1965年に日韓基本条約が結ばれたことはすでにこの講義で勉強しました。

　では北朝鮮とはどういう関係だったのでしょうか？ 1965年の日韓国交正常化以来、北朝鮮は日本に対し「日本軍国主義復活」と批判し、日本が

北に敵視政策をとっている、と一貫して非難していました。その上で、日本政府が北朝鮮に対して非友好政策をとっているのは人民の意思ではない、それはアメリカの意思であり、過去のことは一部反動がやったことで日本の人民とは関係がない、とするのです。これは一種の社会主義の革命戦略で、政府と人民を分け、政府ならびに政府の政策には反対するが、人民とは連帯を強化し共同闘争を呼びかけ、自陣に取り込もうという、いわゆる「官民離間政策」をとってきたのです。

　1972年はじめにアメリカの大統領が訪中する米中接近が行われ、国際政治が大きく動いた際に、南北朝鮮では、またも大国の恣意的な振る舞いに朝鮮半島が巻き込まれるのか、といった危機意識が高まり、1953年の朝鮮戦争休戦後初の南北会談が実施され、1972年7月に南北共同声明が出されました。韓国と北朝鮮のこうした動きは、日本との関係にも影響を与え、その後、日朝間にもわずかながら民間交流による貿易がなされ、日本国内の世論でも北との関係改善を求める声が出るようになりました。

Ⅱ　主要懸案

　戦後の日朝関係の懸案を、項目ごとに簡単にまとめます。

1）安全保障

　すでに指摘したように北朝鮮は日本に対し「日本軍国主義批判」を繰り返してきました。ただ1978年8月の日中平和友好条約の締結と同年12月の米中国交正常化の際には、北朝鮮の反応は肯定的でありました。北朝鮮としてはこうした国際情勢が北に有利に働くだろうと考えたようです。たとえば、1972年の米中接近の際にかわされた米中共同声明（上海コミュニケ）では「自分たちも他のどの国もアジア太平洋地域で覇権を求める」べきではない旨が謳われており、78年12月の米中国交に際してもこれらを踏襲することが確認されています。同年8月の日中平和友好条約でも「両締約国は、そのいずれも、アジア・太平洋地域においても又は他のいずれの地域においても覇権を求めるべきではなく、また、このような覇権を確立

しようとする他のいかなる国又は国の集団による試みにも反対することを
表明する。」という条文が入っていて、この点は北朝鮮としては安堵する
ところでしょう。上海コミュニケでは中国が北朝鮮を支持する旨も謳わ
れ、これらを踏襲することを約束した米中国交正常化の動きに、北朝鮮と
しては歓迎したのです。

　こうした流れがあり、1980年以降北朝鮮は日本の自民、社会、共産の各
党代表団をはじめ各種代表団を招請し政治的交流を図ることを行っていま
す。一例ですが、1981年3月に社会党の当時の飛鳥田一雄委員長が平壌を
訪問し「東北アジア地域非核・平和地帯創設に関する共同宣言」に調印、
翌4月には社民連の田英夫代表も訪れています。また5月には北朝鮮国際
貿易促進委員会代表団が来日、日朝貿易会との間で貿易拡大を協議しまし
た。同年9月には北朝鮮において朝日友好促進親善協会が結成され日本と
の関係の発展を促進させる動きがありました。

　しかしこうした動きはあるものの依然基本的には北朝鮮の日本に対する
見方には厳しいものがあり、特に安全保障に係わる問題では政治家等の言
動に対し過敏と思えるような対応が目立つのです。日本に台頭する安保論
議を批判した事例としては、1980年に国会で当時の大平正芳首相が「日本
が韓国と合同軍事訓練を実施する場合、国内法に抵触する理由にはならな
い」と答弁したところ、北朝鮮が「日・韓両国の軍事的結託の可能性を公
然と示唆するもの」と非難しています。「日本軍国主義再侵略」に関して
は非難を強めているのです。

　同様の反応は経済問題でもあります。例えば、1981年8月の日韓外相会
談の席上、日本と韓国の経済協力問題がとりあげられると北は猛然と反対
を表明しています。いわくこういう動きは「日・米・韓三国軍事同盟体制
を樹立するための米帝の計画に日本反動が積極的に協力しようとするも
の」だとするのです。北は日本の対韓経済協力をしきりに非難して、日米
韓3国の協力を阻止しようという言動を強めたのです。

2）漁業問題

漁業問題も現在でもうやむやなままです。
北朝鮮は1977年6月に経済水域200海里を設定し、8月よりこれを実施

しました。同時に「軍事境界線」なるものを設定しています。これは日本
海側では領海起算線から50海里、黄海側は200海里の経済水域線としてい
て、同区域内での外国艦船、航空機の飛行、漁業を禁止する、としたので
す。もちろんこれは北朝鮮の一方的な主張です。日本の漁民は操業に支障
がでるのではと憂慮しました。しかし北の国家主席であった金日成は「両
国の相互主義の原則が守られるべきである」と発言し、「日本人民、とり
わけ日本の零細漁民にできるだけ被害を与えないよう努力する考えであ
る」として、原則的に同水域内での日本漁民の操業を認める考えを明らか
にしていました。

　この年の9月には日朝間の漁業に関する民間の暫定合意書が、日朝漁業
協会と北朝鮮側の当事者との間で締結されます。翌1978年6月にはこの有
効期限を2年延長して1980年6月までにすることで合意されました。これ
により北朝鮮の200海里経済水域内での日本の200トン以下の零細漁業者の
操業が保障されたはずでした。

　しかし現実にはその後軍事境界線内で操業を行った日本漁船拿捕事件が
しばしば起きています。特に1980年代に入ってから強化され、1984年には
北朝鮮の側から日本の漁船が発砲を受ける、といった深刻な事件も起きて
います。さらにソ連崩壊にともない経済的に危機的状況が続く北朝鮮の動
きはますます不透明になり、2000年代には、日本の近海や沿岸に北朝鮮の
船と思われる国籍不明の不審船が流れ着くということも何度か起きまし
た。今日でも日本のEEZ内での不法操業に関しては、深刻化する一方で
す。一応、海上保安庁の船が対応していますが、一時的な対処療法にすぎ
ません。

3）経済交流－対日債務

　政治的には正式な外交関係がなく、日本に対して厳しい対応を一貫して
とってきた北朝鮮ですが、経済的には日本に接近する動きがあり、細々と
ですが貿易もやっています。北朝鮮としては、基本的には、北の経済計画
を遂行し国内経済を再建させるために必要な資本と技術の導入を西側から
求めたいのですが、特に地理的に近い日本に依存する必要があったので
す。また、こうした経済的接近を通して日本との政治的接近をねらうとい

う思惑もあり、経済交流の拡大を一層急ぐ必要がありました。

　北朝鮮が戦後の復旧のため対日貿易の動きを見せたのは意外に早く、朝鮮戦争が休戦したのが1953年7月なのですが、その翌々年の1955年11月には日本の民間貿易商社と貿易取り決めを交わしてします。ただしこれは直前の10月24日に日本政府による「対北朝鮮人的・物的交流の禁止」措置により実効はされませんでした。しかし北はあきらめず、1956年9月には中国の大連や香港を経由する間接貿易方式をとって日本との貿易を開始しました。

　1961年4月日本政府が対北朝鮮直接貿易を容認します。1962年10月通産省が対北「強制バーター地域撤廃措置」に踏みきりました。これらにより、日朝貿易は急増する傾向をみせたのです。

　1972年1月、日朝貿易促進合意書が交換されます。日本にとって北朝鮮貿易は他の国との貿易に比べて多いとは言えませんが、北朝鮮にとっての対日貿易は大きく、1981年段階の対日貿易量は対ソ、対中につぐ3番目の量を維持していました。北にとって対日貿易は極めて重要であったのです。

　しかしこうして順調に増加をたどった対日貿易ですが、これに伴って対日債務も膨らんでしまいました。北朝鮮は1972年以降日本から大量のプラントを延べ払い方式で輸入しましたが、北の主要な輸出品である鉛や銅などの国際価格が暴落し、外債事情が悪化します。1975年初め頃から輸入したプラントの代金を払えなくなりました。1979年末の段階でその債務残高は約850億円（3億7200万ドル）に達したとか。この状況に北朝鮮の国際貿易銀行は日本側の対北朝鮮貿易窓口になっている日朝貿易会と協議し、この時点ですでに決済期限のきている元金2億6000万ドルの支払いを2年間延期して1979年から3年間にわたって償還することにして、同期間中の金利7.5％は1977年から年4回にわけて支払うことに合意しました。ところが北は元本どころかその金利までも1978年3月分以降一方的に支払いを中断してしまいます。日朝貿易会の再三の催促にもかかわらず、1978年1月には元本と金利の支払いを再び3年間延期することを要請したのです。

　このような状況に、困ったのは現場で相手をしていた商社です。日朝貿易に携わっていた企業は、なんらかの関係を北に有している者がやっているところ多く、中小企業が中心でした。このような不安定な状況では倒産

の危機に瀕することになり、やむなく対北朝鮮貿易をあきらめ、対中貿易にくらがえするようになりました。「借りた金の利子も払えないで貿易をしようとする国を誰が信用できるか」といった嘆きがささやかれました。こうした状況は北朝鮮の国際的信用を低下させたことは明らかです。1979年7月、北側は朝鮮貿易代表団を日本に派遣して交渉し、850億円にのぼる負債を1980年から89年までの10年間にわたって均等に分割して償還することにします。これに基づいて北朝鮮は延滞金利100億円を二度にわけて支払い、1980年から10年間毎年120億円ずつ償還することにしました。ところが1983年には再度支払いが止まってしまいます。

　北朝鮮はその後もたびたび未支払い問題を起こしたのです。日本人の感覚ではこうしたことをやっていると誰も北朝鮮を信用しなくなって、もう北と関係をもつのはごめんである、となるのですが、北の感覚は少し違うようです。まず社会主義国である北朝鮮では、資本主義ではあたりまえの「時間＝コスト」という概念が通じないのです。また特に日本との間には戦争賠償問題が未解決である、という事実があります。日本の併合下にあった朝鮮半島は被害を受けており、これに対する対日請求権があると認識していると思われます。1965年に韓国との間で国交正常化をした際に、有償無償あわせて5億ドルが日本から韓国にいっています。これを考えると、800億円なんて大きな額ではない、と思っているのかもしれません。

　ただ北朝鮮としてもこのままではまずいという意識もあったのか、合弁法を作るなど西側との経済交流を真剣に考えようとしていたふしもありました。北の内部で経済・技術官僚が増大し、南浦閘門や中山発電所等の大型プロジェクトやその他基幹工業部門への建設、投資も伝えられていました。金日成が存命であったこの段階で北が中国を手本に改革開放経済を実施するように舵を切れば、ずいぶん事態は変わったのだろうと思います。たとえば日本との国交正常化を行った場合、1965年の日韓基本条約締結の際に日本が有償・無償あわせて5億ドル払ったことに鑑みて、為替レートや物価の上昇を考慮して、200億ドルくらいいくのでは、といった考えもありました。これが実現すれば確実に北の経済建設に大きな助力となったはずです。

　ところが、1980年代末から90年代初めにかけての冷戦体制崩壊という大きな国際的変動の中で、北朝鮮をとりまく環境は大きく変わります。1989

年にそれまでソ連の衛星国であった東欧諸国で社会主義体制をとってきた
政権が次々と倒され、新たな体制が出現するいわゆる「東欧革命」が起き
ます。東アジアで社会主義体制をとってきた中国や北朝鮮の政権にとって
これは大きな脅威として映ったはずです。朝鮮半島をめぐる国際関係も大
きく動くことになりました。1990年9月に北朝鮮と対峙する韓国とソ連の
国交樹立が実現、韓国はさらに中国との関係改善も進めました。北朝鮮の
国際的孤立は明らかです。その上韓国は北朝鮮が国連同時加盟に応じなけ
れば国連に韓国が単独加盟する方針を発表します。こうした動きに北朝鮮
は1991年5月27日に「やむをえない措置」として国連加盟の方針を発表し
ました。1991年9月には南北朝鮮国連同時加盟が実現するのです。

　ところが1991年末のソ連崩壊を境に北朝鮮の国情はさらに悪化します。
ソ連との貿易が途絶え、援助も期待できなくなりました。経済的な悪化に
より、国内で餓死者が出ているのでは、といううわさも流れます。北朝鮮
としては「人道的」援助に頼らざるをえない状態でした。北朝鮮の経済の
好転が見られないままに1994年7月8日には北を領導してきた金日成の死
が伝えられたのです。これにより北朝鮮と西側との関係改善は確実に遠く
なりました。

4）核問題

　こうした惨状が伝えられる一方で、北朝鮮の核兵器開発の情報が世界を
悩ませています。北朝鮮の核開発の目的は、核問題をちらつかせること
で、関係国に圧力をかけ、交渉のテーブルに着かせる、といったことのよ
うに言われますが、日本のように国土が非常に近いところにとっては大き
な脅威であることには変わりありません。

　もともと北朝鮮のように南北が対立状態にあり、国際的に孤立し、限ら
れた情報しかない国に核を持たれては困るため、関係国はなんとか国際的
な枠組みに北を入れようと苦慮したのです。1991年12月の南北首脳会談で
朝鮮半島非核化宣言が署名されています。ただ北としては在韓米軍の核兵
器撤去を核査察受け入れを条件としており、韓国側としては韓国に核はな
いと核不在宣言をするなど、足並みを完全にそろえているものではありま
せんでした。

　しかし1992年から93年にかけて北の核開発疑惑が伝えられ、1993年2月にIAEA（国際原子力機関）が北に特別査察を要求します。北は態度を硬化させ、1983年以来10年ぶりに全土に準戦時体制を宣布したのです。結局、1993年3月に北はNPT（核拡散防止条約）からの脱退決定し、特別査察を断固拒否するという強硬な態度に出ました。この問題は国連安保理に報告され、93年5月に北に対し脱退宣言の撤回が要求されます。そんな激しいやりとりがあって1993年6月に米朝交渉が開始され、朝鮮半島の核問題の包括的解決のための協議が行われ、ようやく1994年10月にジュネーブ合意（米朝間で核問題妥結）が成立しました。ここでは次のようなことが決まりました。第一に、最初の6カ月と約5年後、また2003年といった三段階を経て、北の核兵器開発を「一時凍結」から「完全放棄」に置き換える、第二に、黒鉛減速原子炉と関連施設の活動は1カ月以内に凍結させ、この施設を軽水炉発電所に転換させる、これを実現させるために、国際共同事業体（コンソーシアム）を構成し、それを代表して6カ月以内に北と供給契約を締結できるよう努力する、それまでは代替エネルギーを供給する、ということでした。

　この合意にもとづいて1995年3月にKEDO（朝鮮半島エネルギー開発機構）が発足します。これは日米韓3カ国が原加盟国として理事会を構成し、40億ドル以上と推定された建設資金の主要な部分は韓国と日本が負担することになり、約1000メガワット級の2基の韓国標準型原子炉の供給が明記されました。KEDOが軽水炉を提供し、北は軽水炉完成後3年の据え置き期間を含む20年間で無利子返済することが合意されました。核兵器よりもエネルギーという原子力の平和利用へと転換させようとしたのです。しかしこの計画も北朝鮮がウラン濃縮計画の存在を認め、核兵器計画の放棄を迫る国際社会と対立する姿勢をとり続けたため、2003年11月にはKEDO理事会が軽水炉の建設を停止することを決定します。2005年2月には北朝鮮が核兵器保有宣言を行い、2006年5月にはKEDOの理事会において軽水炉プロジェクトの「終了」が決定されました。

5）拉致問題

ところで日本と北朝鮮との間には北朝鮮による日本人拉致問題が横た

わっています。この問題は2000年代に入る頃からさかんに報道されるようになりましたが、かなり前からあったようです。特に1970年代から80年代にかけて北朝鮮による日本人拉致が多発したのではないかとされます。理由無くいなくなった者の中に、どうやら北朝鮮に拉致された者がいたというのです。日本の安全神話を覆すような事柄で、政府や警察はあまり認めたくなかったのかもしれません。

　2002年9月小泉純一郎首相が日本の首相として初めて北朝鮮を訪問し、平壌で日朝首脳会談を行いました。そこで北の金正日国防委員長が初めて公式に一部の拉致を認めます。この時には「日朝平壌宣言」が結ばれ、拉致問題の解決、過去の清算、日朝国交正常化交渉の開始、といったことが盛り込まれました。そこで国交回復後に経済協力をすることが話し合われましたが、そうしたことも拉致解決なしにはできないというのが日本側の姿勢です。

　これにより拉致問題の新たな動きは見られ、2002年10月には拉致被害者5名が帰国しました。2004年5月には第2回日朝首脳会談があり、帰国した方々の家族が帰国しています。ただしその後の展開はなく、北朝鮮の言動をどこまで信じて良いのか、日本側は図りかねているのが現状でしょう。

　現在、日本政府が認定する拉致被害者は12件17名で、うち5名が帰国しました。しかし「特定失踪者」として行方がわからなくなっている方々は多数います。時間ばかりがたって、解決の道は閉ざされた状態が続いています。

＜設問＞

　次の用語について日本外交史上の意味を200字程度で説明しなさい。
①軍事境界線
②KEDO
③日朝平壌宣言

第14講

第15講

まとめ

　これで今年度の講義は終わります。今期のはじめに指摘したように、戦後日本の対外政策の歴史は、現在の日本外交に直結しています。現在日本が抱えている外交上の問題−日米同盟と安全保障問題、領土問題（北方領土、尖閣諸島問題、竹島問題）、近隣諸国の核所有問題、経済摩擦問題、慰安婦問題、台湾問題、等様々な問題の背景や経緯がわかり、日本外交における問題の所在がより鮮明になったことと思います。

　無論、これらの問題はこの授業で取り扱った範囲のみで説明できるわけではありません。近年の国際関係の問題は、問題が多様化し、政治・外交の範疇だけで説明できるものは少なく、多くはひとつの側面だけでは説明できずに他分野にまたがっています。例えば、岸田文雄内閣が成立時に「経済安全保障」を掲げましたが、経済がすなわち安全保障に大きく関わっている時代でもあります。また世界的に広がったコロナ禍は、医療技術が時には軍事技術と同様あるいはそれ以上の国際的価値を持つことを教えてくれました。

　外交や対外政策は国家的な営みであり、一個人にとって普通に生活している場合には、あまり意識しないものかもしれません。しかし一歩国家がその選択を間違えるとその影響はたとえ一個人であっても大きなものになりかねません。その意味では、選挙権を持つ個人として、しっかり見守って考えてほしいと思います。この講義が少しでもそうしたことに貢献できれば幸いです。

第15講

286

主要参考文献一覧

（直接引用した著作、資料集、教科書、新書版、文庫版を中心に）

外務省編『日本外交主要文書並年表　1840-1945』1・2、原書房、1965-1966年
鹿島平和研究所編『日本外交主要文書・年表』1-4、原書房、1983-1995年
鹿島平和研究所編『現代国際関係の基礎文書』鹿島平和研究所、2013年
鹿島平和研究所編『日本外交史』全34巻、鹿島平和研究所出版会、1970-1974年
外務省外交史料館日本外交史辞典編纂委員会編『新版　日本外交史辞典』山川
　　出版社、1992年

池井優『三訂・日本外交史概説』慶應義塾大学出版会、1992年
入江昭『日本の外交：明治維新から現代まで』中公新書、1966年
入江昭『新・日本の外交：地球化時代の日本の選択』中公新書、1991年
細谷千博『日本外交の軌跡』日本放送出版協会、1993年
波多野澄雄『日本外交の150年』日本外交協会、2019年
加藤陽子『戦争の日本近現代史』講談社現代新書、2002年
佐藤明広他編『人物で読む近代日本外交史：大久保利通から広田弘毅まで』吉
　　川弘文館、2009年
佐藤明広他編『人物で読む現代日本外交史：近衛文麿から小泉純一郎まで』吉
　　川弘文館、2008年
五百旗頭眞『戦後日本外交史　第3版』有斐閣アルマ、2010年
増田弘編著『戦後日本の外交思想：吉田茂から小泉純一郎まで』ミネルヴァ書
　　房、2016年

勝田政治『大久保利通と東アジア　国家構想と外交戦略』〈歴史文化ライブラ
　　リー〉、吉川弘文館、2016年
立教大学文学部史学科日本史研究室編『大久保利通関係文書』全5冊、吉川弘
　　文館、1965年、（復刻版）マツノ書店、2005-2008年
毛利敏彦『大久保利通　維新前夜の群像5』中公新書、1974年、改版1992年
毛利敏彦『明治六年政変』中公新書、1979年
日本外務省編『日本外交文書別巻・条約改正経過概要』1953年
井上馨侯伝記編纂委員会『世外井上公伝』全5巻、原書房、1968年
田保橋潔『近代日鮮関係の研究』上・下、1940年（復刻1964年、文化資料調査
　　会）
田保橋潔『日清戦役外交史の研究』刀江書院、1951年
藤村道生『日清戦争』岩波新書、1975年
陸奥宗光著、中塚明校注『新訂　蹇蹇録—日清戦争外交秘録—』岩波文庫、
　　1983年

岡崎久彦『陸奥宗光』上・下、PHP研究所、1987–88年、のちPHP文庫

岡崎久彦『陸奥宗光とその時代』PHP研究所、1999年、新版2009年、のちPHP
　文庫

信夫清三郎・中山治一編『日露戦争史の研究』河出書房新社、1959年

古屋哲夫『日露戦争』中公新書、1966年

本田熊太郎『魂の外交―日露戦争に於ける小村侯』千倉書房、1941年

鶴見祐輔『後藤新平』全4巻、後藤新平伯伝記編纂会、1937～38年

北岡伸一『後藤新平』中公新書、1988年

『加藤高明』上・下、加藤伯伝記編纂委員会、1929年（復刻1970年）

野村乙二朗『近代日本政治外交史の研究』刀水書房、1982年

牧野伸顕『回顧録』新版・中公文庫　上・下、改版2018年

小林龍夫編『翠雨荘日記』原書房、1966年

幣原喜重郎『外交五十年』1951年、のち中公文庫プレミアム、2015年

幣原平和記念財団『幣原喜重郎』1955年

馬場伸也『満州事変への道』中公新書、1972年

入江昭『極東新秩序への模索』原書房、1968年

高倉徹一編『田中義一伝記』全3巻、田中義一伝記刊行会、1957–1960年

緒方貞子『満州事変と政策の形成過程』原書房、1966年、のち『満州事変：政
　策の形成過程』、岩波現代文庫、2011年

臼井勝美『満州事変―戦争と外交―』中公新書、1974年、のち『満州事変：戦
　争と外交』、講談社学術文庫、2020年

角田順編『石原莞爾資料』全3巻、原書房、1967年–1968年

石原莞爾全集刊行会編『石原莞爾全集』全8巻、石原莞爾全集刊行会、1976–77年

石原莞爾『世界最終戦論』1940年

日本国際政治学会・太平洋戦争原因研究部編『太平洋戦争への道：開戦外交史』
　全7巻・別巻、朝日新聞社、1963年

臼井勝美『日中戦争：和平か戦争拡大か』中公新書、1967年

秦郁彦『日中戦争史　増補改訂版』河出書房新社、1972年

広田弘毅伝記刊行会編『広田弘毅』1966年（復刻葦書房、1992年）

服部龍二『広田弘毅』中公新書、2008年

松岡洋右伝記刊行会編『松岡洋右』講談社、1974年

斎藤良衛『欺かれた歴史　松岡と三国同盟の裏面』読売新聞社、1955年、のち
　『欺かれた歴史　松岡洋右と三国同盟の裏面』中公文庫、2012年

三輪公忠『松岡洋右』中公新書、1971年

東郷茂徳『時代の一面―東郷茂徳外交手記』原書房、1967年

東郷茂彦『祖父東郷茂徳の生涯』文藝春秋、1993年

竹前栄治『占領戦後史：対日管理政策の全容』劤草書房、1980年

288

半藤一利他『戦後日本の「独立」』筑摩書房、2013年

吉田茂『回想十年』全4巻、新潮社、1957〜58年、のち『回想十年』全3巻、中公文庫プレミアム、2014年

吉田茂『大磯随想―世界と日本―』雪華社、1962年、のち中公文庫プレミアム、2015年

高坂正尭『宰相吉田茂』中央公論社、1968年

五十嵐武士『対日講和と冷戦』東京大学出版会、1986年

鳩山一郎『鳩山一郎回顧録』文藝春秋新社、1957年

鳩山一郎著、伊藤隆也編『鳩山一郎・薫日記』中央公論社、1999-2005年

D.C.ヘルマン『日本の政治と外交―日ソ平和交渉の分析―』中公新書、1970年

増田弘他監修『鳩山一郎とその時代』平凡社、2021年

松本俊一『モスクワにかける虹：日ソ国交回復秘録』朝日新聞社、1966年、のち『日ソ国交回復秘録：北方領土交渉の真実』解説・佐藤優、朝日新聞出版、2012年

椎名悦三郎追悼録刊行会編『記録椎名悦三郎』上・下巻、1982年

李鐘元他『戦後日韓関係史』有斐閣、2017年

草野厚『日米オレンジ交渉：経済摩擦を見る新しい視点』日本経済新聞社、1983年

細谷千博他編『対外政策決定過程の日米比較』東京大学出版会、1977年

増田弘他編『アジアの中の日本と中国：友好と摩擦の現代史』山川出版社、1995年

緒方貞子著、添谷芳秀訳『戦後日中・日米関係』東京大学出版会、1992年

服部龍二『日中国交正常化：田中角栄、大平正芳、官僚たちの挑戦』中公新書、2011年

Robert Scalapino ed., The Foreign Policy of Modern Japan, Berkeley: University of California Press, c1977

三谷静夫編『朝鮮半島の政治経済構造』日本国際問題研究所、1983年

鐸木昌之他編『朝鮮半島と国際政治―冷戦の展開と変容―』慶應義塾大学出版会、2005年

その他

【著者略歴】

浜口 裕子 （はまぐち・ゆうこ）

1953年東京に生まれる
慶應義塾大学法学部、同大学院法学研究科博士課程修了、法学博士
文化女子大学助教授、拓殖大学政経学部教授を経て、
現在拓殖大学国際日本文化研究所客員教授

【主要著書】
『橘樸と中国』（共著・山本秀夫編、勁草書房、1990年）
『日本統治と東アジア社会—植民地期朝鮮と満洲の比較研究—』（勁草書房、
　　　1996年）
『橘樸　翻刻と研究—「京津日日新聞」—』（共編著・山田辰雄・家近亮子と
　　　共編、慶應義塾大学出版会、2005年）
『満洲国留日学生の日中関係史—満洲事変・日中戦争から戦後民間外交へ—』
　　　（勁草書房、2015年）　　ほか多数

大学生のための日本外交史講義

| 2022 年 4 月 30 日 | 初版第 1 刷発行 |

著　者	浜口　裕子
発行者	菊池　公男
発行所	株式会社 一 藝 社
	〒160-0014 東京都新宿区内藤町 1 － 6
	TEL 03-5312-8890
	FAX 03-5312-8895
	振替　東京 00180-5-350802
	E-mail：info@ichigeisha.co.jp
	HP：http://www.ichigeisha.co.jp

| 印刷・製本 | 倉敷印刷株式会社 |

ISBN　978-4-86359-258-2 C3031